KB150154

역사의 교훈을 망각한 국민에겐 미래가 없다

벼랑길 굴러가는 대한민국

이형문 · 김상돈 지음

차 례

제3부 | 우리의 현실을 바로 보고 바로 알자   137

처음 글

    사랑하는 나의 조국, 자유 대한민국이 지금 왜, 어떻게, 이렇게까지 되었나? 유구한 5천 년 역사, 파란만장한 소용돌이를 간신히 이겨내고, 대한민국이 건국 된 지 70년의 짧은 기간에 GDP 60달러의 세계 최빈국에서 GDP 3만 달러의 세계 10위 권 경제대국이 된 기적의 나라가, 문재인 정권 2년 만에 나라 의 운명이 백척간두(百尺竿頭 : 높은 장대위에 선 것처럼 위태로운 지경)의 위기에 놓여 있다고 걱정하게 되었다.

    문재인 정권 2년 동안에 있었던 문제들을 간단히 정리하여 나열해 본다면........

[국민 화합]

    문재인은 대통령 취임사에서 "진정한 국민 통합이 시작된 날" 이라더니, 집권하자마자 이전 정권의 모든 것을 '적폐'로 몰아

온 나라를 들쑤셔서 수많은 사람들을 감옥에 가두고, 지역 편파 인사와 친북정책으로 국민들을 좌와 우로 완전히 갈라놓았다.

[경제 문제]

　취임하자마자 '소득주도 성장'이란 족보도 없는 정책으로 '최저임금' 급격인상과 주 52시간 근무를 강행하여 자영업자 중소기업이 하루아침에 무너지고, 대기업은 법인세 인상과 갖가지 죄목으로 압수수색을 수시로 하여 총수들을 모두 감옥에 집어넣어 기업을 옥죄고, 민노총의 행패와 파업으로 활력과 의욕을 상실해 일자리가 줄어들고 경제는 망쳐버리고 있다.

[안보 문제]

　가장 기본인 '북한의 비핵화'는 시작할 기미도 안 보이는데 북한 정권의 환심을 사기 위해 북한 접경지역의 안보를 조금씩 훼손하더니, 드디어 '남북군사합의서'란 항복 문서를 써주면서 국가 안보를 심각하게 파괴해 버리고, 한·미연합훈련은 거의 다 사라졌다. '전시작전권환수'란 미명하에 미군의 역할을 축소시키고, 한·미동맹을 훼손하는 정책을 계속하고 있다.

[외교 문제]

　*북한에는 비굴할 정도의 저자세로 대하면서 미·북 간에 '중재자', '북한 대변인' 노릇까지 하려 하였으나, 김정은이 오지랖에서 소대가리까지 온갖 막말과 함께 "미·북 간에 끼지 말라" "남북이 마주앉을 생각 없다"며 면박을 주었다. 그래도 김정은의 처분만 기다린단다.

　*미국과는 문재인이 남북회담 후 '북한이 핵 폐기를 확약했

다'고 트럼프에게 전달하여 '미·북회담'까지 주선하였으나 아무 성과도 없고, 문재인은 미국의 트럼프에까지 밉보여 따돌림을 당하고 있으며, 친중 친북 행보로 '한·미동맹'이 흔들리고 있다.

　*중국에 아부하여 소위 '삼불정책(①사드 추가배치 않는다, ②미국 M.D=미사일 방어시스템에 불참한다, ③한·미·일동맹에 불참한다)'으로 미국을 배반하고 한국의 안보를 팔아버렸음에도 불구하고, 중국도 문재인을 지나칠 정도로 푸대접을 해버리고 있는 것이 현실이다.

　*일본과는 그동안 '위안부', '강제징용', '친일청산' 등 일본 적대시정책으로 일관하다가 결국 '강제징용 보상 대법판결'까지 이끌자 드디어 양국 간 국민적 감정싸움에서 경제전쟁으로까지 진행되어 피차간 엄청난 피해가 예상되며, 적대국 수준으로 관계가 악화되었다.

　한·미동맹이 굳건하고 한·미·일의 공조가 원만할 때 우리 대통령은 어디서나 존중받았지만 이제 문재인은 북한과 중국은 물론 세계 어디에서도 외면당하는 '국제 왕따' 신세가 되었다.

　지금 문재인 정권이 저지른 적폐가 너무 많아 정권을 뺏기지 않기 위해 국가의 장래야 어떻게 되든 당장 추경이다 뭐다 하며 온갖 포퓰리즘 정책을 남발하며 다음 선거에만 올인하고 있어, 국가 부도의 위험을 걱정해야 할 엄중한 처지에 놓이게 되었다.

이런 상태에서 일본과 남아있던 한 가닥 끈인 한·일군사정보보호협정(韓日軍事情報保護協定 GSOMIA)까지도 한국에서 끊어버려 일본과는 적처럼 돼 버렸고, 한·미동맹에도 큰 구멍이 나 앞으로 '한국판 잃어버린 20년'으로 주저앉을 가능성이 커져 걱정이 태산이다.

이런 좌파 정권을 지지하는 세력들과 현 정권의 퇴진을 요구하는 우파 국민들이 대치하여, 마치 서부영화 'OK목장의 결투' 한국판을 보는 것 같다. 어느 쪽이 이길까? OK목장이 있는 평화로운 마을을 소떼로 휩쓸려는 악당 클랜턴 일당을 많지 않은 협력자를 이끈 와이어트 보안관과 총잡이 닥이 물리치는 이 영화를 보았는가? 이 정권이 종북정책으로 이 나라를 휩쓸려는데, 소수 애국시민들과 우파정당이 맞서는 장면과 다르지 않다.

매주 토요일 '태극기 집회'의 기세가 대단한데, 작은 '촛불집회'도 대서특필하던 모든 공공 언론은 한 줄도 보도하지 않는 현실이기는 하지만, 사필귀정(事必歸正)이라 정의가 불의를 이기는 영화의 결말처럼 한국판 'OK목장의 결투'에서도 바른 결말이 나올 것으로 본다.

필자는 이 세상 살 날이 얼마 남지 않았지만 장차 이 나라를 이끌고 나가야 할 젊은이들이 우리의 이 참담한 현실을 너무 모르는 것 같아 이것을 깨우쳐 줌으로써, 그들 세대에는 자유롭고 살맛나는 세상이 돼야 한다는 사명감에서 이 책을 펴내지 않을 수 없었다.

특히 젊은이들 여러분! 선입견을 버리고, 이 책을 잘 읽어 보시길 바란다. 잘 몰랐던 우리 역사와 참담한 자유 대한민국의 현실을 똑바로 알 수 있을 것이고, 기울어져 가는 나라를 바로 잡는 데 함께 힘을 모아야 한다는 사명감도 느낄 것이다.

젊은이들이여! 깨우쳐 일어나라! 나라의 운명이 걸린 일이다!!
나라의 장래는 젊은이들 여러분의 어깨에 달려 있다. 이 나라의 흥망도 여러분의 몫이다.
찬란한 아침의 나라 금수강산 자유대한민국이 살아날 길을 반드시 열어야 한다!!
하느님! 위기에 처한 나의 조국 대한민국을 구해주소서!
눈물로 태극기 앞에서 간절히 기도드립니다.

2019년 기해년(己亥年) 황금돼지의 해 어느 날에..........

저자 이형문(李馨汶)
김상돈(金相燉)

제 1 부
자유 대한민국의 탄생(建國)

제 1 부
자유 대한민국의 탄생(建國)

아! 이 얼마나 다행이고 축복받을 일이었던가!

여기 비록 한반도의 남쪽만이라도 자유 대한민국이 건국되고, 오늘날의 번영을 누리며 살게 해 주신 이승만 초대 대통령과 하느님께 마음 깊이 감사하고 또 감사해야 할 일이다.

일본의 강점으로 35년여 질곡의 세월을 보낸 우리국민들은 1945년 8월 15일 일본이 연합군에 항복하여 해방을 맞게 되었지만, 공산주의 국가냐, 자유민주주의 국가냐의 갈림길에서 자유민주주의 건국은 그리 쉽지 않았다. 아니 지극히 어려운 난제였다. 일제와 독립투쟁을 할 때는 좌우이념의 갈등이 심하지 않았으나 해방의 감격이 채 가시기도 전에 많은 공산주의자들과 자유민주주의자들의 대립으로 혼란이 극심했다. 이때 이승만이란 인물이 나와 천신만고 끝에 자유 대한민국을 건국하였으니 이 얼마나 다행이고 축복받을 일인가 말이다!

많은 좌파학자들은 '독립운동가들이 배제되고 친일인사들이 만든 이승만의 독재정부'라며 비판하지만 생각해 보라! 독립운동가들 중 좌익사상을 가진 박헌영, 조봉암, 여운형 등 많은 분들과, 비록 좌익은 아니지만 김구, 김규식 등 통일정부를 지향하던 분들이 득세하여 이미 공산정부를 조직한 소련과 김일성에게 흡수되어 공산통일이 되었다면 지금 우리는 과연 어떻게 되었을 것 같은가? 하기야 지금의 문 정부하의 종북 좌파들은 지금까지도 공산국가가 안 된 것을 안타까워하며, 심지어 6·25 때 맥아더 장군의 인천상륙작전이 공산통일을 방해했다며 맥아더 장군 동상까지 철거하려는 자들이 설치는 세상이 아닌가?

또 초대 이승만 정권에서 친일파라는 분들을 기용한 것을 비난하지만, 이승만 정권에서도 악질 친일 부역자들은 척결하였고, 행정능력이 없는 독립운동가들보다 비록 일제 총독부나 일제 행정기관에서 근무한 행정경험과 능력이 있는 분들을 기용하여, 새로 건국한 대한민국을 재대로 조직하고 운영한 것을 비난하는 것은 합당치 않은 것이다.

좌파인사들이 잘못된 시각으로 만든 비공식 '친일인명사전'의 인물들이 모두 친일파인가?

공산치하에서 관직을 가진 자들은 모두가 공산주의자이고, 대한민국에서 관직을 가진 자들 모두가 자유주의자들이며, 일제치하에서 관직을 가진 자들은 모두가 친일파란 말인가?

절대 아니다. 나라 잃은 36년간 그 시대 그 환경에서 살아가다 보면 적극적인 독립운동가가 아닌 대다수 국민들은 어쩔 수 없이 권력에 순응할 수밖에 없다는 사실을, 일제치하를 살아본 필자도 어느 정도 경험해 보아 알고 있어 자신 있게 말씀드린다.

하여간, 이 시점에서 공산주의국가와 자유민주주의국가를 냉철히 한 번 비교해 보자. 미국과 소련, 서독과 동독은 말할 것 없이, 남한과 북한만을 우선 비교해 보자. 우리 자유대한민국을 건국한 이승만과 지금의 북한 공산 거지국가를 건국한 김일성 중에 누가 더 훌륭했던가를 가슴에 손을 얹고 솔직히 대답 한 번 해 보란 말이다!

필자는 어린 시절 해방 후 초근목피로 연명하면서 보리죽도 고마워하던 때, 극적인 산고를 겪으면서 탄생한 대한민국의 건국과정을 직접 목격하며 살아온 산증인의 한 사람이다.

자유 대한민국의 탄생이 우리들에게는 정말 다행이고 축복받을 일이었음을 알아야 한다!

1. 대한민국 초대 대통령 이승만 박사와 한·미동맹

　현재 우리나라 국민들, 특히 좌파 교육을 받은 사람들은 '이승만' 하면 독재자로만 알지, 해방 당시에 어떤 독립운동가보다도 학식이 뛰어나고, 국제적으로 알려진 유명인사일 뿐 아니라 무엇보다 공산화의 위기에서 자유대한민국을 건국하고, 6·25전쟁에서 나라를 구한 위대한 초대 대통령이라는 사실을 제대로 아는 이는 그리 많지 않다.

　우리 국민들이 초대 대통령으로 이승만을 택한 것이 얼마나 다행인지 모른다. 그 이유와 이승만 건국 대통령의 위대함에 대하여 지금부터 상세히 밝혀보기로 한다.

1) 해방 직후의 한반도 정세

　일본이 미국에 항복하자 38선 북쪽은 소련이, 남쪽은 미국이 당분간 군정(軍政)을 하게 되었다. 당시 남쪽에서 공부깨나 한 사람들은 모두 공산주의 이론에 푹 빠져 있었고, 독립운동가들 중에도 공산주의자가 많았다. 특히 남로당 당수 박헌영이 국민 대부분이 농민이던 당시, "토지를 국유화하여 소작인들에게 나누어 주겠다."는 감언이설로 많은 농민들을 유혹하여 가입시켰기 때문에 남로당의 세력이 크게 확장되었다.
[※ '남로당'이란 '남조선로동당(南朝鮮勞動黨)'의 약자, 북쪽에서는 '북조선로동당'(북로당, 현재 정권을 잡고 있는 로동당), 당시 공산주의자들의 정당 명칭이다.]

한편, 이때 이승만 박사가 상해임시정부 초대 대통령으로서 항일투쟁을 지휘하였고, 미국에서 독립선언문을 미국 조야에 전달하는 등 독립운동을 하다가 귀국하였다.

국민 70%가 까막눈일 때 이분은 미국 조지워싱턴대, 하버드대, 프린스턴대 등에서 공부를 하고 정치학박사의 학위를 받아 '이승만 박사'로 불리며 미국 조야에 많은 인맥을 가진 유명한 인사였다.

이때 남한은 이승만을 지지하는 자본주의 세력과 박헌영 등 공산주의 세력으로 갈려 '신탁' '반탁' 데모와 서로 죽고 죽이는 아수라장이 되었고, 특히 세력이 큰 남로당이 일으킨 사건이 연달아 3개나 터져서 우리나라는 공산화가 될 절박한 위기에 놓이게 되었다.

* 대구 10·1사건
  (요약 – 다음 별도항목에서 상세히 기술함)
해방 다음 해인 1946년 10월 1일 대구 남로당 지하조직들과 시민들이 폭동을 일으켰고, 진압될 때까지 전국 곳곳에 깔린 남로당 세력들이 폭동에 가담한 사건인데, 이 사건이 진압된 뒤 잔당들은 산으로 피신하여 소위 '공비'로 변해 반정부활동을 계속하였다.

* 제주 4·3사건
  (요약 – 다음 별도항목에서 상세히 기술함)

제주도의 열악한 경제사정에 불만이 많았던 주민 90% 이상이 남로당원이 되었고, 1947년 4월 3일에 이 남로당원들이 대한민국 정부수립에 반대하여 무장봉기를 하자 제주도민 대부분이 동조하였고, 이들을 토벌하는 데 7년 이상 소요되었으며, 도민 3만여 명이 죽고 재산 손실도 엄청난 큰 반란 사건이었다. 진압 과정에서 억울한 민간인도 많이 죽었지만, 제주도를 완전히 점령한 남로당을 토벌하고 진압하지 않을 수 없었다. 이 진압 때 한라산, 지리산 등으로 도망간 남로당원들은 소위 '빨치산' 이 되어 오랫동안 나라를 괴롭혔다.

그럼에도 불구하고 문재인 정부는 이 남로당원들의 반란사건을 '자유를 위한 민중봉기' 로 규정하려고 하고 있다.

* 여수순천 반란사건
(요약 – 다음 별도항목에서 상세히 기술함)

1948년 10월, 국방경비대의 남로당 군인들이 제주도 4·3사건을 진압하라는 명령을 거부하고 대대장을 살해한 후 여수, 순천 일대의 관공서를 습격하는 반란사건이었다.

이 사건 이후 이승만 대통령은 '국가보안법'을 제정하여 강력한 반공국가를 건설하게 되고, 미국의 신임을 얻어 2년 후의 6·25전쟁에서 미국의 도움을 받을 수 있게 되었다.

* 6·25전쟁(韓國戰爭)
(요약 – 다음 별도항목에서 상세히 기술함)

해방 후 남로당이 주동한 이런 사건들 외에도, 서울시청 광장에서는 매일 '미군철수'를 주장하는 집회가 열려 미국 정부에서는 골치를 앓고 있었다. 미국에서 비밀리에 여론조사를 해보니 국민의 '70%가 공산주의 편'이고, 마침 "미군이 철수하면 한반도 비핵화와 평화를 약속한다"는 김일성의 서신을 소련을 통해 받게 되었다.

드디어 미국 대통령 트루먼은 한국을 포기하는 애치슨 독트린을 발표하고 1949년에 미군을 모두 철수시켰다. 미군이 철수하자 소련과 북한이 치밀하게 준비를 하여 1년 후인 1950년 6월 25일에 남침을 하였다. (* "미군이 철수하면 평화를 약속한다"는 공산당의 약속은 절대 믿을 수 없다는 사실은, 이때뿐 아니라 월남에서도 다시 증명되었다.)

이승만의 인맥과 우여곡절 끝에 유엔을 통해 미군이 참전하게 되어 공산화를 막았지만, 중요한 것은 이 전쟁에서 대한민국이 살아남은 것이 이승만 대통령의 절대적인 공로라는 점을 우리 국민은 알아야 하고, 절대로 잊어서는 안 된다고 강조하는 바이다.

* 한 · 미동맹(한 · 미상호방위조약)
 – 아주 중요해서 자세히 알려 드린다.
3년간의 6 · 25전쟁에 미국은 180만 명의 군인을 파견하고 전사자 5만 명, 부상자 10만 명과 막대한 물자가 투입되자 미국 국민들의 불만이 커졌고, 이때 아이젠하워장군이 '6 · 25전쟁 휴전'을 공약하여 대통령에 당선되었다. 이승만 대통령은 휴전을 하고 미군이 철수해버리면 북쪽에 김일성 집단과 중공과 소련이 버티고 있어 한국의 공산화는 시간 문제라는 판단 때문에 '휴전결사반대'를 주장하여 아이젠하워 대통령을 난처하게 만들었다.

　이때 휴전을 반대하는 이승만은 미국과 온갖 치열한 신경전을 다 벌였다. 먼저 '기독교 국가인 미국이 비겁하게 한국민을 버린다'면서 미국민을 자극해 보았다. 또 한편 "자살도 우리의 특권"이라며 "휴전협정이 되더라도 단독으로 전쟁을 하겠다"고 우기니 이에 미국에서는 이승만을 죽이려는 '에버레디작전'까지 비밀리에 세울 정도였다.

　이번에는 "동맹을 맺어주면 휴전에 동의하겠다"고 한 발 물러서자, 미국은 '한국방위선언'과 경제지원을 하겠다고 했지만, 이승만은 "동맹이 아니면 안 된다"며 거절을 하고 버텼다.

　다음에는 한술 더 떠서 '반공포로석방'이란 극단의 조치를 취하여 미국을 난처하게 하였다.

　국제법상 휴전이 되면 포로를 교환해야 하는데. "3만 명의 반공포로가 북으로 끌려가면 모두 죽을 것이므로 이들을 살리기 위한 조치"라며 반공포로들을 석방해 버리자, 미국의 여론은 "이 대통령이 인간적"이라며 오히려 좋게 바뀌게 되었고, 북측에서는 휴전협정을 파기하겠다고 하니 휴전을 공약한 아이젠하워 대통령은 더욱더 난감하고 초조하게 되었다. 미국은 드디어 이승만에게 항복(?)하여, 이승만의 요구대로 역사적인 '한·미상호방위조약'을 1953년 10월에 체결하여 한·미가 굳건한 동맹국이 되고 나서야 휴전을 할 수 있었다. 미국 대통령을 상대로 이런 협상을 벌일 배짱을 가진 사람이 지금까지 아무도 없었다.

이 조약의 중요 내용은
* 한국에 미군을 계속 주둔시킨다.
  - 주둔미군 공격시 미국과 자동으로 전쟁
* 한국을 민주주의 전시장으로 만든다.
  - 10억 달러 원조(한국예산 10년치)와 기술지원
* 이 조약은 양국의 개정요청이 없으면 자동 연장된다.
  - 미·일조약은 10년마다 개정

이 한·미상호방위조약 덕분에 한국은 국방예산을 1/3로 줄일 수 있었고, 외국에서도 안심하고 한국에 투자할 수 있게 되어 한국 경제발전의 기틀을 마련하게 되었다. 그 후 지금까지 거의 70년 동안 외세침략을 걱정하지 않았고, 또 북한의 서울불바다위협과 핵실험을 하고 미사일을 쏘아도 우리 국민들은 태평하게 일상생활을 할 수 있었으니 이 방위조약이 얼마나 유익하고 귀중한 조약인지 알 수 있을 것이다. 그러나 문재인 정권은 이 방위조약을 약화시키는 우(愚)를 범하고 있어 걱정이다.

* 결론

국가보안법과 한·미동맹은 대한민국을 지키는 굳건한 방패였다. 그럼에도 불구하고 한국의 현 정권과 종북 좌파들은 이 방패를 없애려 하고 있으며, 좌편향 국사교과서로 '이승만은 독재자'로만 가르치고 있다. 그뿐만 아니라 건국 대통령동상 하나 제대로 세우지 못하게 하고, 국립묘지에 묘소가 있지만 좌파들은 이승만, 박정희 묘소를 빼고 김대중 노무현 묘소만 참배하고 있다.

이런 배은망덕한 자들이야말로 벌을 받아야 마땅한데, 오히려 이들은 댓글조작과 촛불시위로 정권을 잡았으며, '적폐청산'이란 이름으로 보수를 궤멸시키고 있으니 정말 통탄할 일이다. 이들은 남북정상회담을 통해 '종전선언'과 '평화협정'을 체결하려고 하는데, 이렇게 되면 틀림없이 '한·미동맹의 폐기'와 '주한미군 철수'로 연결될 수 있을 것이다.

북한의 속임수에 놀아나고, '적화통일의 길'로 가고 있는 것은 아닌가 심히 걱정된다.

이런 때일수록 새삼 고마운 이승만 대통령을 기리지 않을 수 없다.

2) # 이승만 다시보기(김진태 논평)

(※ 이승만 대통령을 기리는 김진태 의원의 칼럼에 공감하여 그대로 전재한다.)

오늘은 이승만 대통령 탄신기념일이다. 기념행사장에 문 대통령은커녕, 보훈처장도 오지 않았다. 하긴 국립묘지에서 무덤을 파내라는 천벌 받아도 마땅한 정신 나간 사람도 있으니. 좌경의식화교육의 출발점은 이승만 폄훼부터다.

"서울을 버리고 혼자 도망갔고, 미국에서 호의호식했다"는 게 단골 메뉴다.

그 내심은 이승만이 세운 자유대한민국이 배 아픈 거다.

이승만은 1950.6.27 기차를 타고 피란했다. 이때는 이미 인민군이 청량리에 진입했을 때다.

"왜 서울을 버리고 도망갔냐"고 하는 건 "생포되어 적화통일 되게 하지 그랬냐"는 것과 매한가지인 좌익들의 시각이다. 부산에선 제주도로 가자는 건의를 단호히 거부한다.

반면 국군이 평양을 함락(1950.10.19)하기 일주일 전 김일성은 이미 만주로 도망가 버렸다.

누가 과연 진정한 나라의 지도자일까?

이승만은 1945년 광복 시까지 33년간 미국에 체류했는데, 미국시민권이나 영주권조차 취득한 일이 없다. 미국 정부에서 준다는데도 거부하고 끝까지 불법체류자로 남은 것이다.

그 결과 취업이나 재산취득이 불가능했고 출국 시마다 특별

여권을 발급받아야 했다.

보통사람이라면 이런 고집이 과연 가능했을까? 이런데도 자녀들 중 미국시민권자가 많은 더불어민주당에서는 유독 이승만을 비난한다. 이 고집스런 지도자는 누란의 위기에서 나라를 굳건히 세우고, 한·미동맹으로 이 땅에서 그 이후 전쟁이 없게 했다.

3) 이승만의 3대 예언

선각자 이승만은 미래를 예측하는 혜안을 가졌으며, 세계가 놀란 3가지 예언을 하였다.

★ 공산주의는 실패한다.

1991년 소비에트 연방이 해체되자 공산주의에서 벗어난 동유럽 국가들은 옛 소련으로부터 공산국가 25개국 중 20개국이 이때 한꺼번에 탈퇴하면서 자유주의국가로 분리됐다.

① 균등분배는 근로의욕 상실,

② 기업 죽이면 혁신이 없다.

③ 지식인을 없애면 국민이 우매해진다.

④ 종교를 없애면 도덕이 무너진다.

⑤ 소련이 조국이라 믿으면 꼭 배반당한다.

등을 들며 예언하였고, 지금도 좌파 정권의 실패에 적용되고 있는 이유이다.

★ 일본이 미국을 침략한다.

(1941년 진주만 침략 2년 전인 1939년에 예언하여 적중)

당시 미국에서 독립운동을 하던 이승만은 누구도 예상 못한 일본 침략설을 주장하자 미국 조야에서는 '전쟁광'으로 매도하다가, 이 예언 적중으로 저명인사가 되었다.

★ 한ㆍ미상호방위조약의 혜택을 한국이 엄청 받을 것이다.

(1953년 체결 당시에 한 예언)

"우리는 앞으로 여러 세대에 걸쳐 이 조약으로 인해 많은 혜택을 받게 될 것이며, 이 조약은 앞으로 우리나라를 번영케 할 것이다."- 2019년 현재까지 적중한 예언임.

2. 대구 10ㆍ1사건

[원인]

당시 미군정은 모든 정치활동을 허용하였고, 이를 악용한 공산분자들은 갖가지 파괴활동과 파업 등을 유발하면서 사회교란을 일삼았다. 이에 미군정은 더 이상 공산당의 활동을 방치할 수 없었으므로 공산당을 불법화하였고, 지하에서 암약(暗躍)하는 공산당의 불법 활동을 근절하기 위하여 1946년 9월 7일 박헌영(朴憲永), 이강국(李康國), 이주하(李舟河) 등 조선공산당 간부에 대한 검거령을 내렸다. 이를 눈치챈 박헌영과 이강국은 북으로 도망갔고 이주하는 체포되었다. 공산당은 이러한 사태에 대한 반발로 여러 가지 파업과 폭력사건 등을 유발하려고 9월 24일 전국적인 규모의 철도파업을 일으키는 데 성공하였다. 이에 따라 대구에서는 파업조종자의 색출과 파업의 금지에 나섰다. 이로 인해 경찰과의 충돌이 벌어졌으며, 이 사태가 대구 10·1폭동사건을 유발한 직접적인 동기가 되었다.

[진행과정]

대구폭동사건은 대구노동평의회 측과 경찰의 충돌이 폭력사태로 발전되면서 격화되어 해방 다음해인 1946년 10월 1일 오후에 수천 명의 공장 근로자들이 적기가(赤旗歌)를 부르면서 시위를 시작, 금정로(錦町路)에 있는 노동평의회 본부로 몰려들기 시작했다.

이날의 데모는 밤늦게 경찰이 진압하였지만, 군중은 2일 아침 일찍부터 다시 시위를 시작, 시위군중은 경찰서를 습격 점령하고 무기를 탈취하였고, 경찰관이나 고급관리 및 사회 주요 인사들의 집을 습격하는 등 완전히 폭도화하였다. 폭도 일부는 이웃 달성(達城)으로 달려가 그곳 경찰서를 습격하고 군청을 불사르는 등의 난동으로 경찰관 여러 명이 살해되고, 달성 군수 등 여러 명이 불에 타 죽었다.

사태가 이에 이르자 당국은 2일 오후 늦게 대구지방에 계엄령을 선포하고 인근 각지의 경찰병력과 미군부대의 도움을 받아 데모 진압과 치안 회복을 서둘렀다.

이 사건으로 민간인이나 경찰관 측 사망자가 각각 40명이 넘고 부상자도 수백 명이었다. 그 당시 폭동혐의로 검거된 자만 5000여 명에 달하였다. 이 사건은 그 여파가 1개월 이상 거의 전국에 미쳤고, 많은 폭동사건 주모자들을 월북 직전에 체포하여 극형에 처하였다.

3. 제주 4·3사건

대구 10·1사건이 있은 다음 해인 1947년 3월 1일 제주읍 관덕정(觀德亭)에서 열린 3·1절 28돌 기념식에서 경찰이 집회에 참석한 뒤 가두시위에 나선 군중을 향해 발포한 것을 기점으로 어지러운 민심을 더욱 악화시켰다. 이에 남로당 제주도당은 조직적인 반 경찰 활동을 전개했고, 제주도 전체 직장의 95% 이상이 참여한 대규모 민·관 총파업이 이어졌다.

1948년 10월 24일에는 제주인민해방군 사령관 이덕구가 대한민국에 선전포고를 했고, 11월 17일에는 제주도 전역에 비상계엄령이 내려졌다. 이 대한민국에 선전포고를 한 제주인민해방군의 진압과정에서 제주도민 3만여 명이 살해되고, 재산손실 등 엄청난 큰 사건으로 확장되어 이 사건이 종결되는 데 무려 7년 7개월이 소요되었다. 한마디로 표현하자면 제주 4·3 사건은 '대한민국 정부수립을 방해하기 위한 폭동'으로 남로당 공산주의자들의 주도로 발생한 사건이다.

이 사건은 한마디로 민주항쟁이 아니고 '공산폭동'임이 확실 해졌고, 피해자는 2017년 10월 현재 사망자 1만 244명, 행방 불명자 3576명, 후유장애자 164명, 수형자 248명 등 1만 4232명과 남로당에 의해 살해된 군경과 우익인사 등 모두 1756명으로 총 3만여 명의 인명피해가 있었음이 밝혀졌다.

제주도 4·3사건에 대해 김대중 대통령은 공산폭동총책 주동 자 김달삼(金達三, 1923~1950년)이 일으킨 '공산폭동'이라고 인정했으며 1998년 11월 23일 미국 CNN방송과의 인터뷰에서 제주 4·3사건은 공산당의 폭동으로 일어났다고 분명히 전 세 계에 천명한 바가 있다. 그럼에도 불구하고 노무현 정권 때 고 건 총리를 위원장으로 하여 박원순, 강만길, 김삼웅 등이 만든 제주 4·3진상보고서는 4·3사건의 성격을 민주화운동이며 미군정의 폭정과 군인 경찰의 횡포에 맞서 싸운 민중항쟁이자 통일중앙정부 수립을 위한 민중봉기라면서 무장폭동을 진압한 군경을 정부가 고용한 폭력집단이라고 규정했다. 이 잘못된 보 고서에 근거를 두고 현재 국내 좌파 세력들은 남로당의 지령설 을 부인하면서 '제주 4·3항쟁'이라는 명칭을 사용하고 있다. '4·3사건이 폭동'이란 진실이 통용되기 쉽지 않은 것은, 우파 가 정권을 잡더라도 극성 좌파들과 제주도민들의 정서를 무시 하지 못하기 때문이라 안타까울 따름이다.

4. 여순(麗順)반란사건

[요약]

여수·순천 반란사건은 대한민국 건국 두 달밖에 지나지 않은 1948년 10월 여수 신월리에 주둔했던 국군 14연대(2400명)가 제주 4·3사건 진압을 위해 제주도로 가라는 명령을 거부하고 홍석준, 김지회 등 14연대 소속 '남로당 극좌파' 세력들의 주도로 반란을 일으켜 여수를 시작으로 하여 순천, 벌교, 고흥, 구례, 남원, 광양, 보성, 곡성 등 전라남도 일대와 전라북도 일부지역을 점령해 나가면서 최소 5500명에서 최대 1만 명까지 피해자가 발생했던 엄청난 사건이다. 여순반란사건 후 대한민국 정부는 군내 좌익 세력에 대한 대대적인 숙군(肅軍)작업을 벌였다. 만약 군부대의 좌익 세력 척결이 이때 이뤄지지 않았더라면 6·25전쟁 때 한국이 북한 김일성 정권에 의해 적화됐을 가능성이 훨씬 높아졌을 것이라는 것이 전문가들의 주장이다.

그런데도 여순 반란의 성격을 재조명하겠다는 강성좌파 단체들은 좌익 및 공산당이 군내부에 스며들어 일으킨 반란을 '이승만 정권에 반대한 혁명'이었다고 주장한다. 또 이들 단체는 여수·순천 반란에서 진압 당했던 좌익과 공산당원을 국가권력에 희생된 자로 묘사하고 이들의 명예를 회복하고 유족들을 보상하기 위한 법적 근거를 마련해야 한다며 여순특별법 제정을 요구하고 있다. 이른바 범(汎)국민연대는 제주 4·3폭동을 진압하라는 명령을 부당한 명령으로 판단한 여수 주둔 14연대 군인들이 출동을 거부하며 봉기한 것은 부당한 정치권력에 대한 반항이었기에 반란이 아닌 '항쟁'의 성격을 띤다고 주장하고 있다. 이게 말이 되나?

그 무렵 있었던 반란 사건의 피해자 모두에게 보상해 주려고 할 뿐 아니라, 최근에는 '동학혁명'의 피해자까지 등록을 받겠다고 하니, 임진왜란이나 몽골 침략 피해자도 기대해볼 만하게 되었다. 이 나라를 망치려는지 '인천상륙작전'의 피해자도 보상하자니 좀 더 있으면 6·25 피해자도 보상해 줄 것이고 이래저래 전 국민이 보상 받게 되어 극소수 수구꼴통을 제외한 전 국민이 민중항쟁의 유공자가 되어 보상을 받게 될 것 같다?

※ 대한민국 근현대사 여수 14연대 반란 박윤식 저서 외 수권 참조

필자(이형문)가 직접 겪고 본 일들

필자는 1948년 10월 19일 여수 14연대 주둔군의 반란사건 당시에 여수중학 1학년이었으며 죽을 고비를 넘긴 산증인이다.

19일 학교 등교 시 여기저기 순사들이 죽어 있고 경찰서도 불에 타는 것과 길에는 감옥에 갇혀있던 죄수들이 다 풀려나 경찰서를 불태우고 무기고에서 탈취한 총을 메고 팔에 붉은 완장을 차고 다니며 우익 인사들을 모조리 잡아가고 있는 것도 목

격하였다.

그 길로 학교에 가니 6학년 김처빈 학생회장이 전교생을 운동장에 집합시키고 교단에 올라가 "이제 우리나라가 해방이 됐으니 안심하고 전부 시가행진에 나서야 한다. 북조선 인민군이 지금 38선을 넘어오고 있다"고 거짓말하며 궐기를 선동하였고, 인민군노래를 가르쳐준 다음 언제 만들어 왔는지 인공기를 나눠주며 시가행진에 나가라고 강요했다. 어쩔 수 없이 거리로 나가 운동장에서 배운 (높이 들어라 붉은 깃발을 그 밑에서 굳게 맹세해)노래를 부르며 참여하니, 역 앞 공화동공설운동장과 고소동 소재 경찰서와 시청 앞 거리에 시민들이 가득하고 거리는 아수라장이 돼 있었다.

또 빨간 완장을 두른 청년들이 인민재판을 한다며 당시 중앙동 로터리 광장에서 경찰가족 우익인사들 10여명을 총이나 죽창으로 즉결처분하는 현장을 직접 목격하기도 했다. 한편 여수 시가지가 불타던 아침에는 군인들이 여수에 진주하여 진압이 된 뒤 주민 모두를 진남관으로 집결시켰고, 중학생 이상은 모두 서초등학교로 끌려갔다. "시가행진에 가담한 학생은 무조건 나오라"하여 필자도 나갔지만 1학년생이라 면제 받았고, 3학년생 이상은 거의 모두 남쪽 끝 철봉대쪽에서 즉결처분을 하는 현장도 직접 목격하였다. 지금도 기억이 생생한 그런 아수라장에서 필자가 기적같이 살아남은 것을 천행으로 여기며 살아가고 있다.

5. '국가 보안법'이 왜 필요했던가

'국가 보안법'이란 1948년, 대한민국 정부가 반국가 단체의 활동을 규제하기 위해 법률 제10호로 제정한 안보수호 법, 준말로 국보법(國保法) 또는 보안법(保安法)이라고도 한다. 여순반란사건 이후 1948년 12월에 '국헌(國憲)을 위배하여 정부를 참칭(僭稱)하거나 그것에 부수하여 국가를 변란할 목적으로 결사 또는 집단을 구성한 자'에 대해서 최고 무기징역의 형벌을 가하는 법률로 제정하였다.

이때 국가보안법을 제정하지 않았더라면 북한 좌익분자들, 특히 위세를 떨치던 남로당의 공산혁명투쟁으로부터 대한민국을 도저히 지켜내지 못했을 것이며, 오늘날의 대한민국 자체가 존재하지 못했을 것이다.

이승만 대통령은 국가보안법으로 군내부에 거미줄처럼 침투해 있던 좌익 지하세력들 1만 317명(숙청 4749명, 탈영 5568명)이나 색출했다는 당시 국방부 기록이 남아 있다. 이 국가 보안법이 그후 군부독재에서 악용한 사례가 있어 이를 빌미로 운동권과 종북 좌익세력들의 폐지 주장이 있었지만, 이 보안법이 우리 대한민국이 2차 대전 이후 자유민주주의 국가 중 가장 성공한 대표적 모범국가로 인정받는 데 엄청난 도움을 준 법률임을 부인할 수 없다.

이렇게 대한민국을 지켜왔고 나라의 보배인 국가보안법이 김대중 대통령의 햇볕정책 때문에 엄청난 수난을 당했고, 노무현 정부와 현재 문재인 정부의 정치 환경에서는 사실상 유명무실해진 상태로 사문화돼 가고 있다 해도 과언이 아니다. 현 정부 출범 이후 국정원의 대공수사권이 폐지된 상태라서 대공수사 실적으로 간첩을 잡았다는 실적 공표도 없다. 이로써 북한의 적화통일전략이 성공적으로 수행될 수 있는 가장 큰 3대 장애물의 하나가 완전히 제거된 것과 같으며, 여기서 더 나아가면 대한민국의 자유민주주의 체제가 송두리째 붕괴될 수밖에 없는 지경에 와 있다.

국가보안법에 대한 오해

* 국가보안법은 결코 건전한 사상과 양심 및 표현의 자유를 침해하는 법이 절대 아니다.
* 미국, 독일 등 세계 각국들은 국가의 안보와 체제수호를 위해 형법 이외에도 한국의 국가보안법보다도 더욱 강력한 안보 관련 법제를 운영하고 있다.
* 국가보안법에서 '북한을 반국가단체로 규정'하고 있어 통일을 방해하는 악법이라는 주장은 잘못된 것이다. 다만 적화통일을 방지하는 데 유용한 법일 뿐이다.
* 북한이 남북 정치상황에 관계없이 지속되고 있는 대남간첩 침투사례와 대정부 전복공작에 효율적으로 대처하기 위해서도 국가보안법은 반드시 필요하다.
* 국가보안법은 민주애국인사를 억압하는 반민주악법이 절대

아니다. 제1조 목적에서 명시하고 있듯이 국가의 안전을 위태롭게 하는 반국가활동을 규제하여 국가의 안전과 국민의 생존과 자유를 확보하려는 기본법인 것이다.

* 국가보안법 철폐론자들은 북한에 대해 '당 규약'과 '유일 령도 10대원칙'의 대남적화전략 조항의 폐기를 먼저 요구하는 것이 순서이다.

북한의 최종 목적은 '온 사회를 김일성, 김정일주의화하는 것'이라고 명시하고 있다. 또한 북한은 2013년 6월 개정한 '유일 령도 10대원칙' 제1조에서 "주체사상의 기치를 들고 조국통일과 혁명의 전국적 승리를 위해 투쟁하여야 한다"고 적시했다. 이는 종국적으로 주한 미군을 철수시키고, 대남적화전략을 완수함으로써 대한민국을 3대 세습 수령 독재체제하에 두겠다는 의미이다. 따라서 국가보안법은 더 철저히 보호하고 잘 지켜야 한다.

#이상 내용의 일부는 국가안보위원회 위원장 '전옥현'의 글을 참조하였다.

6. 6·25전쟁의 비극

'한국전쟁(Korean War)'이라고도 부르지만, 한국에서는

'6 · 25전쟁' 이라 부르기로 정했다.

1) 38선 분단의 원인

2차 세계대전 막바지인 1945년 2월 우크라이나 크림반도의 얄타에서 미국의 루스벨트(Roosevelt) 대통령, 영국의 윈스턴 처칠(Churchill) 총리, 소련의 스탈린(Stalin) 서기장이 모여 종전 후 패전국 처리를 위한 얄타회담(Yalta Conference)이 열렸다. 이 회담에서 일본이 항복한 후 한반도는 미국 · 영국 · 중국 · 소련 등 4개국에 의한 일정 기간의 신탁통치를 거친 후 독립시키기로 합의가 이루어졌다.

1945년 8월 11일 미국의 국무부 · 해군부 · 육군부 3부 조정위원회(SWNCC)는 그동안의 미 육군부 제안들을 바탕으로 38선 이북은 소련군이, 이남은 미군이 일본군의 항복을 접수하도록 하는 38선 분할초안을 기안했다. 38선 분할 안이 최종 결정되기 전인 12일에 이미 웅기 · 나진 등에 진주한 소련도 미국이 제안한 이 조항을 반대 없이 받아들였다. 미국은 북위 38도선을 일본군의 무장해제를 위한 잠정적인 것으로 설정한 반면, 소련은 정치적인 경계선으로 항구화시켜 북쪽을 소비에트화하려고 했다.

이후 1945년 8월 25일부터 남과 북 민간인의 왕래가 차단되고, 전화와 우체국 및 철도운행까지 금지되었고 9월 6일 북쪽 해주와 남쪽 서울간의 전화 단절을 마지막으로 38선은 이제 국경 아닌 국경선이 되어버렸다.

만일 미국 군부의 희망대로 그때 한반도에 미군을 보내지 않았더라면 소련군은 한반도 전체를 다 점령하고 소련군 대위 출신 김일성(당시 33세·본명 김성주)을 앞세워 소련의 위성국가로 만들었을 것이 뻔하다. 실제로 소련은 당시에 나치 독일로부터 해방된 동유럽 여러 나라를 소련의 위성국으로 만들고 있었다. 그러므로 그때 미국이 38선을 그은 것은 우리 한민족에 엄청난 행운이었다.

2)남북 각각 정부수립

38선 이북에서는 민족주의 계열의 조만식을 위원장으로 하는 평남건국준비위원회가 결성되었으나, 소련 제25차 군사령관 치스차코프 대장이 김일성 지지와 지원으로 평남건준위는 유명무실화되었고, 조만식을 비롯한 민족주의계 인사들은 김일성에 의해 숙청되었다.

1946년 2월 8일 다시 김일성을 위원장으로 하는 '북조선임시인민위원회' 가 구성되어 사실상 정부의 구실을 하였다. 그리고서는 무상분배 토지개혁 단행, 국유화 등 개혁을 했고, 1947년 2월에는 임시인민위원회를 북조선 인민위원회로 개편, 단독정부를 신속히 수립할 준비를 완료한 상태였다.

한편 38선 남쪽에서는 서울에 늦게 입성한 미군이 9월 12일 군정청 문을 열고 남한 내 정치적 중립을 표방하고, 사상의 자유를 인정했다. 이때 북한의 공산화와 남한의 자유주의화로 남한 사회가 극심하게 좌우 이념대립이 생겨났다.

미국과 소련은 1946년, 1947년 두 차례에 걸쳐 서울과 평양에서 임시정부 수립을 논의하기 위해 '미소공동위원회'를 구성하고 1946년 3월과 1947년 5월 서울에서 회의를 개최했으나 임시정부 구성에 참여할 단체를 놓고 이견을 보였다. 소련의 속셈은 찬탁으로 돌아선 공산당만 임시정부 수립에 참여시키겠다는 것이었고, 미국은 한반도의 공산화를 방지하기 위해 모든 정당을 참여시키자고 하면서 반탁을 주장한 것이다. 이에 남한은 공산당원들의 찬탁과 자유주의자들의 반탁으로 크게 대립하였다. 미군과 소련이 이렇게 합의점을 찾지 못함에 따라 한반도문제는 1947년 9월에 국제연합(유엔)으로 이관되었다.

1947년 11월 14일 유엔은 남북 간 총선거를 실시하기로 결정하고 총선거를 위해 유엔한국임시위원단을 한국에 파견했다. 이때 소련 측은 이들의 북한 입국을 거부했기 때문에 남한에서만 총선을 실시하기로 했다. 1948년 2월 유엔 소총회에서 이를 승인하여 5월 10일을 선거일로 정했다. 38도선 이남지역만의 단독정부를 수립하기 위한 선거가 확정되자, 이를 둘러싼 갈등이 점점 고조되었다.

유엔에서 한반도 문제가 논의되는 동안 김구와 김규식은 김일성과 김두봉에게 남북 협상을 제의하고 1948년 4월 평양에서 있었던 회의에 참석하여 남한 단독정부 수립 반대와 외국군대 즉시 철수를 요구하는 결의문 채택에 이용당한 다음, 김구와 김규식 등 남북 협상파는 5·10 총선거에 불참하고 대한민국 수립에 반기를 들었다.

1948년 5월 10일 당시 남한에서는 좌익 세력의 파업과 시위 등 거센 반대와 남로당의 방해공작 속에 정부수립을 위한 5·10 총선거에서 198명의 의원이 선출되고, 선거 4일후인 5월 14일 정오, 북한은 일방적으로 남한에 단전(斷電)해버려 갑자기 '전기 없는 나라'가 되기도 했다. 7월 17일에는 대한민국 헌법과 정부조직법이 공포되고, 반공법을 국시로 하여 해방 3년 만인 1948년 8월 15일 드디어 대한민국정부가 수립되었다.

북에서도 기다렸다는 듯이 1948년 9월 9일 수상을 김일성으로 하고 부수상을 박헌영으로 하는 조선민주주의인민공화국 정부수립을 선포하고, 부수상 겸 외무상에 박헌영, 부수상에 홍명희, 민족보위상에 최용건, 국가검열상(국방상)에 김원봉 등의 각료를 임명하였다. 이렇게 38선을 경계로 남북한이 각각 별개의 정부수립으로 분단이 고착되고 말았다.

※ 최근 독립유공자로 선정하려는 김원봉은 북한 국방상으로 6·25 남침을 지휘한 인물이고, 상해 임시정부에서도 김구 주석을 가장 괴롭히고 사생활도 문란한 인물임이 알려졌다. (김구 주석의 아들 김신 장군의 자서전 참조)

3) 6·25전쟁과 정전협정
[전쟁 전 남북의 상황]

북쪽에서는 1949년 3월 17일에 소련과 북한 간에 조소군사비밀협정이 체결되고, 또 3월 18일에는 중공과 상호방위조약이 체결되어 중국공산군 소속 한인 의용군 2만여 명이 북한인민군으로 편입되어 북한군 규모는 더욱 확대되었고, 1949년 9월부터 남침 전까지 소련으로부터 대대적인 군사원조로 북한은 총 19만 8380명의 병력과 242대의 T-34전차, 200여 대의 항공기 등을 보유하고, 10만 명의 예비군까지 후방에 조직되었다.

이후 남한에 대한 북한의 군사적 우위를 확신한 소련은 1948년 12월 25일까지 북한주둔 소련군의 철수를 발표함과 동시에 미국도 소련과 마찬가지로 남한주둔 미군을 철수시킬 것을 촉구하여 1949년 6월 주한미군이 철수하였다. 막강한 군사력을 갖추게 된 김일성은 1949년 12월 소련을 방문하여 무력남침을 스탈린으로부터 허락받았다.

더 고무적인 것은 1950년 1월 미국은 극동방어선에서 한국을 제외시킨다는 애치슨 성명으로, 김일성은 1950년 4월 초 조선노동당 중앙정치위원회에서 무력통일안을 확정시키는 한편, 이러한 침략계획을 은폐하기 위하여 북한 공산당은 남북통일 최고입법회의의 서울 개최, 남북 국회에 의한 통일정부 수립을 주장하는 등의 '위장 평화공세'를 펼쳤다.

한편, 남한에서는 1946년 1월에 미군정 산하 국방경비대와 해안경비대가 1948년 8월에 정부가 수립되면서 각각 육군·해군으로 국군이 개편되었고, 1949년 4월에는 해병대, 그리고 10월에는 공군이 편성되어 총 병력은 10만 명 정도였다. 그리고 장비라곤 탱크와 전투기가 전무했고, 단지 훈련용 20대의 연습기와 연락기가 전부라서 군사력은 북한에 비할 수 없이 빈약한 상태였다. 더구나 예비군도 없이 8개 사단 중 4개 사단은 38도선에서 먼 후방에 배치되어 공산 게릴라 소탕에 여념이 없었다.

4) 전쟁 진행 상황

1950년 6월 25일 북괴 남침부터 1953년 7월 27일 휴전조약까지 3년 1개월간의 전쟁을 4단계로 요약하여 살펴보기로 한다.

[제1단계]

북한군의 남침이 개시된 1950년 6월 25일부터 1950년 9월 15일 인천상륙작전 개시 이전까지로 북한군의 공세단계이다. 1950년 6월 25일 한국군은 일요일이라 군인에게 휴가를 주어 부대병력이 외출한 상태인 새벽 4시에 북한군이 '폭풍'이라는 명령으로 38선 전역에서 일제히 전면 남침을 개시해 이틀 만에 수도 서울이 함락되고 저항다운 저항을 해보지도 못하고 계속 퇴각했다.

맥아더 장군은 긴급히 미군을 투입하여 북한 공산군의 남진을 저지하여 1950년 8월경에는 낙동강을 경계로 체계적인 방어를 할 수 있었다.

한편 1950년 7월 7일 유엔 안전보장이사회의 결의에 따라 역사상 처음으로 유엔군이 구성되고 미국, 영국, 프랑스, 오스트

레일리아, 캐나다, 뉴질랜드, 남아프리카공화국, 터키, 타이, 그리스, 네덜란드, 콜롬비아, 에티오피아, 필리핀, 벨기에, 룩셈부르크 등 16개국이 참전하게 되어 북한군 저지에 힘을 보태었다.

[제2단계]

유엔군의 공세단계로 8월 초에 형성된 낙동강방어선에서 치열한 전투가 벌어졌고 이때 남한은 영남 일부만 남은 풍전등화 상태였던 1950년 9월 15일, 맥아더 장군의 진두지휘하에 1개 군단병력을 투입한 인천상륙작전이 성공함으로써 유엔군은 방어에서 공세로 전환했다. 9월 28일 서울을 탈환하고 경인지역을 장악한 유엔군에 의하여 보급로와 후퇴로를 차단당한 북한군은 남북으로부터의 협공으로 모든 장비를 버리고 투항하거나 산악지대로 도피함으로써 북한군 주력은 거의 궤멸상태에 빠졌으며, 유엔군은 급속도로 북진을 계속했다. 유엔군은 10월 20일 평양을 탈환하고 10월 26일 일부 부대가 압록강 변에 도달했다.

[제3단계]

1950년 11월부터 1951년 7월 휴전회담을 개시하기까지의 기간으로 북한군의 붕괴로 유엔군에 의한 북한 전 지역의 점령이 임박하게 되자, 대규모의 중국인민지원군이 개입하였다.
중국인민지원군의 '인해전술'에 압도당한 유엔군은 북한으로부터 철수해 1951년 1월 4일에는 서울이 또다시 공산군의 수중에 들어갔다가, 미군의 강력한 공세로 1월 말에 다시 탈환하고 3월 31일 중동부전선에서는 38도선을 횡단하여 북진을 계속했다.

이때 맥아더 장군이 중국 본토의 공격을 공공연히 주장하자 트루먼 대통령은 1951년 4월 11일 맥아더 장군을 전격 해임하고 리지웨이 장군을 그 후임으로 임명하였고, 전장은 소강상태로 바뀌었다.

[제4단계]

휴전회담으로 인한 소강상태 기간이다. 양측의 전선이 지금의 휴전선 부근에 이르렀을 때, 전쟁의 염증에 시달리고 있는 북한이나 중국 및 미국 행정부는 전투 종결을 희망하게 되었고, 1951년 6월 23일 유엔 주재 소련 대표 말리크가 교전 당사자들이 38도선을 경계로 전쟁 이전의 위치로 복귀할 것을 제의했다. 미국은 신임 유엔군 사령관인 리지웨이 장군이 1951년 6월 30일 공산군 측에 휴전제의를 하고, 공산군 측이 이를 수락함으로써 7월 10일부터 휴전회담이 시작되었다.

휴전회담에서 문제가 된 것은 한반도의 외국군 전원 철수와 양측 경계선 및 포로 송환 등이었는데, 가장 문제가 된 것은 유엔군이 수용하고 있던 17만 1000명의 포로 가운데 1953년 6월 18일 이승만 대통령이 '반공포로' 석방을 단행해 버린 것이다.

이 문제는 1953년 1월 새로 선출된 아이젠하워 대통령을 난처하게 만들었으며, 1953년 3월 소련의 지배자 스탈린의 사망 시까지 8개월간 회담이 중단되기도 했지만, 양측은 현재의 군사분계선을 경계로 각각 2km씩의 비무장지대를 설정하고, 1953년 7월 27일 휴전조약에 서명함으로써 전투행위는 종식되었다.

[전쟁의 결과]

6·25전쟁은 3년 1개월간 계속되었으며 전쟁으로 인한 인명피해는 민간인을 포함하여 약 450만 명에 달한다. 그 가운데 남한의 인명피해는 민간인 약 100만 명을 포함한 약 200만 명이며, 공산진영의 인명피해는 100만 명의 민간인을 포함하여 약 250만 명으로 추산되고 있다. 군인 전사자는 한국군이 22만 7748명, 미군이 3만 3629명, 기타 유엔군이 3194명이며, 중국인민지원군과 북한군의 정확한 전사자수는 아직까지 확인할 수 없는 상태이다. 1954년 4월 제네바에서 대한민국과 유엔 참전 16개국 그리고 북한과 중국 및 소련이 참석한 가운데 한반도 문제의 정치적 해결을 위한 정치회담이 개최되었으나, 회담은 결렬되었으며, 남북한은 항구적인 평화가 아닌 휴전상태에서 오늘에 이르고 있다.

5) 6·25는 남침인가, 북침인가

항간의 좌파 중에 '북침'이라고 주장하는 사람들이 있으나, 서강대 안찬일 교수는 "보리스 옐친 러시아 공화국 대통령은 김영삼 대통령에게 6·25와 관련된 모든 문서 즉, 스탈린의 밀약과 중공군의 참전과 관련된 조선전쟁비밀문서를 넘겨줘서 6·25가 철저하게 준비된 남침이라는 것이 확인되었다"고 말하였다(현 정부는 이 문서를 공개하지 않고 있음).

또한 일본 산케이신문(産經新聞) 모스크바 지국장 나오키 마사오(名雪 雅夫)씨도 같은 조선전쟁비밀문서를 소련대표였던 시다코프 대사에게서 입수하였는데, 러시아가 넘겨준 3백여 종의 문서에는 1949년부터 1953년까지 소련 외교부와 북한 외무성간에 오간 외교 전문과 소련 공산당 중앙위원회 회의록 등 한국전쟁의 진실을 규명할 수 있는 극비자료가 포함돼 있었고, 당시 소련이 북조선군의 6·25작전계획의 입안에 직접 개입한 사실과 북의 남침이라는 점 등이 이 자료로 확실히 밝혀졌다.

이들 자료에 따르면 김일성은 1949년 3월 5일 모스크바에서 스탈린을 만나 "무력으로 통일을 이루겠다"는 의사를 밝혔다. 스탈린은 당시만 해도 남침을 허락하지 않고 유보적인 입장을 보였다. 그러나 이듬해인 1950년 2월 9일 스탈린은 북한의 남침 계획을 승인했다.

스탈린이 50년 5월 14일 마오쩌둥에게 보낸 외교 전문에는 "국제정세 변화에 따라 통일에 착수하자는 조선(북한)인들의 제창에 동의한다"는 내용이 들어있다. 이어 50년 5월 29일 김일성은 슈티코프 당시 평양주재 소련대사를 면담한 자리에서 "소련이 지원한 무기와 장비가 모두 북한에 도착했다"며 "6월까지 완벽한 전투준비 태세를 갖추겠다"고 통보했다. 북한 인민군이 6·25 개전 당시 소련제 T-34 탱크를 앞세워 파죽지세로 38선을 넘어 남한으로 진격해 온 것은 잘 알려진 사실이다. 이 밖에 여러 가지 정황으로 봐서 '남침'이라는 것은 숨길 수 없는 사실임에도 불구하고 '북침'이라고 주장하는 좌파들이 아직도 더러 있고, 이런 자들은 자료를 통한 사실보다 입력된 고정 사상에 몰입되어 있어 문제다.

6) 필자(이형문)가 겪은 6·25 비화

6·25전쟁 중 필자는 여수에서 중학교 3학년생으로 학도병에 지원 참가하려 했으나 휴전이 되어 입대를 못 하고 돌아왔다.

한편 필자는 당시 경남 욕지도 작은 초도(草島)에서 넉 달간 피란해 있던 여름 해변에서 수명의 죽은 시체와 함께 떠내려온 나무상자 하나를 건졌는데, 미국군표 100달러짜리 지폐가 가득 들어있어 당시 변을 본 후 휴지가 없던 시절이라 대신 사용하다가 아버님께 발각되어 자초지종을 말씀드렸더니 깜짝 놀라시며 그 돈 군표(수십만 달러) 상자를 욕지도 본섬 파출소에 신고하고 상자에 든 돈 전부를 주고 온 일이 있었다. 섬에 사는 '수능이' 삼촌이란 분이 노를 저어 돌아오는 길에 아버님께서 "아들아! 장차 사회에 나가 땀 흘리지 않은 공짜돈은 절대 바라지 마라. 없는 사람 도우며, 커서도 바르고 정직하게 살아라!"라고 하신 교훈의 말씀을 80평생 명심하여 지켜오고 있다.

* 참고문헌 :

1) 다시 찾은 우리역사, 한영우 서울대 교수 저, 정세원출판사

2) 민족사 산책, 김학배 편저, 강도문학 보존회

3) 6 · 25전쟁1129, 이종근 편저, 우정문고

4) 친일파는 살아있다, 정운현 지음, 책보세

5) 도산 안창호의 독립운동과 통일로선, 이명화 지음, 경인문화사

6) 일만년 한국역사, 일봉 곽춘근 지음, 천사연

7) 日本 좋아하는 이유 싫어하는 이유, 최원우 지음, 동림사

8) 침묵의 가면 아베신조, 노가미 다다오키 지음 김경철 옮김, 해냄

7. 한강의 기적

'한강의 기적'은 원래 제2차 세계 대전 이후 폐허에서 기적같
이 일어선 서독의 경제발전을 이르는 말인 '라인강의 기적'에
서 유래한 말이다. 한국은 일제 강점기를 거쳐 6 · 25 전쟁과
같은 어려운 여건 때문에 매우 가난한 나라였고, 쉽게 가난에
서 벗어날 수 없을 것이라고 사람들은 예측하였지만, 5 · 16혁
명으로 집권한 박정희 대통령이 주도하고 정주영 · 이병철 등
뛰어난 영웅들과 모든 국민들이 힘을 합해 세계가 놀랄 정도의
기적 같은 눈부신 경제 성장을 이루어, 아시아의 네 마리 용 중
하나로 꼽히면서 '한강의 기적'이라 부르게 되었다.

1) 한국경제 성장의 흐름

박정희가 정권을 잡은 5·16혁명 당시 1인당 GDP는 60~70 달러 정도의 빈국이었다. 1979년까지 한국은 여러 차례 외환위기와 부도위기를 겪었고, 마이너스 성장도 여러 번 있었다. 매년 두 자릿수의 물가인상을 겪었고 두 차례의 오일쇼크 때는 20%에 육박하는 물가인상의 어려움을 겪기도 했었다.

그러나 대일수교를 통한 자금 확보, 월남전 파병을 통한 군무기 현대화와 수출을 통한 외화 소득 증대, 중공업 정책, 노동집약의 건설업 중동 진출 등으로 이를 극복하여 1979년에는 GDP가 1만 4400달러에 달해, 당시 74개 개발도상국 중 15위의 괄목할 만한 경제성장을 이룩하였다.

2) 북한을 추월한 경제

북한은 1953년 이후 중화학공업 중심의 계획경제를 추진하여 1960년까지 연평균 20%의 경제성장을 기록함으로써 대한민국 1인당 국내 총생산을 추월하고 있었지만, 박정희 정권에서 경제개발 5개년 계획을 통해 경공업 중심으로 수출을 늘려온 대한민국은 1969년부터 북한을 따라잡았고, 1980년대에는 중공업을 확장하면서 북한을 크게 따돌리기 시작하여 오늘날 그 격차가 수십 배에 이르게 되었다.

3) 경부고속도로

전후 잿더미 위에서 경제부흥에 성공한 서독의 '라인강의 기적'을 직접 확인하고, 차관을 요청하기 위하여 박정희 대통령은 1964년 12월 서독을 방문하였다. 이때 1932년 쾰른과 본을 잇는 자동차 전용 고속도로인 아우토반(Autobahn)도로가 독일을 종횡으로 가로지르는 국가 대동맥의 역할을 하는 것을 보고 큰 감명을 받았다. 이후 고속도로 건설은 박 대통령의 꿈이 되었고, 지속적인 경제 발전을 위해서는 서울과 부산을 잇는 국가대동맥의 건설이 시급하다고 생각하게 되었다.

1967년 재선에 도전한 박 대통령은 경부고속도로 건설을 선거 공약으로 내놓았지만, 언론과 학계뿐 아니라 세계은행조차 한국의 교통량이 경부고속도로를 뚫어야 할 만큼 충분하지 않고 공사 자금 조달도 어렵다는 보고서를 발표하면서 반대를 하였다. 따라서 세계은행에서 차관을 얻기도 어렵게 되었다. 그러나 박정희는 이에 굴복하지 않았다. 하루는 박 대통령이 태국에서 고속도로를 건설한 경험이 있는 현대건설의 정주영 사장을 처음 청와대로 불렀다.

경부고속도로 건설에 드는 최저 소요경비의 산출을 부탁하자 2년 전 태국에서 익힌 공사 경험을 한국에서 써먹을 기회가 왔다고 판단하고, 서울과 부산 사이를 오가며 세밀히 조사한 결과 380억 원이 소요된다고 보고하였다. 건설부는 650억 원, 서울시는 180억 원으로 추산했지만 박 대통령은 현대건설이 제시한 금액에 가까운 400억 원에 예비비 30억 원을 추가해 총 430억 원으로 공사비를 책정했다. 마침내 1968년 2월 1일, 서울과 부산을 잇는 총 428km의 경부고속도로를 3년 안에 완공한나는 목표로 흥분과 감동 속에 기공식이 열렸다.

　"우량 농지 훼손 웬 말이냐?" "쌀도 모자라는데 웬 고속도로냐?" "부유층 전유물인 고속도로 결사반대!" 등의 구호를 외치며 특히 김대중은 김영삼과 함께 공사현장에 몸소 드러누워 반대에 앞장서고(사진 참조) 야당이 일제히 반대를 하였다.

　그러나 박 대통령은 공사를 강행하면서 "도로는 반드시 16차선으로 해야 하지만……김대중, 김영삼이 너무 반대하니 할 수 없이 8차선으로 하자. 그러나 왕복 4차선으로 하더라도 반드시 경부 고속도로 양옆으로 50m는 남겨 두고, 건물 신축을 금지하라. 미래엔 더 확장해야 할 것이다"라고 하였으니, 앞날을 내다보지 못하는 김대중과 비교하여 박정희는 먼 장래를 내다볼 줄 아는 뛰어난 국가 지도자임을 확인할 수 있지 않은가? 경부 고속도로에 대한 박 대통령의 집념은 대단하였고, 정주영은 고속도로 공사를 위해 당시 우리나라에 있는 중장비 전체가 1400대 정도일 때 1900여 대를 들여왔고, '호랑이' 정주영은 현장에 간이침대를 갖다 놓고 작업을 하루도 쉬지 않고 독려했다. 드디어 착공한 지 2년 5개월 만에 1970년 7월 경부고속도로가 완공되었다.

이후에 한국의 대통령까지 지낸 유력
정치인 2명이 고속도로 공사 현장에
드러누워 반대시위하는 모습.

4) 포항제철소 건설

★ 두 거인의 만남

박태준의 육사생도 시절에 박정희는 육사교수로 그에게 탄도학을 가르친 스승과 제자 사이였고, 박정희는 수학을 특히 잘했던 박태준을 귀여워하였다. 세월이 흘러 박정희가 5·16혁명을 준비하던 중 박태준을 불러 "임자는 혁명동지에서 빠지게. 내가 혹시 잘못되는 경우에 나의 가족들을 돌봐 줘"라고 할 정도로 박태준을 아꼈다. 그러나 박태준은 박정희의 지시를 무시하고, 5·16혁명 당일 혁명 상황실로 달려가 혁명에 가담한다.

★ 포항제철의 필요성 및 출발

철강 산업은 중화학공업에 꼭 필요한 요소이지만 한국은 당시 방글라데시 일인당 GDP 1750달러의 8분의 1 정도인 200달러 내외의 찢어지게 가난한 거지나라이고 세계 최빈국이었다. 1968년 4월 1일에 포항종합제철의 법인을 설립했지만, 선뜻 돈을 빌려주겠다거나 기술이전을 해주겠다는 나라가 없었다. 백방으로 노력한 결과, 드디어 미국에서 "먼저 공장 부지를 확보하면 '철강차관단'에서 돈과 기술을 제공하겠다"는 연락을 받았다. 박정희 대통령은 포항의 영일만 일대를 공장부지로 잡고, 박태준을 포항제철-프로젝트의 지휘자로 임명했다.

★ 건설자금과 일본의 철강기술 이전

박태준은 1969년 1월 31일 포항제철의 자금을 빌리기 위하여 미국의 피츠버그를 방문하여 세계 8개 철강업체로 구성된 '철강차관단(KISA)'의 대표들을 만나 지원을 부탁했지만 KISA의 대표 격인 포이 회장은 세계은행(IBRD) 보고서를 인용하여 거절을 했다.

허탈한 마음의 박태준은 청와대로 전화를 하여 협상결과를 기다리는 박정희 대통령에게 KISA-IBRD-수출입은행의 홀대를 보고했고, 마지막 남은 유일한 희망은 "대일청구권자금의 잔금(약 8000만 달러)이고, 농업용에서 공업용으로의 전용 가능성"이라고 말하였다.

박 대통령은 "일본의 승낙이 문제"라며 박태준에게 일임하였다. 귀국 후 박태준은 1969년 2월 도쿄로 날아가 유학시절부터 잘 알고 지냈던 일본의 거물 야스오카 일본철강연맹 명예회장과 이나야마 야하타제철소의 사장에게 도움을 요청했고, 야스오카 회장은 정계의 거물들을 연결시켜 주어 그들에게 부탁하면서, 일본의 3대 철강 보스들을 찾아다녔다. 철강 보스들은 박태준을 피하기 위하여 일부러 휴가까지 떠났지만, 박태준은 수소문하여 악착같이 그들을 추적하여 부탁을 하였고, 특히 오히라 통산상의 반대가 거세어 그를 세 차례나 만나 간곡한 부탁을 했다.

오히라 통산상을 세 번째 만날 때 박태준은 일본 도서관에서 '일본 역시 1인당 국민총생산(GNP)이 100달러 수준일 때 영국으로부터 제철차관을 도입하여 제철소를 건립한 전례'를 찾아

내어 들이대고, "한국은 1인당 GNP가 200달러나 되고, 한반도 안보를 위해서라도 제철소를 건립해야 함"을 역설하자, 갑자기 오히라 통산상은 "사실은 내 숙부가 경상북도 영일군 대송면의 국민학교 교장으로 봉직했습니다" "예? 그곳이 바로 포항제철공장이 들어서는 자리입니다" "정말 우연의 일치군요" 하면서 가까운 사이가 되어 문제해결이 쉽게 되었다. 이 같은 우여곡절 끝에 8월 22일 일본철강연맹은 이나야마 회장의 주선으로 '한국제철소 건설 협력위원회'를 구성하게 되었다.

★ 포항제철 완성

박 대통령은 박태준이 언론, 야당, 심지어 정보기관 등으로부터 괴롭힘을 당하자 아무도 근접하지 못하게 막아주고, 포항제철의 인사와 자금 및 경영에 관한 모든 권한을 박태준에게 전적으로 위임하여 공장 건설에 몰두할 수 있게 지원을 아끼지 않았다.

공장이 완성되고 포철에서 첫 쇳물이 나올 때 박태준은 지난날의 역경과 풍파를 생각하여 감격의 눈물을 흘렸다고 전한다. 그리고 '포항제철에 건설자금을 빌려주는 일은 바보짓'이라고 당초에 보고서를 올렸던 미국의 A박사는 "내 보고서에는 틀린 내용이 전혀 없었다. 그 당시의 한국 상황에서 지금 다시 그 보고서를 작성한다 해도 내용은 전과 똑같다. 단지 박태준이란 인물이 나의 보고서를 틀리게 만들었을 뿐이다"라고 하였으며, 언젠가 중국의 등소평은 미국의 철강 관련자에게 "한국의 포철 같은 대형 철강회사를 중국에 건설하고 싶은데 도와달라고 부탁을 하자 A박사는 중국에는 박태준 같은 거물이 없기 때문에 불가능한 일"이라면서 협조를 거절했다는 일화도 있다.

5) 새마을운동과 중농정책

★ 배경 및 전개

정부는 1969년 11월에 농촌근대화촉진법을 발표하고, 이어서 1971년부터 시행하기 시작했다. 1973년부터는 대통령실과 내무부에 관련 조직을 설치하고(내무부 지방국 새마을지도과, 새마을운동중앙협의회), 새마을지도자연수원(새마을운동중앙연수원의 전신)을 신설하여 새마을운동 지도자의 교육을 시작하였다. 1975년에는 도시와 공장으로도 확대하였다.

제1단계(1970~79) : 관주도형 새마을운동의 형성 및 전개

1970년 4월 박정희 대통령의 제창으로 시작한 새마을운동은 새마을 가꾸기 교육부터 시작하여, 1971년 내무부 산하에 새마을운동 전담부서인 지역개발담당관, 도시개발관, 농촌개발관, 주택개량관실 등을 신설하고, 농수산부, 상공부, 문교부 및 농업협동조합중앙회에도 새마을 전담부서를 설치하는 한편 특별시, 직할시, 도, 시, 군, 구에 새마을지도과를 설치하여 관주도의 조직을 정비하였다.

대체로 농촌주택개량의 확대, 농가소득증대의 가속화, 도시 · 공장 새마을운동의 본격화, 새마을운동 정신의 생활화 등

에 중점을 두었다. 5대 시책에서 보듯이 초기에는 도시에 비하여 낙후된 농촌을 개발할 목적으로 새마을운동의 방향을 잡았으나, 1973년 제1차 석유파동으로 국내경제가 치명적 타격을 입자 도시새마을운동을 시작하고, 또 '물자절약, 에너지 절약, 품질개선, 생산성향상' 등을 목표로 공장새마을운동으로 확대하였다.

제2단계(1980~88) : 민간 주도형 새마을운동으로 전환

　　1980년 10월 당시 국가보위비상대책위원회 위원장이었던 전두환이 새마을지도자 연수원을 방문하여 "새마을운동을 정권적 차원을 떠나 국민운동으로 발전시키겠다"고 말한 후 그 뜻에 따라 그해 12월 새마을운동중앙본부가 창립되었고, 이어 새마을운동조직육성법이 제정되었다.

　　1980년대의 새마을운동은 특히 '86 아시아 경기대회', '88 서울 올림픽 대회'를 앞두고, 올림픽 새마을운동 캠페인을 전개하여 도시민 건전생활화운동, 소비절약운동을 벌였다.

공장새마을운동은 공장새마을운동추진협의회가 13개 시·도에 구성되어 그 아래 56개의 지부를 두고, 그 아래 1만 5000여 개 단위공장이 참여했다.

　　이렇게 전개된 새마을운동은 지역새마을운동, 부녀새마을운동, 직장새마을운동, 공장새마을운동, 새마을청년운동, 새마을체육운동, 새마을금고운동, 학교새마을운동 등으로 확산되면서 전 세계 후진국에까지 전파되었다.

★ 전 세계로의 전파

새마을운동은 대한민국의 급속한 경제발전에 영향을 준 것뿐만 아니라, 농어촌 지역의 빈곤 극복과 복지 향상을 이뤄냈다는 점에서 세계에서 높이 평가받으면서 경제개발협력기구(OECD)도 새마을운동을 연구하게 됐다. 반기문 유엔 사무총장은 아프리카의 유엔 산하기관에 한국의 새마을운동을 배울 것을 권고해, 콩고, 가나 공화국, 케냐, 남아프리카공화국 등이 새마을운동을 수입해간 주요 국가이며, 다양한 국가들에서 새마을운동을 배우기 위해 연수생 신분으로 한국을 다녀갔다.

또한 중국의 일부 지역까지 전파되어 중국어로는 한국신촌운동(韓國新村運動)이라 번역하는데 특히 중국의 덩샤오핑은 중국어로 번역된 새마을운동 관련 서적을 당 간부들에게 나눠주며 새마을운동을 배우라고 지시했을 정도이고, 후진타오 주석도 새마을운동을 공부했으며, 이를 모방한 '신농촌운동'을 추진해 오고 있다.

★ 결과

좌파들의 세뇌작업으로 박정희 대통령을 유신독재자로만 알고 있는 젊은이들은 박 대통령의 '새마을운동'을 잘 모르고 있으며, 문재인 정권에서 '새마을'이란 단어조차 지우려 하다가, 전 세계 후진국에 보급된 새마을운동으로 한국에 견학이나 연수요청이 쇄도하자 후퇴하여 지금은 겨우 연명시키는 정도이지만, 당시 게으르고 희망이 없던 국민 특히 대다수의 농민들

의 정신 개조에 획기적인 계기를 마련한 새마을운동은 지붕개
량 등을 시발로 하여 '한강의 기적'을 이루는 데 큰 기여를 한
것을 부인할 수 없다.

※ 박정희라는 희대의 위인이 중화학공업, 고속도로, 산림녹화, 눈부신 경
  제발전 등에 매진하면서, 한편으로 국민 정신개조를 위해 이순신 장군
  의 현충사를 성역화하고, 새마을운동까지 초인적인 국가경영을 한 영웅
  임을 생각하면 감동의 눈물을 감출 수 없다.

박정희 정권 때 '오원철'은 숨은 영웅이었다

　박정희 대통령은 집권하던 시절 오원철을 국보(國寶)라며 중
용하였다. 박 대통령은 그의 건의를 과감히 받아들여 농업국가
인 우리나라를 가발제조 같은 공업이라 하기도 부끄러운 경공
업국가를 거쳐 중화학공업국가로 탈바꿈시켰다. 그는 '한강의
기적'을 이루는 데 결정적인 역할을 한 분이지만, 지금 그에 대
한 올바른 인식과 평가가 부족하여 그의 업적을 더듬어 알려드
리고자 한다.

　5·16군사혁명 후 국가재건회의는 공학도 인재를 찾던 중 서
울대 화학공학과를 졸업하고 공군에서 제대한 후 시발 자동차
공장장으로 일하는 오원철을 명석한 두뇌와 추진력을 가진 인
물로 인정하고, '국가재건기획위원회 조사과장'으로 발탁하여
관직에 몸담게 하였다. 상공부 화학공업 1국장으로 재직하던
1965년 초에 있은 박정희 대통령 연두순시 자리에서　오원철은

이런 브리핑을 했다. "우리나라에서 석유화학공업이 완성되면 중공업분야에서는 남한이 단연 북한보다 우위에 설 수 있습니다."

이 브리핑을 듣고, 중화학공업의 필요성을 받아들여 '석유화학공업기획단'을 조직하고 추진하여 7년 후인 1972년 국내 최초 울산석유화학단지가 준공되었다. 막 석유화학 공업이 시작된 1973년 10월에 중동전쟁이 터지고 제1차 '오일 쇼크'가 터지자 대한민국은 경상수지적자가 급증하고 물가가 치솟았다. 청와대 경제수석인 오원철은 1974년 1월 박 대통령에게 이런 보고를 한다. "중동은 작업환경이 나쁜 곳이어서 선진국 기술자는 돈을 아무리 줘도 가지 않습니다. 그런데 우리는 군인정신으로 무장한 제대 장병이 수십만 명이 있습니다. 중동에서 또 중요한 게 공기(工期)단축인데, 우리나라가 선진국보다 기술력은 낮아도 여기에 강점이 있습니다."

이렇게 중동에 진출해 달러를 벌어들이자는 묘안을 제시하였다. 이후 삼환기업, 현대건설, 동아건설이 차례로 중동에 진출하여 엄청난 규모의 달러를 벌어들이게 되었다.

또 방위산업 육성을 위해 "중화학공업과 방위산업은 표리일체(表裏一體 : 안팎이 같음)"라고 하면서 외국산 무기사용을 주장하는 군인들을 잠재우고 대통령을 설득하여, 한국의 방위산업 육성에도 앞장을 선 선각자였다. 중화학 공장에서 방위산업을 함께하게 함으로써 기술력을 공유하고 나아가 우수한 방위산업 기기를 생산하게 되어 오늘날 국산전투기를 수출까지 하게 되었다.

박 대통령은 오원철을 철석같이 의지하여 1971년부터 1979년까지 청와대 경제수석으로 함께하였고, 오원철은 그를 보좌하여 한국 경제의 기틀을 만든 '경제 브레인'이었다.

창원공업단지 시찰 후 기자 간담회에서 "오원철이는 국보"라고 한 유명한 일화까지 있다.

이 국보가 2019년 5월 30일 오전 7시 91세로 별세했다.

그는 마지막까지 박정희를 위한 활동을 하였으며, 2009년엔 박 전 대통령 서거 30주년을 맞이해서는 영문 자서전 '더 코리아 스토리'를 출간하기도 했다. 김형아 호주국립대 교수는 '박정희의 양날의 선택'이란 책에서 고인(故人)을 박정희, 김정렴(비서실장)과 함께 '삼두정치'를 통해 중화학공업을 추진한 테크노크라트(전문관료)라고 표현했다.

박정희의 그늘에서 뛰어난 아이디어로 한국 공업발전에 혁혁한 공로를 세운 고인에게 뜨거운 감사를 드리며 명복을 빈다.

몇 백 년에 한 명 나올 영웅 다섯 사람

"초근목피(草根木皮)로 연명한다"는 말이 있다. 풀뿌리와 나무껍질을 먹으면서 목숨을 이어간다는 말이다. 살이 찔까 봐 보리밥을 찾아다니고, 다이어트에 돈을 쓰면서 일부러 굶기도 하는 요즘 세상의 젊은이들은 잘 들어 보지도 못했고 이해도 못 하는 말일 것이다. 봄이면 춘궁기라 하여 양식이 모자라 미처 땅속에서 올라오지 않은 햇나물을 뿌리째 뽑아, 소나무 속껍질과 함께 섞은 보리죽을 멀겋게 끓여 먹었지만 그나마 양식이 모자라 끼니를 건너다 보니 얼굴이 누렇게 뜬 부황병(浮黃病)에 걸려 죽는 사람이 부지기수(不知其數 : 셀 수 없을 만큼 많음)일 때가 있었다. 바로 해방을 맞았을 때와 6·25전쟁으로 나라가 폐허가 되었을 때다. 미국의 무상 원조로 나라가 지탱했기 망정이지 미국의 도움이 없었다면 북한에서 있었던 '고난의 행군' 때처럼 엄청난 사람이 굶어 죽었을 것이다. 실제로 1990년대에 북한에서는 최악의 식량난으로 약 33만 명의 아사자(餓死者 : 굶어 죽은 자)가 발생한 끔찍한 일이 있었다.

필자는 그 지긋지긋한 가난을 직접 겪은 사람으로서 지금 생각해도 오늘날의 이런 풍요를 누리는 게 꿈을 꾸는 듯하다.

1961년 군사혁명으로 박정희가 정권을 잡아, 자원이나 내수 시장, 기술 등 유리한 것 하나 없는 한국이 1962년에서 1979년까지 불과 17년 사이에 국내총생산(GDP)은 23억 달러에서 640억 달러로 28배, 국민소득은 20배가량 증가하여 비약적인 경제성장과 발전을 일궈낸 '한강의 기적'은 강력한 리더십을 바탕으로 국가 중심의 산업 정책과 실패를 모르는 기업가 정신, 근면한 국민성이 결합한 결과라고 할 것이다.

이런 기적을 만드는 데 기여한 영웅들이 아주 많지만, 그중에서도 특히 잘 알려진 다섯 분의 영웅은 아래와 같다.

* 삼성의 이병철 회장-1910년생

* 현대 정주영 회장-1915년생
　* 박정희 대통령-1917년생
　* 포철 박태준 회장-1927년생
　* 청와대 오원철 경제수석-1928년생

　한국의 전자, 특히 반도체 왕국을 만들어 어마어마한 국부(國富)를 창출한 이병철 회장과 조선(造船)대국과 자동차대국을 이룬 성공 신화의 주인공인 정주영 회장은 불과 5년 사이에 태어났고, 바로 2년 뒤 북한의 위협과 가난에 찌든 나라를 부국강병의 길로 이끈 위대한 박정희 대통령이 태어났다. 백년에 한 명 나올까 말까 한 영웅들이 7년 사이에 세 사람이나 한꺼번에 태어나 이들이 합심하여 '한강의 기적'을 창조하였음을 온 국민들은 하느님께 진심으로 감사를 드려야 할 것이다.

　"박정희가 있었기에 이병철 · 정주영이 있었고, 이병철 · 정주영이 있었기에 박정희가 위대할 수 있었다"는 말은 정곡(正鵠 : 핵심)을 찌르는 명언이라 생각한다.

　이 세 영웅이 주연이라면 포철의 신화를 만든 박태준 회장과, 뛰어난 아이디어로 박정희 대통령을 보좌하여 우리나라 발전에 큰 발자취를 남긴 오원철 경제수석은 훌륭한 조연 역할을 한 영웅으로 기억해야 할 것이다. "이들이 있었기에 박정희가 위대할 수 있었다"고 말해도 과언이 아니다.

　이분들 덕분에 우리나라 무역흑자가 감히 넘보지 못할 무역흑자대국인 일본을 훌쩍 넘었고, 대한민국이 일본보다 앞서

G20 정상회의의 의장국이 되었다. 일본 회사들이 차지하고 있었던 런던시장 전자제품의 30%가 이제는 삼성전자 제품이고, 미국에서 성장하는 자동차 회사는 현대자동차로 일본을 위협하게 된 것은 기적과 같은 일이다.

이렇게 위대한 박정희 대통령은 지금 좌파들에게 독재자로 수모를 당하고 있고, 정주영·이병철 두 주연 영웅들이 창립한 기업들은 타도 대상이 되어 세무조사 등 온갖 불이익을 당하고 있으며, 박태준·오원철도 박정희의 부역자로 매도되고 있어 안타깝기 그지없다. 더구나 좌파들의 선동에 속아 은혜를 원수로 갚는 어리석은 죄를 짓지 말아야 할 것이다.

제 2 부
우리조상 반만 년 역사를 뒤돌아본다

제 2 부
우리조상 반만 년 역사를 뒤돌아본다

우리 국토에 처음 나라를 일군 단군왕검의 고조선에서부터 일본에 나라를 뺏긴 이씨조선에 이르기까지 우리 조상 반만 년 유구한 민족의 역사를 뒤돌아보고 역사의 교훈을 되새기면서 차분히 읽어보기를 권한다.

우리 선조들의 왕정 역사를 살펴보면 어떤 왕이 왕권을 잡느냐에 따라 흥망성쇠(興亡盛衰)가 좌우되며, 백성을 위하고 나라의 안보를 중히 여긴 왕조 때는 흥하다가도 왕권만 위하여 백성을 괴롭히고 나라의 안위를 돌보지 않을 때는 민란이 일어나고 국력은 점점 쇠퇴하였음을 알 수 있을 것이다.

그러나 이 왕조나 다음 왕조나 모두 우리민족이 연결된 역사라 어쩌면 흥미로운 역사소설처럼 차분히 읽을 수 있지만, 나라를 송두리째 일본에 넘겨주는 이씨조선의 무능한 임금과 역적 매국노들의 행위를 보면 역겨움과 분노가 치밀어 오르는 것은 어쩔 수 없을 것이다.우리 조상들의 이런 사례를 교훈으로 삼아 이 나라의 현실을 잘 살펴보고, 문재인 정부 정책의 옳고 그름을 비판하고 바르게 바꿔야 한다는 교훈을 얻을 수 있기를 바란다.

1. 우리민족의 조상 단군(檀君)과 개국 정신

전해오는 단군신화는 다음과 같다.

즉 하느님인 환인(桓人)의 아들 환웅(桓雄)이 인간 세상을 다스리기를 원하였다. 그러자 아버지는 아들의 뜻을 알고서 인간 세상을 내려다보니 삼위태백이 '인간을 널리 이롭게(弘益人間)' 하기에 적합한 곳으로 여겨지므로, 아들 환웅에게 천부인 세 개를 주며 인간 세상에 내려가서 다스리게 하였다. 그러자 환웅이 풍백(風伯)·우사(雨師)·운사(雲師)를 비롯한 삼천 명의 수하를 이끌고 태백산 정상의 신단수 아래로 내려와 그곳을 신시(神市)라고 일컬으며 다스렸다.

그는 곡식, 생명, 질병, 형벌, 선악 등 360여 가지 일을 맡아 인간 세상을 다스렸다. 그때 곰과 호랑이가 환웅에게 인간이 되게 해 달라고 간청하였다. 이들의 간청을 들은 환웅은 쑥 한 자루와 마늘 20쪽을 주면서 "그것을 먹고 100일간 햇빛을 보지 않으면 사람이 될 수 있다"고 하였다. 곰은 시키는 대로 하여 삼칠일 만에 여자로 변하였으나, 호랑이는 참지 못하고 뛰쳐나가 사람이 되지 못하였다. 곰 여인(熊女)은 혼인할 상대가 없자 신단수 아래에서 아이 갖기를 기원하였다. 그러자 환웅은 잠시 인간으로 변해 웅녀와 혼인하였다. 그 후 웅녀가 아들을 낳았는데, 그가 단군왕검이다.

〈일연(一然)이 지은 삼국유사(三國遺事)에서〉

기원전 2333년에 개국한 단군조선은 첫째 경사상제(敬事上帝)로 하늘을 공경하고, 둘째 홍익인간(弘益人間)으로 널리 사람을 사랑하라는 두 가지의 가르침으로써 나라를 다스렸고 이 정신이 우리민족의 개국 정신이 되었다. 또 이 개국의 민족정신은 한마디로 경천애인(敬天愛人)사상으로 '하느님을 공경하고 이웃을 내 몸처럼 사랑하라' 는 성경말씀과도 일치하는 것이다.

2. 고구려의 탄생과 멸망

고구려의 시조 동명성왕은 성이 고(高)씨이며 이름은 주몽이다. 부여의 금와왕이 태백산 남쪽에서 하백의 딸 유화라 하는 한 여자를 만나게 되어 그녀를 방에 가두어 두었는데 햇빛이 따라와 비추었다. 그녀는 몸을 피하였으나 햇빛이 따라와 기어

이 그녀를 비추었다. 이로 인하여 그녀는 잉태하게 되었고 마침내 알 하나를 낳았다.

이 알에서 기골과 모양이 뛰어나고 기이한 한 사내아이가 껍데기를 깨고 나왔다. 일곱 살에 의연함이 더하였고, 스스로 활을 만들어 쏘는데 백발백중이었다. 부여의 속어에 활 잘 쏘는 것을 주몽이라 하니 이로써 이름을 삼았다.

주몽의 어머니가 비밀을 알고 아들에게 "장차 이 나라 사람들이 너를 죽이고자 하니 너의 재간으로 어디 간들 못 살겠느냐. 지체하다가 욕을 당하지 말고 멀리 도망하여 큰일을 이루어야 한다"고 타일렀다. 주몽은 그를 따르는 세 사람과 함께 도망하여 어떤 강가에 이르렀다. 그러나 다리가 없어 강을 건널 수 없었고, 추격병은 뒤따라오고 있었다.

주몽이 강물에 고하여 "나는 천제의 아들이고 하백의 외손이다. 오늘 도망하여 여기까지 왔으나 추격병이 쫓아오고 있다. 어떻게 하면 좋겠는가"라고 외치자 물고기와 자라가 떠올라 다리를 만들어 주니 주몽이 강을 건널 수 있었다.

주몽은 졸본천으로 갔다. 그곳 땅이 기름지고 아름다우며 산천이 험하였다. 마침내 이곳에 도읍하기로 하였다. 나라 이름을 고구려라 하고 '고'를 그의 성씨로 삼았다.

〈삼국사기(三國史記)에서〉

백제 신라와 함께한 삼국시대에 한수 이북 만주벌판까지 넓은 영토를 가진 고구려는 17대 광개토대왕 시대가 전성기였으며, 26대 영양왕 때는 수양제의 대군 침공도 을지문덕 장군이 물리쳤을 뿐 아니라 마지막 임금인 28대 보장왕 때도 당태종이 침략했으나 안시성주 양만춘에 의해 패퇴하는 등 중국도 감히 넘보지 못할 정도로 강성한 국가였다.

그러나 보장왕을 왕위에 올린 연개소문이 스스로 대막리지 (大莫離支) 자리에 올라 절대 권력을 행사하였고, 연개소문이 사망한 뒤 세 아들 간의 권력 다툼이 일어나 맏아들 연남생이 당에 투항하고, 연개소문의 동생 연정토가 신라에 투항하는 등 혼란이 계속되었다. 이 틈을 타 신라와 당나라 연합군이 평양성을 공격하여 고구려를 멸망시켰다(668년).

역사적으로 나라가 망한 이유의 하나가 권력다툼과 국민이 단합하지 못하고 분열하면 망한다는 교훈을 여기에서도 엿볼 수 있다.

3. 백제의 탄생과 멸망

고구려에서 주몽의 원자인 유리(瑠璃)가 아버지를 찾아와 태자가 되자 주몽과 졸본왕녀 사이에서 배다른 형제들로 태어난 온조와 비류가 함께 남하해 위례(慰禮)에 정착하여 백제를 세웠고, 비류가 죽자 그를 따르던 무리들을 통합하여 나라를 부흥케 했고, 특히 왜국과 관계를 깊이 하게 되었다.

백제와 왜와의 관계는 근초고왕 대에 본격적으로 이루어졌는데, 일본열도로 이주한 백제계 사람들이 왜 정권(倭 政權)의 핵심에 자리하였고 백제는 왜왕을 후왕(侯王)으로 대우하였다. 이러한 관계 속에서 백제는 왜에 박사 왕인(王仁)을 파견하여 천자문(千字文)과 논어(論語)를 가르치는 등 학술·기술 등 선진문물을 제공하였고, 그 대신 왜군이 백제를 도와 고구려·신라군과 싸우는 등 백제에 군사적 지원을 하였다는 기록이 광개토왕비문(廣開土王碑文)에도 적혀 있다.

　641년 왕위에 오른 백제 마지막왕인 의자왕은 642년 군사를 이끌고 신라의 40여개 성을 함락시킬 정도로 강성하였으며, 한편 신라는 백제의 공격을 막기 위해 고구려와 왜국에 동맹을 추진하였으나 거절당하고, 도리어 백제와 고구려가 동맹관계를 맺게 되었다. 그러자 신라는 당나라와 동맹을 체결하여 고구려와 백제에 맞서게 되었다.

　그러나 의자왕은 차차 사치와 향락으로 빠져들어 삼천궁녀를 거느리고 성충과 흥수 같은 유능한 충신들을 귀양 보내 죽이는 등 혼란에 빠져들었다. 이 틈을 노려 신라 태종 무열왕이 군사를 일으켰고 동맹국 당나라도 소정방에게 13만 명의 대군을 이끌고 공격하여 백제는 순식간에 무너지고 말았다. 하지만 곧이어 복신, 흑치상지, 그리고 왜국에서 돌아온 왕자 부여풍 등이 중심이 되어 백제를 부흥시키려는 전투가 곳곳에서 시작됐다. 고구려와 왜국 또한 백제 부흥을 지원하여, 한때는 백제의 부활을 기대할 수 있을 정도가 되었다. 하지만 부흥군 자체의 내

분과 당군의 추가 배치로 인하여 상황은 급변하고 말았다. 게다가 백제를 지원하러 온 왜군이 백강 전투에서 패하고, 백제 부흥의 거점인 주류성마저 663년에 함락당하자 백제는 완전히 멸망하고 말았다.

오늘날 우리나라도 주변의 중국, 러시아, 특히 북한 등 공산 국가들의 군사적 위협으로부터 잘 지켜나가려면 미국과의 한·미동맹을 굳건히 하여야 한다는 교훈을 얻을 수 있을 것이다.

4. 신라의 탄생과 삼국 통일, 그리고 멸망

신라 서라벌 지역에 있는 육부촌에 '만장일치제'의 6촌장들이 모인 화백회의(和白會議 : 君臣會議)가 있어서 기원전 69년의 이 '화백회의'에서 임금을 추대하고 도읍을 세우자는 의견이 나왔다. 신비한 기운이 서려있는 서라벌(지금의 경주) 남산 기슭의 나정(蘿井) 우물가에 가보니 흰말이 있었는데 6촌장들이 나타나자 말은 하늘로 오르고 우물가에는 큰 알이 하나 놓여 있었고, 알에서 건장한 사내아이가 나왔는데 6촌장들은 아이의 이름을 박혁거세라 칭하고 왕으로 추대하였다.

초기의 신라는 박(朴), 석(昔), 김(金)의 3성(姓) 중에서 왕을 추대하고 이들이 주체가 되어 6부족의 연맹체를 이끌어 고대국가로 발전하였다.

중흥기에 든 신라는 왕권이 강화되었던 법흥왕, 진흥왕 때 화랑도의 활약이 돋보였고, 삼국통일의 주역으로 활약했던 태종무열왕 김춘추, 김유신 장군 등이 바로 화랑도 출신이었다. 진덕여왕 때 태종무열왕으로 추대된 김춘추가 당나라에 청원하여 나당(羅唐) 연합군을 편성하여 백제를 멸망시켰고(660년), 문무왕은 백제의 부흥항쟁을 진압하는 한편 역시 당나라에 원군을 청하여 고구려를 멸망시키고(668년) 삼국통일까지 이루었다. 그러나 통일신라시대의 사회적 안정과 전제적 관료제는 귀족 세력의 대두를 유발하여 귀족연립적인 정치형태로 변질되고 정치·사회적 혼란을 가중시켰으며, 중앙의 정치적 부패와 통치권의 무정부상태에 따라 전라남북도지방을 차지한 견훤은 후백제를 세우고, 강원도 북부·경기도·황해도 및 평안도지방을 차지한 궁예는 마진국(摩震國)을 세웠으며, 신라의 세력은 지금의 경상남북도를 차지하는 데 그쳐 이로부터 한반도는 얼마 동안 후삼국시대가 전개된다.

918년 후삼국 중 가장 강대하게 세력을 떨치던 궁예의 신하 왕건이 궁예를 몰아내고 고려를 세웠고, 935년 신라의 국토는 더욱 축소되어 민심은 고려로 기울어 나라를 더 유지할 수 없게 되자, 경순왕은 마지막 화백회의를 열어 국토를 고려에 넘길 것을 결정하고 스스로 고려의 수도 개경(開京)에 가서 그 절차를 밟아 망하고 말았다.

5. 고려의 탄생과 멸망

후삼국시대에 왕건은 태봉왕 궁예의 밑에서 신임을 얻고 있
다가 궁예를 물리치고 918년 왕이 되어 후삼국 통일의 대업을
달성하였고, 포용력과 덕치(德治)를 통한 민심의 수습과 애민
정신으로 나라를 다스렸으며, 옛 고구려를 회복하고자 나라 이
름을 '고려'라 하고 수도를 산정호수에서 개성으로 옮겨 고려
500년의 도읍지를 만들었다.

고려의 외교 정책은 거란과 송 등 여러 나라와의 관계에서 온
건책과 강경책을 적절히 활용하면서 실리적인 대외 정책을 통
해 국익을 추구하는 것이었고, 예성강 입구의 벽란도는 국제
무역항으로서 무역의 중심지가 되어 송뿐만 아니라 일본과 아
라비아 상인들도 왕래하였다. 일본과는 사신의 왕래나 상인들
에 의한 민간 교류가 활발하게 이루어져 일본 상인들은 유황이
나 수은 등을 가지고 왔고, 고려로부터 식량, 인삼, 서적 등과
바꾸어 갔다. 아라비아 상인들은 벽란도를 통해 개경에 들어와

수은과 향료를 팔고, 금과 비단을 사 갔다.

고려는 아라비아 상인들에 의해 '코리아(KOREA)' 또는 '코레아(COREA)'라는 이름으로 서양 세계에 처음 알려졌다. 이러한 일은 고려의 개방적인 대외 정책에서 비롯하였다.

고려 시대에 침략한 외세를 보면, 전성기 때는 거란의 침입은 서희나 강감찬 장군과 같은 위인들이 막아냈으나 뒤에는 거친 몽골의 침략으로 오랜 싸움 끝에 고려가 무릎을 꿇고 만다. 또 고려 말기에는 북쪽은 원나라에 반기를 든 세력인 홍건적이 고려로 쳐들어오고 남쪽은 일본에서 왜구가 쳐들어오면서 국가적으로 큰 혼란에 빠지게 된다.

한편 이성계는 동북 지방에서 여진족과 홍건적의 침입을 격퇴하고 왜구를 무찌르는 등 기반을 닦고 있을 때, 명이 철령 이북의 땅을 회수하겠다며 이른바 철령위를 설치하려 하자 최영 등은 요동을 공격하기 위해 이성계를 파병하였으나 이성계는 위화도에서 회군하였다.
조정을 주도하게 된 이성계는 최영과 정몽주를 제거한 후 공양왕을 폐하고 새 국왕으로 즉위하니 고려는 멸망하고 말았다.

국왕이나 신하가 나라를 배반하면 그 나라가 망하게 된다는 교훈을 얻을 수 있을 것이다.

6. 조선(이씨조선)의 탄생과 한일합병

일제 식민통치로 이어진 조선에 대해 절을 바꾸어 좀 상세히 살펴보고자 한다. 중국 요동을 정벌하려고 북쪽으로 향하던 이성계를 중심으로 한 신흥 무인 세력이 압록강 하류의 위화도에서 군사를 돌려 새 왕조의 수립을 반대한 세력을 제거하고 토지 제도 개혁을 마무리하자, 이성계가 왕위에 올라 새 왕조를 세웠다(조선 건국, 1392년). 이성계는 고조선을 계승한다는 뜻에서 나라 이름을 조선이라고 하였다.

〈이조 500년 동안 있었던 중요 사건들〉

1) 훈민정음 반포

'훈민정음'은 1443년(세종 25년) 조선의 4대 왕 세종(世宗)이 집현전 학자들의 도움을 받아 창제한 우리나라 글자로서 창제 당시에는 한문에 비해 언문(諺文)·언서(諺書)·반절(反切)·암클 등으로 낮춰 부르며 부녀자와 아이들의 문자로 낮게 평가되었으나, 1894년 대한제국을 세운 후 국문을 채택하여 일제강점기 때 주시경이 '한글'이라는 이름을 지었다.

한글은 생일을 가진 세계 유일의 문자로서, 정보화시대에 더욱 빛나서 컴퓨터와 휴대전화의 자판으로 가장 빠른 타자가 가능하여 마이크로소프트도 아직 따라오지 못하고 있다.

유네스코에서는 1997년에 한글의 문화적 가치를 인정하여 훈민정음을 세계 기록 유산으로 지정하였고, 해마다 세계에서 문맹 퇴치에 공이 큰 사람들에게 주는 상의 이름을 '세종대왕 문해상(King Sejong Literacy Prize)'이라고 하여 주고 있다.

또 가장 쓰기 쉽고, 가장 배우기 쉽고, 가장 풍부하고 다양한 소리를 표현할 수 있는 문자를 찾아내기 위한 취지로 열리는 세계문자올림픽대회(The 1st World Alphabet Olympic)에서 2회 연속 1위를 기록하였다. 제1회는 2009년 10월 5~8일 세종문화회관에서 16개국이 경쟁하였는데 2위 이탈리아의 로마자, 3위의 그리스글자를 누르고 1위를 하였고, 제2회는 2017년 10월 태국 방콕에서 세계 27개국 문자가 경합하여 2위 인도의 텔루구 문자, 3위 영어 알파벳을 누르고 또다시 1위에 올랐다. 또한 이날 채택한 방콕선언문은 인구 100만 명 이상인 국가들과 유네스코에 전달했으며, 이로써 또 한 번 세계만방에 우리 한글의 우수성을 널리 알리게 되었다, 세종대왕님께서 한글을 창제하신 일이 그 얼마나 위대한 업적인지 참으로 자랑스럽기한이 없다.

2) 임꺽정의 난

조선 중기인 1559년 명종 시대에 나라가 어지러워지고 공물과 군역의 부담이 너무 컸기 때문에 산속에 들어가 도적이 되는 백성이 늘어나는 가운데, 황해도에서 경기도 양주 출신 임꺽정이 이끄는 청석골패로 불리는 도적이 가난한 백성은 건드리지 않고 황해도와 평안도 등에서 서울로 올라가는 공물이나 부잣집 재물을 털었다. 또 관가를 공격해서 빼앗은 재물을 백

성들에게 나누어 주기도 했고, 백성이 관기에 끌려가 곤욕을
치르거나 부자한테 시달릴 때 구해 주기도 하고 한성에도 나타
나 관아도 습격했다. 백성들 사이에 임꺽정의 인기가 치솟고
관아의 피해가 늘어나자 조정은 대대적인 소탕 작전을 펼쳤다.

임꺽정은 1562년 정월 토포사 남치근에게 잡혀 한성으로 압
송된 뒤 15일 만에 사형을 당했다. 명종실록은 "그들이 도둑이
된 것은 왕정(王政)의 잘못이지 그들의 죄가 아니다"라고 기록
해 청석골패가 의적이었음을 인정했다.

3) 홍경래의 난

평안도농민전쟁이라고도 한다. 1811년 12월부터 이듬해 4월
까지 약 5개월간에 걸쳐 일어난 반란으로, 1862년(철종 13년)
의 임술 농민항쟁, 1894년(고종 31년) 갑오동학의 난과 함께
19세기에 일어난 대표적 농민항쟁이다.

조선 순조 11년(1811년)에 평안도 출신인 홍경래가 일으킨 반
란으로, 홍경래는 평안도 가산의 우군칙 등과 더불어 서북 지
방에 대한 정부의 차별을 구실로 난을 일으켜 스스로 '평서 대
원수'라 일컬었다. 4개월 동안 계속된 홍경래의 난으로 한때
청천강 이북의 땅이 그의 손에 들어가기도 했으나, 마침내 관
군에 의해 진압되었다.

이 난은 하층 양반과 중소 상인 및 유랑 농민이 합세하여 부
패한 조정에 항거한 사건으로, 그 뒤 여러 곳에서 일어난 민란
에 영향을 끼쳤다. 홍경래의 난은 비록 실패했지만, 19세기 초

에 우리나라 서북 지방을 뒤흔들어 놓은 대규모의 농민 항거 운동이었다는 점에 의의가 있다.

4) 동학란, 또는 동학농민운동

1894년 당시 대한제국은 '동학란', '동비의 난'이라 불렀으나, 일본 총독부가 '갑오농민운동', '갑오농민전쟁'으로 격상시켜 지금의 교과서에 '동학혁명'으로 명명되었지만, 어학사전에 혁명이란 기존의 사회 체제를 변혁하기 위하여 이제까지 국가 권력을 장악하였던 계층을 대신하여 그 권력을 비합법적인 방법으로 탈취하는 권력교체의 형식이라 하였기에 동학란은 난이지 혁명은 아닌 것이고, '동학농민운동'이란 용어까지는 수용할 수 있을 것 같다.

동학란의 시작은 고부군수로 부임한 조병갑이 강의 하류에 필요하지도 않은 신보(新洑)를 쌓게 하고 이를 이유로 농민들에게서 고율의 수세를 징수함으로써 700여 섬이나 착복하였다. 1893년 12월 농민들은 그들의 억울한 사정을 민소(民訴)의 형식으로 군수에게 진정하기로 하고, 동학접주 전봉준(全琫準)을 장두(狀頭)로 삼아 군수 조병갑에게 두 차례에 걸쳐 호소하였으나 받아들여지지 않았다. 그래서 전봉준은 동학접주인 동지 20명과 함께 각 마을 집강에게 보내는 사발통문을 작성하여 봉기를 맹약하였다.

1894년 2월 10일 전봉준은 김도삼 등과 함께 봉기하여 고부

군아를 습격하고 불법으로 수탈되었던 수세미(水稅米)를 되찾아 농민에게 돌려주는 동시에 일단 해산하였다. 정부에서는 전라감사 김문현의 보고에 의하여 조병갑의 죄상을 알게 되자 그를 체포하여 파면하고, 새로 박원명을 고부군수로 임명하고 이용태를 안핵사로 삼아 사태를 수습하게 하였다. 하지만 안핵사 이용태는 사후처리를 동학교도 탄압의 기회로 삼아 온갖 악행을 자행하여 오히려 그들의 격분을 샀다.

1894년 3월, 전봉준은 4000여 농민군을 이끌고 무장(지금의 전북 고창)에서 다시 봉기하고 동참자가 점점 늘어 8000명이 넘었다. 4월 들어 전봉준, 손화중, 김개남 등이 이끈 농민군은 황토현(정읍)에서 전라도 감영군을 대파했고, 농민군의 기세에 놀란 정부가 중앙군을 보냈지만, 농민군은 황룡촌(장성)에서 중앙군을 물리치고 4월 27일 전주성마저 점령했다. 다급해진 정부는 청나라에 파병을 요청하여 5월 초 청나라 군이 조선에 도착했고, 일본도 텐진조약을 내세워 군대를 보냈다. 이때부터 허약한 조선이 외세를 끌어들여 망국의 길로 들어선 것이다.

5월 7일 농민군은 정부와 전주화약을 맺고 전주성에서 물러났다. 청나라와 일본이 간섭할 구실을 주지 않기 위해서였다.

그러나 일본군은 조선에서 철수하지 않고, 정치를 개혁해야 한다며 조선을 압박했다. 경복궁 점령 후 조선 정부를 노골적으로 위협하는 일본을 몰아내기 위해서 농민군이 가을 들어 다시 봉기하였다. 전봉준도 9월 초 삼례에서 일어섰고 그동안 전봉준을 비난하던 동학교단(북접)도 뒤늦게 봉기에 합류했다. 북접 지도부는 본래 일본이나 정부에 맞설 생각이 없었지만, 봉기를 요구하는 교인들의 요구에 밀려 동참했다. 농민군은 20만 명에 이르렀고 2차 농민 전쟁은 전라도를 넘어 충청, 경상, 황해, 강원도에서도 진행됐다.

음력 11월 초, 전봉준이 이끈 농민군은 일본군, 관군의 연합부대와 공주 우금치에서 혈전을 치렀지만 패했다. 전봉준이 함께 일본군을 물리치자고 관군에게 호소했지만 소용없었다. 김개남 부대도 청주에서 패했다. 그 후 일본군과 관군, 민보군은 농민군을 진압했고 전봉준 등은 사로잡혀 처형되어 이 난도 끝이 났다.

이렇게 끝난 후 120년이 지난 동학란인데, 문재인 정권에서 느닷없이 동학혁명 후손들 등록을 받는다고 공표하여 참으로 어리둥절하게 만들고 있다. 현 정권이 이 동학란 가담자 후손들의 환심을 사려는 것 아닌가 의심을 하지 않을 수 없게 한다. 또한, 70년 전에 있었던 인천상륙작전 피해자 보상을 의결한 것을 보아, 앞으로 6 · 25전쟁 피해자 보상 신청이나 더 나아가 500년 전의 '임진왜란' 피해자 보상까지도 하자고 하지는 않을까 의구심이 드는 것이 오늘의 나라 현실이다.

5) 임진왜란 (별도항목 7. 임진왜란 편에서 상세히 기록함)

1592년(선조 25)부터 1597년 정유재란을 포함해 1598년까지

2차에 걸친 왜군의 침략으로 일어난 전쟁이다. 일본에서는 분로쿠 게이초(文祿慶長)의 역, 중국에서는 만력(萬曆)의 역(役)이라고 부른다.

1592년 4월 일본군이 부산포로 쳐들어와 서울을 향한 북진을 계속해 2개월도 채 못 되어 전 국토가 유린되었고 선조와 세자는 평양으로 피란하였다. 한산도대첩 등 해전의 승리로 일본의 해상작전이 좌절되면서 전라도 곡창지대를 지킬 수 있었으며 육지의 곳곳에서도 유학자들과 농민이 주축이 된 의병이 일어나 육상 전을 승리로 이끌었다. 12월 명나라는 4만 3000여 명의 병력을 파견했고 1593년 1월 8일 조명연합군은 평양성을 탈환하고 일본과 협정에 들어갔다. 강화가 결렬되자 1597년 다시 침입했으나 육지에서는 권율, 이시언의 조명연합군에 패하고 해상에서는 이순신에게 패하여 7년에 걸친 전쟁이 끝났다. 7년간의 전쟁에서 조선은 전국 8도가 전장으로 변해 수많은 인명이 살상되고, 엄청난 재산 피해를 입었다.

6) 병자호란 (별도항목 8. 병자호란 편에서 상세히 기록함)

1636년(병자년) 12월 청 태종이 2만 명의 대군을 이끌고 조선을 침략한 사건으로, 정묘호란의 약속을 지키지 않는다는 명분으로 침략하였으나 실제로는 명을 공격하기 전 조선을 군사적으로 복종시키는 것이 목적이었다.

인조는 남한산성으로 피하여 적의 포위 속에서 혹한과 싸우며 버텼으나 식량마저 끊어져 청에 항복할 수밖에 없었다.

1637년 1월 30일 인조가 한강 동편의 삼전도(三田渡)에 설치한 수항단에서 청태종에게 갓에 철릭 차림으로 삼궤구고두의 굴욕적인 항복의식을 행하고 전쟁이 끝났다. 이로써 청의 신하가 되어 많은 조공을 바쳤고, 비교적 짧은 전쟁 기간에도 불구하고 항복 후 수많은 전쟁 포로가 발생하면서 조선은 막대한 피해를 받았다. 특히 청군에게 끌려갔다 귀환한 소위 '화냥년'이 큰 문제가 되었다.

* 당시의 조선 형편은 현재 위기에 처한 대한민국과 다름없어 걱정이 크다.

7) 강화도 조약

강화도조약은 1876년(고종 13년) 2월 강화도에서 조선과 일본이 체결한 조약이다. 일본의 군사력을 동원한 강압에 의해 체결한 불평등한 조약으로, 이 조약의 정식명칭은 조일수호조규이며, 병자수호조약이라고도 한다.

1875년 8월 일본이 측량을 구실로 운요호 등 군함 3척을 강화도에 파견하여 해로측량을 구실로 약탈과 살상까지 저지른 운요호 사건 다음 해인 1876년, 일본은 조선에 전권대사 구로다 기요타카와 함께 7척으로 구성한 일본 중무장 함대를 파견해 일장기와 해군기를 휘날리면서 800여 명의 정규군을 태운 채 남양만에 이르렀다. "우리 일본의 운요호는 물을 얻으려고 했을 뿐인데, 조선군이 갑자기 공격을 해 왔소. 조선은 이 책임을 물어야 할 것이오. 강화도로 갈 테니 조선의 대표는 그곳에서 기다리시오. 그렇게 하지 않으면 우리는 곧바로 한양으로 진격해 들어갈 것이오."

한편 조선 조정에서는 매우 긴장하여 고종이 대신들을 불러 모아 시원임대신회의(時原任大臣會議)를 개최하여 대책을 의논하였는데, 처음에는 대부분의 대신들 특히 최익현이 일본과의 수교를 반대했다. 세 번의 회의 후 박규수 등의 주장과 청나라 북양대신 이홍장의 권고, 고종의 적극적인 개항 의사에 따라 개국을 결정했다.

강화도 연무당에서 일본 전권대사와 마주 앉은 접견대관 신헌, 부관 윤자승 등 수구파와, 문호개방파의 박지원의 손자 박규수 등의 조선 관리들은 전권이니 조약이니 국기니 신문이니 하는 얘기를 처음 들었을 정도다.

시간만 끌다가 일본의 요구대로 다 들어주고 조선의 신헌(申櫶)과 일본의 전권대사 구로다 기요타카 사이에 13개조의 강화도조약을 체결하게 되었다.

불평등한 강화도조약의 주요내용은 다음과 같다.

첫째, 조선은 자주국이며 일본과 동등한 권리를 가진다.

  * 청나라의 간섭 배제가 목적

둘째, 일본이 조선의 해안을 자유로이 측량할 수 있게 한다.

  * 일본의 군사 침략을 허용함.

셋째, 일본인이 조선에서 죄를 지어도 일본법에 의해 일본 관원이 심판한다.

* 치외법권(治外法權), 을미사변(乙未事變)에 한 나라의 국모
  가 시해되었어도 우린 아무 말도 하지 못함.
  넷째, 조선과 일본 양국은 수시로 외교 사절을 파견하고 일본
  화폐의 통용과 무관세 무역을 인정한다.
* 조선은 일본의 경제적인 침략까지 인정.

1876년 2월 26일, 강화도 조약을 체결한 날이 조선이 외부
세계에 최초로 공식적인 문호(門戶)를 개방한 날이고, 조선은
일본보다 개항이 20여 년밖에 늦지 않았는데 바로 그 일본의
식민지로 전락하게 된 것이다.

8) 가쓰라 · 태프트 밀약

가쓰라 · 태프트 밀약(Taft · Katsura agreement)은 러일
전쟁 직후 미국의 필리핀에 대한 지배권과 일본 제국의 대한제
국에 대한 지배권을 상호 승인하는 문제를 놓고 1905년 7월
29일 당시 미국 육군장관 윌리엄 하워드 태프트와 일본 제국
내각총리대신 가쓰라 다로가 도쿄에서 회담한 내용을 담고 있
는 대화 기록이다. 이 기록의 내용은 미 · 일 양국이 모두 극비
에 부쳤기 때문에 1924년까지 세상에 알려지지 않았다. 이 기
록에는 서명된 조약이나 협정 같은 것은 없었고, 일본-미국 관
계를 다룬 대화에 대한 각서(memorandum)만이 있었다.

각서에 따르면 일본 제국은 필리핀에 대한 미국의 식민지 통
치를 인정하며, 미국은 일본 제국이 대한제국을 침략하고 한반

도를 '보호령'으로 삼아 통치하는 것을 용인하고 있다. 일부 미국 역사가들은 두 사람이 나눴던 대화에서 새로운 정책이 만들어지거나 조약이 체결된 것은 아니므로 이는 미국이 일제의 대한제국 침략에 협력한 근거가 될 수 없다고 주장하고 있다. 이들은 태프트가 자신의 의견이 미국을 대표하는 것은 아니고, 자신만의 의견이라고 말했다는 것을 근거로 들고 있다.

그러나 미국은 러시아와 일제 사이에 포츠머스 강화 조약이 열리기 전에 이미 대한제국의 자치능력을 부정하고 일제가 한반도 지역을 식민지배하는 것이 미국의 이익에 들어맞는다는 입장을 보였으며, 가쓰라·태프트 밀약은 이를 재확인한 것에 불과하다. 이 밀약은 대한제국에 대한 일제의 식민지배와 필리핀에 대한 미국의 식민지배를 상호 양해한 일종의 신사협정이었고, 이 합의로 대한제국에 대한 미국의 개입을 차단한 일제는 같은 해 11월 17일 대한제국에 을사늑약을 강요했으며, 미국은 이를 사실상 묵인했다.

* 이렇게 외교력이 부족하면 국가의 위기에서 다른 나라의 지원을 못 받는다는 교훈을 되새겨 보면서, 현재 문재인 정권의 외교적 고립을 국민들은 걱정하지 않을 수 없다.

9) 을사늑약(乙巳勒約)

을사늑약의 원명은 '한일협상조약'이며, '제2차 한일협약,' '을사 5조약'이라고도 한다.

일제는 1904년 2월 23일 한일의정서를 강제로 체결하고, 그해 5월 각의에서 대한방침(對韓方針) 등 한국을 일본의 식민지로 편성하기 위한 새로운 대한정책을 결정하였다. 이어서 그해 8월 22일에는 제1차 한일협약(한일외국인고문용빙에 관한 협정서)을 체결, 재정·외교의 실권을 박탈하여 우리의 국정 전반을 좌지우지하게 되었다.

한국을 보호국가로 삼으려는 정책에 한국과 외교관계를 맺고 있는 열강의 묵인이 필요하여 먼저 1905년 7월 27일 미국과 체결한 태프트·가쓰라 밀약과, 8월 12일에는 영국과 제2차 영일동맹을 체결하여 양해를 받았다. 이어서 러일전쟁을 승리로 이끈 뒤 9월 5일 미국의 포츠머스에서 맺은 러시아와의 강화조약에서 어떤 방법과 수단으로든 한국 정부의 동의만 얻으면 한국의 주권을 침해할 수 있다는 보장을 받게 되었다.

1905년 11월 15일 일본은 추밀원장(樞密院長) 이토 히로부미(伊藤博文)를 고종위문 특파대사 자격으로 한국에 파견하여 한일협약안을 한국 정부에 제출하였다. 한국 정부가 심하게 반대하자 17일에는 일본공사가 한국 정부의 각부 대신들을 일본공사관에 불러 한일협약의 승인을 꾀하였으나 오후 3시가 되도록 결론을 얻지 못하자, 무장한 일본 군인들의 공포 분위기 속의 어전회의(御前會議)를 열었지만 또 거부하였다.

이에 이토가 주한일군사령관 하세가와(長谷川好道)와 함께 세 번이나 고종을 배알하여 압박을 하자, 고종이 이 조약의 결정을 정부 대신들의 결정에 맡긴다고 미뤄 버렸다.

고종이 참석하지 않은 어전회의에서도 의견의 일치를 보지 못하자, 헌병의 호위를 받은 이토가 다시 회의를 열어 대신 한 사람씩 조약체결에 관한 찬반을 물었다. 이날 회의에 참석한 대신은 참정대신 한규설, 탁지부대신 민영기, 법부대신 이하영, 학부대신 이완용, 군부대신 이근택, 내부대신 이지용, 외부대신 박제순, 농상공부대신 권중현 등 8명이었다.

이 가운데 한규설을 제외한 전원의 승인을 받아 조약을 결정하였다.

박제순, 이지용, 이근택, 이완용, 권중현의 5명만 조약체결에 찬성한 대신들이란 유생들의 상소에 이들을 '을사오적(乙巳五賊)'이라 하여 전해오지만, 실은 한규설 외의 7명이 모두 찬성하였으므로 '을사칠적(乙巳七賊)'이라야 옳은 표현이며, 사실 이 조약을 목숨을 걸고 반대했어야 할 고종이 이들 대신들에게 결정을 미뤄버렸다.

을사조약은 일제의 강압에 의하여 박제순과 일본특명전권공사 하야시 사이에 체결되었는데 그 내용은 한국의 외교권을 박탈, 기존 한일조약 계승, 한국 황실의 유지 등이다. 이에 대해 우리 민족은 여러 형태의 저항으로 맞섰지만 일을 이 지경으로까지 만든 고종의 책임은 면할 수 없을 것이다.

10) 한일합병조약

을사늑약을 체결한 지 5년 후인 1910년 8월 22일에 대한제국의 내각총리대신 이완용과 제3대 한국 통감인 데라우치 마사

타케가 형식적인 회의를 거쳐 통과시키고 8월 29일에 발효된 합병조약은 '한일병합조약(韓日倂合條約)' 또는 '한국병합에 관한조약', 또는 강제적이고 불법적으로 이뤄진 거니까 '한일병탄조약(韓日倂呑條約)'으로 부르는 것을 권장하며 한국에서는 '국권피탈', '경술국치' 등으로 호칭하기도 한다.

이 조약으로 한국은 국권을 강탈당한 채 형식적인 국명만을 가진 나라로 전락하였다. 고종은 을사조약의 무효를 선언하고 한국의 주권수호를 호소하기 위해 1907년 6월 헤이그평화회의에 특사를 파견하였으나 일제는 이것을 빌미로 고종을 퇴위시키고 순종을 즉위시켰다. 이어 7월 24일에는 정미칠조약을 체결하여 한국의 내정권도 합법적으로 장악하였다.

조약을 체결한 뒤에도 일제는 한국민의 반항을 두려워하여 당분간 발표를 유보하였고, 원로대신들을 연금한 뒤인 8월 29일에야 순종으로 하여금 양국(讓國)의 조칙을 내리도록 하였다. 8개조로 된 이 조약은 제1조에서 '한국정부에 대한 모든 통치권을 완전히 또 영구히 일제에 양여할 것'을 규정하고 있다.

이 조칙이 공포되어도 민중들은 아무 거부 반응이 없었고, 이렇게 한국은 조선왕조가 건국된 지 27대 519년 만에 망하였다. 일본의 만행으로 조선은 망했지만 무능한 고종과 순종은 조선을 일본에 갖다 바치고, 가족들과 함께 일본의 귀족이 되어 여생을 편안히 보냈다.

조선 멸망의 원인 분석

조선 멸망의 원인은 여러 가지인데, 개국공신인 정도전의 성리학 채택이 문제의 시작으로 볼 수 있을 것이다. 지배계급은 성리학 이념에 빠져 실용을 배격하고 부국강병 대신 당파를 지어 말과 명분의 싸움에 날밤을 새우고, 국가의 안위보다 자기들 권력에만 집착하여 결국 조선은 쇠망의 길로 들어선 것이다.

그러나 흔히 조선의 붕당정치(朋黨政治)를 멸망의 주원인으로 들지만, 조선 중기까지는 이 붕당정치가 오히려 특정 세도권문의 정치개입을 막고, 상호 견제로 정치 발전을 가져온 긍정적인 면이 있었다. 그러나 정조 서거 후 붕당정치 체제가 끝나고, 대원군 때까지의 안동김씨 100년 세도정치 때는 돈으로 권세를 산 선비들이 돈 있는 백성들을 무자비하게 착취함으로써, 가렴주구(苛斂誅求 : 세금을 혹독하게 거두고 재물을 강제로 빼앗음)에 시달리는 백성들은 삶의 의욕을 잃었고, 그 폐해가 극심하여 각종 농민 봉기가 일어나게 되었다.

대원군은 초기에는 개혁정치를 했지만 쇄국정책을 폄으로써 조선의 근대화를 막았고, 민비(명성황후)가 대원군으로부터 권력을 되찾았지만 자주국방의 능력이 없으니 외세에 의존하는 허수아비 국가가 되어 버렸다. 무능한 고종이 일본군의 힘을 빌려 동학란을 진압했고, 내부문제도 청나라와 일본, 심지어 러시아의 힘을 빌려 해결하다가 결국 일본에 나라를 넘기는 역적질을 하게 된 것이다.

"조선은 일제에 의해 멸망한 것이 아니라, 이미 내부로부터 쇠약해져 언제 숨이 끊어져도 이상하지 않을 중환자였던 것"이란 말에 수긍이 간다.

7. 임진왜란과 이순신 장군

임진왜란은 조선 시대인 1592년(선조 25년)에서 1598년(선조 31년)까지 두 차례에 걸쳐 왜군이 우리나라에 쳐들어온 싸움으로, 우리나라 역사상 가장 처참한 싸움의 하나였다.

임진년에 일어났다 하여 임진왜란이라 하며 제2차 침략을 정유재란이라고 한다. 하지만 임진왜란 하면 일반적으로 정유재란까지 포함시켜 말한다. 이 왜란을 일본에서는 '분로쿠(文祿)· 게이초(慶長)의 역(役)'이라 하고, 중국에서는 '만력(萬曆)의 역(役)'이라고 부른다.

[임진왜란의 배경]

선조 때에 들어와 병조판서 율곡(栗谷) 이이(李珥)가 "십 년 내에 군사 십만 명을 양성하여 한양에 이만 명과 각 도에 일만 명씩을 두고 위급한 사태에 대비해야 합니다"라는 '십만 양병설'을 주장하며 상소했으나 당파싸움질에 정신이 팔려 귀담아듣지 않았다.

한편, 일본은 도요토미 히데요시가 국내의 혼란을 수습하고 전국을 통일한 다음 내부의 불만을 없애기 위해 조선과 동맹을 맺고 명나라를 침공하고자 하였다. 이에 조선에 통신사를 보내라고 요구하였고, 조선은 실상을 알아보도록 서인 황윤길(黃允吉)과 동인 김성일(金誠一)을 함께 일본에 보냈으나 돌아와서 정사 황윤길은 "아무래도 일본이 쳐들어올 것 같으니 단단히 대비를 하는 것이 좋겠습니다"라고 했고, 부사 김성일은 "대왕의 성덕(聖德)이 일월과 같은데 어떻게 감히 쥐새끼 같은 왜놈들이 쳐들어 올 수 있겠습니까? 오히려 민심만 소란해질 뿐입니다"라고 보고하자 임금과 조정은 김성일의 말을 받아들이고 말았다.

[임진왜란의 경과]

1592년 4월 13일, 도요토미가 15만 대군을 이끌고 조선을 침공하였다. 조선은 육전에서 일본에 연이어 참패해 20일 만에 한양이 함락되고 2개월 만에 평양까지 정복당하였다. 당시 조선군은 활을 사용하는 데 반해 왜군은 포르투갈의 기술을 받아들여 조총으로 무장했기 때문에 어찌 보면 당연한 결과였다. 반면 바다에서는 전라 좌수사 이순신의 등장으로 전세가 역전되었다. 한편 내륙에서는 각계각층에서 의병이 일어나 왜군에 저항하였고, 조정은 명나라에 도움을 청하였다.

임진왜란 당시 우의정 유성룡은 서울에서 같이 자란 이순신이 심성과 두뇌와 도량과 지도력과 추진력 등에서 하늘과 땅을

움직일 만한 큰 그릇임을 알고 정읍 현령으로 있던 이순신을 나이 47세가 되던 해인 1591년 신분을 9품계나 올리면서 전라 좌수사로 추천하여 임명토록 하였고, 이순신은 임진왜란이 일어나기 1년 전에 전라 좌수영이 있는 여수(麗水)로 부임하였다. 부임하자마자 앞으로의 전란에 대비해서 군사훈련도 철저히 시키고 천자포, 지자포 같은 대포도 만들었고, 무엇보다 거북선을 만들어 임지왜란 하루 전인 1592년 4월 12일 진수식을 하였으니, 이는 이순신의 거북선으로 일본을 물리치라는 하늘의 뜻이 틀림없다.

이순신 장군이 일본군을 무찌른 3대 대첩(大捷)
　- 한산도 대첩. 명량대첩. 노량대첩

■한산도 대첩
　한산도는 사방으로 헤엄쳐 나가도 길이 없고 적이 궁지에 몰려 상륙한다 해도 굶어 죽기에 알맞은 곳이다. 이순신은 1592년 7월 5일, 전라우수사 이억기와 함께 전라 좌·우도의 전선 48척으로 합동훈련을 실시한 다음 날인 6일에 노량에서 경상우수사 원균의 함선 7척과 합세한 연합함대는 55척이 되었고, 7일 저녁, 조선 함대는 당포에 이르러 정박하였다. 이때 목동 김천손(金千孫)에게서 일본의 와키자카 야스하루의 함대 73척이 견내량(見乃梁)에 들어갔다는 정보를 접했다. 이순신은 원균의 반대를 물리치고 이 왜선을 치기로 하였다.

7월 8일 이곳에서 이순신 장군은 먼저 배 5~6척을 이끌고 적의 선봉을 급습하자 왜선은 득달같이 쫓아왔고, 이순신은 도망가는 것처럼 적을 유인하여, 예정대로 한산도 앞바다에 이르자 모든 배에 일제히 북을 울리며 학이 날개를 펼친 듯한 '학익진'을 갖추었다. 학익진으로 왜선을 둘러싼 조선 수군연합함대의 여러 장수와 군사들은 지현자총통(地玄字銃筒) 등 각종 총통을 쏘면서 돌진하여 싸운 결과 중위장 권준(權俊)이 층각대선(層閣大船) 1척을 나포한 것을 비롯해 왜선 47척을 불살라 격침시켰고 12척을 나포하였고, 총대장 와키자카 야스하루는 뒤에서 독전하다가 전세가 불리해지자, 패잔선 14척을 이끌고 김해 쪽으로 도주했다. 이 해전을 진주대첩(晉州大捷, 1592.10) · 행주대첩(幸州大捷, 1593.2)과 더불어 임진왜란 3대첩의 하나로 부른다. 한산도 대첩은 일본 수군의 주력을 거의 격파해 그들의 수륙병진계획을 좌절시켰다. 그리고 육지에서 잇단 패전으로 사기가 떨어진 조선군에게 승리의 용기를 주었다.

■명량대첩(鳴梁大捷)

1597년 일본군이 2번째 조선에 침입한 정유재란이 일어나기 직전인 1596년 1월에 삼도수군통제사 이순신은 일본군 측의 거짓 정보와 서인 일부의 모함에 의해 정부의 출동명령을 집행하지 않았다는 이유로 파직당하고 대신 원균이 삼도수군통제사가 되었다. 정유재란애서 원균(元均)이 거느린 조선 수군은 대부분 패하자 그해 7월 유성룡(柳成龍) 등의 간곡한 건의로 다시 삼도수군통제사로 임명된 이순신은 휘하 군사들의 전열을 재정비하였다. 그러나 당시 군중에 남아 있던 쓸 만한 전선(戰船)은 칠천량 해전에서 배설(裵楔) 장군이 탈출시킨 12척과 일반 백성들이 나중에 가져온 한 척이 더해 13척에 불과하였다.

당시 왜군은 남해안 일대에 침범해 서해로 진출하려는 것을 알고 이에 이순신은 서해 진출의 길목이 되는 명량(진도의 울돌목 : 간만 때 바다가 소리를 낸다고 하여 붙여진 이름)을 앞에 두고 적선과 싸우고자 했다. 왜선 330여 척이 몰려왔는데, 이순신은 12척의 배를 일자로 늘어서게 한 '일자진'을 갖추고 싸우는데, 그때 명량의 조류는 거의 정조시기(停潮時期)였으며 명량으로 진입한 일본 수군의 전선은 133척으로 확인되었다.

이순신은 명량으로 들어서면서 울돌목을 지나자 일자진(一字陣)을 형성해 일본 수군의 수로 통과를 저지하려 하자, 일대 혼전이 전개되었다. 소수의 전선이 활동하는 조선 수군에 비해 많은 전선을 거느리고 있는 왜군에 상대적으로 불리하였다. 좁은 수로에서 불규칙한 조류로 인해 서로의 진형(陣形)과 대오(隊伍)가 붕괴되고 있었다. 일부 기록에는 울돌목 양안에 쇠줄을 연결해 물속에 걸어놔 많은 왜선들이 이 쇠줄을 보지 못한 채 여기에 걸려 뒤집어 지거나 전진을 못한 채 자기네 전함끼리 부딪치는 사이 미리 이곳을 빠져나온 이순신 함대가 쉽게 공격할 수 있었다고 한다. 이에 전투의 기세를 잡은 조선 수군은 현자총통(玄字銃筒)과 각종 화전(火箭 : 불화살)을 쏘면서 맹렬하게 공격하였다. 녹도만호 송여종과 평산포대장 정응두 등 여러 장수와 병사들이 적선 31척을 분파하자 일본 수군은 물러나 도주하고 말았다.

이 해전의 승리로 이순신이 지휘하는 조선 수군이 10배 이상의 적을 맞아 협수로의 조건을 최대한으로 이용해 그들의 서해 진출을 차단함으로써 정유재란의 대세를 조선군에게 유리하게 전개할 수 있게 하였다. 이렇게 명량대첩은 단 12척의 배로 왜적을 격파하고 서해 진출을 차단해 정유재란의 큰 흐름을 바꾼 전투였다.

■노량대첩(露梁大捷)

1597년 재침한 왜군은 그해 9월 명량해전(鳴梁海戰)에서 패배한 데 뒤이어 육전에서도 계속 고전하였다. 다음 해 8월 도요토미(豊臣秀吉)가 병사하자, 왜군은 순천 등지로 집결하면서 철수작전을 서둘렀다.

이 소식을 접한 이순신은 명나라 수군도독(水軍都督) 진린과 함께 1598년 9월 고금도 수군 진영을 떠나 노량 근해에 이르렀다. 명나라 육군장 유정과 수륙합동작전을 펴 왜교(倭橋)에 주둔하고 있는 왜군 고니시(小西行長)의 부대를 섬멸하기 위함이었다.

11월 18일 밤 이순신의 예견대로 노량 수로와 왜교 등지에는 500여 척의 왜선이 집결해 협공할 위세를 보였다. 200여 척의 조·명 연합수군을 거느린 이순신은 "이 원수만 무찌른다면 죽어도 한이 없습니다"라고 하늘에 빌고 전투태세에 들어갔다.

19일 새벽, 싸움은 막바지에 이르고 이순신과 진린은 서로 위급함을 구하면서 전투를 독려하자 왜의 수군 선박 200여 척이 불에 타 침몰하거나 파손되고 100여 척이 이순신 함대에 나포되었으며 나머지 패잔 선들이 관음포 쪽으로 겨우 달아났다.

이순신은 같은 날 오전 관음포로 도주하는 마지막 왜군을 추격하던 중 유탄을 맞고 쓰러지면서 "싸움이 급하니 내가 죽었다는 말을 하지 말라"는 세계 사상 길이 빛나는 유언을 남기고 숨을 거두었다.

한편, 순천 왜교에서 봉쇄당하고 있던 고니시의 군사들은 남해도 남쪽을 지나 퇴각해 시마쓰의 군과 함께 부산에 집결, 철수했다. 노량해전을 끝으로 정유재란은 막을 내렸다. 이순신 장군의 전사와 맞바꾼 노량대첩의 승리는 7년간 계속된 임진왜란을 끝내는 데 큰 역할을 하였다.

[임진왜란의 결과]

6년 7개월간의 전쟁에서 조선과 명나라 및 일본 모두가 큰 피해를 입었으니, 조선은 전국 8도가 전장으로 변해 수많은 인명이 살상되고, 경복궁, 불국사, 4대 사고(조선왕조실록 전주 사고 본은 제외) 등 몽골 항쟁 이후 가장 크게 문화재가 소실되었다. 토지대장과 호적이 대부분 없어져 국가운영이 마비상태에 빠졌고, 전쟁 전에 170만 결에 달했던 토지결수도 54만여 결로 줄어 엄청난 재산피해를 입었다. 무엇보다도 전란으로 인한 문물의 파괴, 재력의 탕진을 복구하기 위한 개혁이 정권의 급선

무였다.

일본은 무리한 전쟁으로 국력이 소모되었으나 또 한편 조선의 도자기 장인을 강진에서 포로로 데려가 도자기산업을 발전시키고, 조선의 활자를 탈취하여 활자 기술의 큰 발전을 이루는 데 도움이 되었다. 도요토미 히데요시가 63세 나이로 병사하자 전국시대가 끝나고 도쿠가와 이에야스가 정권을 물려받아 에도막부의 시대로 바뀌게 되었다.

명나라에서는 조선에 대군을 파병하여 국력이 쇠퇴하고 막대한 재정 손실, 인적 손실 등으로 재정 압박은 물론 농민들의 봉기, 지방의 봉건군벌들의 반란이 일어났다. 또 만주의 누르하치가 여진족을 통일하여 후금(후의 청나라)을 세웠고 명나라는 1644년에 있었던 이자성의 난으로 결국 멸망하게 되었다.

8. 병자호란(丙子胡亂)

임진왜란이 끝난 지 29년 후인 1627년에 정묘호란이 일어났고, 그 9년 후인 1636년 12월부터 이듬해 1월까지 청나라가 조선을 제2차 침입했다. 전쟁이 병자년에 일어나 정축년에 끝났기 때문에 병정노란(丙丁虜亂)이라 부르기도 한다.

몽고에 대한 항쟁이 40여 년간 지속되었고, 임진왜란은 7년간의 싸움 끝에 왜군을 격퇴한 데 반하여, 임진왜란에 가려 인식이 덜 되었지만 병자호란은 불과 두 달 만에 조선이 굴복하여 조선 역사상 가장 큰 패배 중 하나이고 그 피해도 막심하였다.

[병자호란의 배경]

1627년 후금(後金: 뒤의 淸)의 조선 1차 침입인 정묘호란 때 조선은 무방비 상태로 후금에 당하여 '형제의 맹약'을 하였으나, 그들은 당초의 맹약을 위반하여 갖가지 행패를 부렸고, 나중에는 '군신(君臣)의 의(義)'로 개약(改約)하자고 요청하면서 무리한 요구를 해왔다.

조선에서는 이러한 그들의 요구에 응하지 않자 그들은 재차 침입을 결심하게 되고, 같은 해 4월 나라 이름을 '청'으로 고치고 조선 사신에게 "왕자를 볼모로 보내서 사죄하지 않으면 대군을 일으켜 조선을 공략하겠다"고 협박했으나 조선이 명나라를 대국으로 섬기면서 그들의 요구를 묵살하자 청나라는 조선에 재차 침입하게 되었다. 명나라를 받들고 청나라를 천하게 여기는 것을 왕자 때부터 보아온 홍타이지가, 황제가 되자 이를 응징하고자 한 것이 병자호란의 원인 중 하나이기도 하다.

[병자호란의 경과]

청 태종은 1636년 12월 2일에 12만 명의 대군을 이끌고 몸소 조선 침입에 나섰다.

전봉장(前鋒將) 마부태는 의주부윤 임경업(林慶業)이 백마산성(白馬山城)을 굳게 수비하고 있음을 알고, 이를 피해 밤낮을 달려 심양을 떠난 지 10여일 만에 서울에 육박했다. 보고에 접한 조정에서는 비로소 적의 형세가 급박한 것을 알고는 있었으나 이렇게 빨리 진격해 오리라고는 예상하지 못했다.

인조는 청군이 평양에 도착했다는 보고를 받자 대신들에게 종묘사직의 신주를 받들고 세자빈과 왕자들을 강화도로 피란하도록 했고, 인조도 그날 밤 강화도로 향했으나, 벌써 청군이 개성을 지나 강화도로 가는 길을 막아 갈 수 없다는 보고를 받고, 세자와 백관을 대동하고 남한산성으로 들어갔다.

청군의 선봉 부대는 12월 16일에 이미 남한산성에 이르고 대신 담태(潭泰)의 군사도 아무런 저항을 받지 않고 서울에 입성해 그 길로 한강을 건너 남한산성을 포위했다. 청 태종은 조선 국왕이 친히 성안에서 나와 자기 군문(軍門)에 항복하고 척화 주모자 2~3인을 결박하여 보내라는 통보를 하자, 조선은 이에 응하지 않고 주저하고 있었다.

한편 청군은 강화도로 도망쳤던 왕비와 세자 등을 몽땅 잡아와서는 남한산성 앞에서 조선왕에게 항복을 요구하였고 인조는 1월 27일에 항복 문서를 보냈다. 남한산성 남문으로 들어온 지 47일 만인 1월 30일 인조는 세자와 함께 남한산성 서문을 통해 나가 한강 동편의 삼전도(三田渡)에 설치한 수항단에서 청 태종에게 갓에 철릭 차림으로 삼궤구고두의 굴욕적인 항복 의식을 행하였다. 이후 청 태종은 급히 철군하였는데 그 원인은 발생하기 시작한 천연두 때문이라고 알려져 있으며, 긴급 철군으로 한양을 점령하여 있을 뻔한 행패를 면할 수 있었음은 천만다행이었다.

[병자호란의 결과]

인조는 소위 '삼전도의 굴욕'을 당한 뒤 한강을 건너 서울로 돌아왔지만, 청나라는 소현세자와 봉림대군과 함께 척화파 대신 홍익한, 윤집, 오달제와 수많은 백성들을 잡아 갔고, 이로써 조선은 개국 이래 이어오던 명과의 관계를 청산하고 새로이 청과 군신 관계를 맺게 되었으며, 전에 조공을 받던 여진족인 청나라에 거꾸로 명나라에 보내던 조공품의 몇 배에 달하는 조공을 바치게 되었다.

전후에 처리해야 될 심각한 문제는 청군에게 강제 납치된 수만 명의 귀환 문제와, 포로로 잡혀간 수많은 조선 여자들 문제였다. 특히 청군의 성노예가 되어 강간과 윤간을 당했고 청군의 씨받이로 전락하여 아비도 없는 혼혈 사생아들을 잉태한 여자들 중 상당수가 나중에 조선으로 귀환한 환향녀(후에 비속어로 '화냥년')의 문제는 당시 조선 사회에 큰 파장을 일으켰다.

이밖에 조선과 청 두 나라는 종번관계(宗藩關係)로 굳어져 가면서 청의 위협과 조선의 복종이 강요되었고 청조로부터 '조선국왕'으로 책봉됨으로써 군신 관계가 재확인됐다. 이로부터 조선은 청나라의 속국이 되었음이 확인된 셈이다.

임진왜란의 참혹한 전쟁으로 나라가 기사회생(거의 죽을 뻔하다가 다시 살아남)했으면, 군주나 백성들이 이 왜란을 교훈으로 삼아 주변 국가들의 정세를 잘 살피고 국방을 튼튼히 하여 외침에 대한 대비태세를 갖추어야 함에도 불구하고, 성리학에 근거한 정쟁과 지배계급은 자기들 권력에만 집착하고 국가의 안위는 돌보지 않아 임진왜란 후 50년도 안 되어 가장 치욕적인 병자호란을 치른 것이다. 참으로 분노할 역사의 한 장면이다.

* 이 병자호란의 치욕적인 역사를 보면서 지금의 대한민국의 상황을 비교해 보자!

현재 문재인 정권은 대한민국의 외교는 친중, 종북 정책으로 반미, 반일 정책의 역주행 외교행보와, 돌이킬 수 없을 정도로 파괴한 안보, 국내적으로는 최악의 좌우 국론분열과 국익보다는 집권에 집착하는 상황은 병자호란 당시와 조금도 다름이 없지 않은가? 온 국민들이 이 엄중한 상황을 인식하여 국가안위를 걱정하고 바로잡아야 할 것이다.

9. 일제 강점기의 한국 역사

일제강점기(日帝強占期 : 1910년 8월 29일 ~ 1945년 8월 15일)는 일제의 식민지기간 약 35년간을 가리킨다. 1910년 한일병합 이후 총독이 조선총독부를 통해 일본 왕의 명을 받아 통치하는 형식으로 식민지배가 이루어졌으며, 정치적 및 외교적으로 전적인 권한은 일본 제국에 있었다. 일반적으로 이 시기를 일본의 한반도 지배 정책에 따라 세 시기로 구분한다.

[제1기(무단통치기) 1910~1919년]

사이토 마코토가 조선 총독으로 부임하여 식민통치를 시작한 것을 기점으로 한다.

경제적으론 토지조사사업과 회사령이 실시되었고 헌병 경찰 제도가 운영되었으며, 교원(학교 선생님)들이 칼을 차고 다녔던 시기다.

강제 합병 직후 조선총독부는 1910년 9월에 헌병 경찰을 창설하여 2만여 명의 헌병 경찰을 한반도 전역에 배치하고 한국인 중 헌병 보조원을 채용하여 헌병들의 업무를 보조케 하여 헌병 중심의 억압 통치를 실시하였다. 이들 헌병이 일반 경찰의 행정까지 담당하면서, 언론·집회·출판·결사의 자유를 박탈하고, 즉결 처분권 등을 갖는 무단 통치에 돌입하였다.

1912년부터 시행된 토지조사사업을 진행하면서 소유권이 불분명한 정부와 왕실의 토지 등은 동양척식주식회사에 넘겼고, 침탈한 토지는 일본 이민자들에게 싼 값에 팔았다(좀 과장된 내용이며, 당시 농민들은 토지를 생명으로 알아 침탈된 것은 거의 없었다고 함).

당시 한반도는 일본 열도에 비해 천연자원이 상대적으로 풍부혔고, 비록 구매력은 볼품없있다고 하나 대신 노동력 또한 값싸고 풍부했다. 일제가 이러한 특성에 주목해서 1900~1910 년대에 쌀, 면화, 양잠, 소에 대한 품종 개량 및 육성과 SOC 건설을 통해, 조선을 일본 자본주의 발전을 위한 식량, 원료의 공급 기지이자, 상품판매 시장으로 재편하고자 하였다. 한편 식민지 편입과 동시에 일본 시장과의 연결을 위해 재정의 절반가량을 철도, 도로, 항만 건설에 투입하고 관개시설을 개·보수하였으며, 또 지역 특색에 맞는 일본의 벼, 양잠 등 우량종을 보급하는 등 일본의 2차 산업과 연계하여 1차 산업을 증산하고자 노력하였다. 이런 일본의 노력은 물론 일본의 조선수탈이 목적이었지만 솔직히 한반도의 발전을 앞당긴 것은 인정하여야 할 것이다. 왜냐하면 조선말기의 낙후한 조선의 기술과 재력으로 이런 시설 등을 하려면 요원하였을 것이기 때문이다.

제1차 세계대전 종전 후, 우드로 윌슨의 발언에서 유래한 민족자결주의가 조선 민중들 사이에 퍼지고 이로 인해 촉발된 3·1운동이 격화되고, 일제의 다이쇼 데모크라시와도 맞물리면서 무단통치가 막을 내린 시기였다.

[제2기(문화통치·민족분열통치기) 1920~1930년]

3·1운동으로 한국민들의 저항이 시작된 때부터 세계 대공황이 발발한 1929년까지로, 흔히 '문화 통치기'라고 줄여서 부른다. 경제적으론 쌀 증식계획이 실시되었고. 헌병이 보통경찰로 바뀌었고, 언론·출판의 자유가 제한적으로 허용되었으며, 회

사령이 허가제에서 신고제로 전환된 시기다.

3·1운동에 크게 놀란 조선총독부에 사이토 마코토 총독이 부임하여 그동안 조선인들에 대해 시행하였던 가혹한 정책들을 일부 완화하면서, 민심을 추스르는 데 노력한 시기이기도 하다. 그동안 무관만이 임직했던 조선총독에 문관도 오를 수 있음을 내걸고 치안을 헌병이 아닌 경찰이 담당하게 되었으며, 회사령을 철폐하여 조선인의 사업에 대한 규제를 푸는 등의 유화책을 사용하였다. 문화통치 시기에 조선일보, 동아일보, 조선중앙일보 등 조선인 언론사도 여럿 창간되었다. 문화통치의 본 목적은 회유정책을 바탕으로 조선인들의 사회문화적 기반을 일본으로 흡수하고 나아가서는 조선인을 일본인화시키겠다는 것이어서, 조선인들의 언론과 사회 운동을 허용하면서 검열이나 요시찰 제도 등을 통해 조선인들의 사회 활동을 자신들의 통제 아래 두려고 했었다.

친일 지식인들을 체계적으로 육성하기 위해 경성제국대학(현 국립서울대학 전신) 등 대대적으로 교육 시설을 정비하고 극히 제한된 인원에게 중고등교육을 제공하면서 광범위한 대중이 정규 교육 속에서 친일적 요소를 자연스럽게 습득하도록 했다. 이 시기 전국적으로 수많은 보통학교가 설립되었으나 초등교육이 보편화되기에는 턱없이 부족한 수준이었다.

또한 헌병 경찰제를 보통 경찰제로 바꾸어 경찰이 치안을 담당하게 되면서 경찰의 수와 경찰서, 경찰 예산을 이전 무단통치 시기보다 약 3배 이상 증가시키고, '고등 경찰제'와 '치안

유지법'을 도입하여 독립운동을 막게 하였다.

이광수와 최남선 등의 민족개량과 자치를 내세우는 타협적 인사들을 지원하여 비타협적 민족주의자들 및 사회주의자들과 갈등을 빚게 하는 등 각종 친일파 양성 정책 등을 통해 소위 문화정치와 민족분열 통치는 실제로 일본 입장에서는 어느 정도 성공적인 결과를 가져온 시기였다.

[제3기(병참기지화통치/민족말살통치기) 1931~1937년/1938~1945년

만주사변이 발발한 1931년부터 1937년까지를 제3기 전기, 1937년에 발발한 중일전쟁의 영향으로 1938년부터 1945년 해방까지를 제3기 후기로 본다.

전기는 남면북양(南綿北羊)의 경제정책, 후기는 국가총동원법이 발효된 병참기지화 정책 시기다. 1931년 만주사변으로 촉발된 일제의 군국주의적 야욕이 극대화되던 시기로, 1932년에는 만주국이 수립되고, 37년의 중일전쟁 등으로 일본이 승승장구하였다.

한편, 총독부에 의해 농촌진흥운동과 전시체제 준비기에 일본 방직업자들에게 원료를 공급하기 위해 남쪽은 목화 재배를, 북쪽에서는 양 사육을 강요하는 남면북양정책이 실시되고, 전국적으로 농업생산량과 일본으로의 쌀 수출량이 증가하는 등 농촌과 경제에 커다란 변화가 있었다. 주식투자와 회사설립이 가장 활발했던 시기 중 하나이지만 빈부격차가 매우 커서 하루

먹고살기 바쁜 사람들이 많은 건 여전했고 그에 따라서 문맹률 또한 매우 높았다.

조선의 독립운동은 이제 한반도와 완전히 괴리되어 1919년 수립된 상해임시정부는 1932년 이봉창 의사 의거, 제1차 상하이 사변과 윤봉길 의사 의거 여파로 중국 내륙 깊숙한 곳인 항저우(1932년)와 난징(1937년) 등으로 거처를 옮기게 되면서 당시 조선인은 임시정부의 존재조차 모르는 경우가 많게 되었다. 해외 무장투쟁의 상황은 더 열악하여 1930년대 넘어오면서는 초반인 만주사변 시기에는 지청천, 양세봉 등이 중국군과 연합하여 일본군에 맞서 싸웠으나, 만주 전역에서 일본의 영향력이 확대되어 감에 따라 만주에서 더 이상 활동하기가 어렵게 되었다.

전쟁이 한창인 1936년에 제7대 총독으로 가장 강경한 미나미 지로가 부임하여 강압적인 흡수통합정책을 수행하였다. 부족한 일본의 전력을 보충하기 위해 징병제로 조선 청년들을 전쟁터로 내몰았고, 여성들을 정신대(挺身隊)라는 이름으로 강제 동원하여 군수공장 등의 노동자로 보내면서 일본군 위안부라는 명칭은 쓰지 않았다는 주장이다.

또 한국인을 '천황'의 충성스러운 신민으로 만들겠다는 황국신민화를 위해 학생들은 물론 한국인 모두에게 신사참배를 강요하였고, 한국어 사용과 한국사 교육을 금지하여 일본어 사용을 의무화시킬 뿐 아니라, 1940년에는 내선일체를 강조하면서 창씨개명을 강요하는 등 민족말살정책을 수행하였다. 문화통치의 상징이었던 조선일보와 동아일보는 1940년 물사부족 및 한국어 매체 금지로 인해 강제 폐간되었다. 태평양 전쟁의 발발로 일제의 물자와 인력 공출, 이른바 병참기지화 정책은 조선민중을 이전에 겪지 못한 유례없는 고통에 빠지게 하였다. 그럼에도 전쟁의 성과가 나빠지자 일제는 전쟁물자 공급에 더욱 사력을 가하게 된다. 그리하여 조선에서 공출제를 실시하여, 부설한 철도 선로를 도로 뜯어가고 금속으로 된 밥그릇과 숟가락은 물론, 징이나 꽹과리 같은 철제 악기를 비롯하여 낫이나 호미 또는 쟁기 같은 농기구는 물론 심지어는 분뇨를 담는 요강까지 빼앗아갔다. 그러나 일본 제국의 무리한 전쟁으로 인해 문제점이 많았고, 식민지 조선도 겉으로 보이는 독립운동만이 총칼에 억눌려 잠잠했을 뿐 조선인의 독립 요구를 억누르지는 못했는데, 결국 핵폭탄 2방을 맞고(히로시마, 나가사키) 나서야 일본은 8월 15일에 연합군 측에 항복함으로써 병참기지화 통치/민족말살통치 시기가 끝이 나고 조선은 해방을 맞이하게 되었다.

필자의 일제 경험담

필자의 선친께서는 고향 통영에서 여수로 가족이 이사 갔을 때 이장을 앞세운 일본인에게 징용으로 끌려가 여수 신월리 당시 일본인 비행장 건설에 투입돼 해방이 되는 날까지 노동을 하다 돌아오셨다. 그로 인한 왜정말기 집안에 제사도구 놋 식기 그릇에서부터 심지어 수저까지 공출로 몰수당했던 어려운 어린 시절의 기억을 지울 수 없다.

필자가 당시 국민학교 4학년 때 어느 날 "아프다는 핑계로 신사참배 때마다 불참하고, 조선말을 제일 많이 쓴다"는 이유로 기무라 일본인 담임선생에게 불려가 종아리에 피멍이 들도록 버들가지(야나기)매를 맞은 일이 있었는데, 그래도 말을 잘 듣지 않는다면서 나중에 헌병대에 고발하여 어린 나를 이틀간이나 구금하고 반성문을 10여장씩 쓰게 하였다.

헌병대를 나오면서 혼자 "개새끼 쪽바리 놈"이라고 했더니 그 말을 알아듣고 다시 고문을 했는데, 그 헌병이 나를 매질하면서 "조센진와 산닛치마데 잇카이 나후라 나갓다라 닌겐가 데키나이 (조선 사람은 사흘에 한 번씩 맞아야 정신을 차린다)"라고 하던 말을 기억한다.

그런 일본인들의 무자비했던 만행을 지금까지도 잊을 수 없으며, 일본인에 반항했던 기억이 아픔으로 남아있고, 일제강점기 때 일요일에는 어머니와 형님과 함께 산에서 나무를 한 짐씩 해와 그걸 팔아 꿀대죽으로 연명하던 질곡의 세월을 생생히 기억할 수 있다.

그러나 과거의 역사는 역사일 뿐이고 국익을 위해서는 영원한 적도 영원한 친구도 없다는 말이 있다. 이스라엘 '야드 바쉠 홀로코스트 박물관' 입구에 "용서하라, 그러나 잊지는 말라" (Forgive, but remember)라는 문구가 새겨져 있다. 그것은 과거에만 집착하지 말고 용서할 줄도 알아야 하며, 이들의 뼈

이픈 과거의 역사를 기억하여 다시는 비참한 상황으로 떨어져서는 안 된다는 유대인의 깊은 민족적 깨달음과, 미래에 대한 그들의 좌우명을 생각해 본다.

* 우리는 과거 일본제국 강점의 아픔을 잊지는 말아야 하지만, 70년의 세월이 흐른 지금의 일본인들과 정부는 그때의 제국시대 일본이 아니므로 이제 그만 반일감정을 접고 국익을 생각하여 이웃나라인 일본과 손을 잡을 줄도 알아야 할 것이다.

10. 안중근 의사(安中根 義士)의 의병활동

[요약]

1909년 10월 26일 중국 하얼빈에서 초대 조선통감 이토 히로부미를 저격한 구한말의 독립운동가로서, 본관은 순흥, 자는 응칠, 세례명은 토마스로 양반가에서 태어났으며 1905년 을사늑약이 체결된 이후 계몽운동을 벌였다. 1907년 전국적으로 의병이 일어나자 강원도에서 의병을 일으켰고, 1909년 단지회라는 비밀결사를 조직하여 침략의 원흉 이토 히로부미를 암살하기 위한 계획을 세웠다. 그해 10월 26일 하얼빈역에서 이토가 회담을 마친 뒤 환영군중 쪽으로 갈 때 권총 3발을 쏘아 사살했고, '대한만세'를 외친 뒤 현장에서 체포되었다. 사형을 언

도받아 1910년 여순 감옥(뤼순 감옥)에서 순국했으며, 1962년
에는 건국훈장 대한민국장이 추서되었다.

[생애 및 활동사항]

안중근은 아버지 진사 태훈(泰勳)과 어머니 조성녀(趙姓女 마
리아)의 맏아들로 태어났다. 태어날 때 배에 검은 점이 7개가
있어서 북두칠성의 기운으로 태어났다는 뜻으로 어릴 때에는
응칠(應七)이라 불렀는데, 이 이름을 해외에 있을 때 많이 사용
했다. 어려서부터 의협심과 무용력이 남달리 뛰어났고, 말 타기
와 활쏘기를 즐겨 명사수로 이름이 났고, 바른 말 잘하기로 이
름나 17세에 번개(電球)라는 별명까지 붙을 정도였다고 한다.

1895년 아버지를 따라 천주교에 입교하여 '토마스'라는 세례
명을 받았다. 천주교를 통해서 신학문에 관심을 가졌으며 신부
에게 프랑스어를 배우기도 했다. 17세에 결혼해 2남 1녀를 두
었다. 1905년 을사늑약이 체결되자 국권회복운동을 하기 위해
상해로 갔으나 기대를 걸었던 상해 유력자들과 천주교 신부들
로부터 협조를 거절당하고, 이 무렵 아버지가 돌아가셔서 다시
돌아와 1906년 삼흥 학교를 설립하고 남포 돈의학교를 인수하
여 교육운동을 시작했고, 1907년에는 전국적으로 전개되던 국
채보상운동에 적극 호응하여 국채보상기성회 관서지부장으로
도 활동했다.

1907년 7월 헤이그 밀사사건을 빌미로 한국의 초대 통감인
일본의 '이토 히로부미'는 고종의 강제퇴위와 군대해산에 따라

전국적으로 의병이 일어나자 만주에서 의병을 일으켜 1908년 6월에 특파독립대장 겸 아령지구군사령관으로 함경북도 경흥군 노면에 주둔하던 일본군 수비대를 격파하고, 경흥과 신아산 부근에서 전투를 벌여 전과를 올리기도 하였다.

1909년 3월 2일 노브키옙스키에서 함께 의병활동을 하던 김기룡 등 12명이 모여 단지회(斷指會 : 일명 단지동맹)라는 비밀결사를 조직하여 왼손 무명지 첫 관절을 끊고, 그 선혈로 태극기의 앞면에 '大韓獨立(대한독립)'이라고 쓴 후에 피로 범벅이 된 손을 들고 "대한독립만세"를 일제히 세 번 불러 하늘과 땅에 맹세하면서, 안중근은 침략의 원흉 이토 히로부미를 암살하기로 하고 3년 이내에 성사하지 못하면 자살로 국민에게 속죄한다고 맹세까지 하였다.

1909년 9월 블라디보스토크의 신문을 통해 이토 히로부미가 북만주 시찰을 목적으로 러시아의 재무상 코코프초프와 회견하기 위하여 온다는 정보를 입수하고 그는 하얼빈에서 거사하기로 하였다. 10월 26일 하얼빈 역에서 이토가 코코프초프와 열차에서 회담을 마친 뒤 러시아 의장대를 사열하고 환영군중 쪽으로 가는 순간 권총을 쏘아, 이토에게 3발을 명중시켰다. 이어서 하얼빈 총영사 가와카미 도시히코, 궁내대신 비서관 모리 다이지로, 만철(滿鐵) 이사 다나카 세이타로 등에게 중경상을 입힌 뒤 러시아 헌병들이 덮치자 권총을 땅에 떨어뜨렸고 곧장 일어나 "대한민국 만세"를 세 번 외친 다음 그 자리에서 붙잡혔다.

러시아 검찰관의 예비심문과 재판과정에서 한국의병 참모중장이라고 자신을 밝히고, 이토가 대한의 독립주권을 침탈한 원흉이며 동양평화의 교란자이므로 대한의용군사령의 자격으로 총살한 것이며 안중근 개인의 자격으로 사살한 것이 아니라고 거사동기를 밝혔다.

러시아 관헌의 조사를 받고 일본 측에 인계되어 루쉰 감옥으로 옮겨졌다. 관동도독부 지방법원에서 여러 차례의 재판을 받는 동안 "나는 의병의 참모중장으로 독립전쟁을 했고 참모중장으로서 이토를 죽였으니 이 법정에서 취조 받을 의무가 없다"라고 재판을 부정하고, 자신을 전쟁포로로 취급하여 국제심판을 받게 해 줄 것을 요구했다.

또한 일본검찰에게 이토의 죄상을 명성황후를 살해한 죄, 1905년 11월에 한일협약 5개조를 체결한 죄, 1907년 7월 한일신협약 7개조를 체결한 죄, 양민을 살해한 죄, 이권을 약탈한 죄, 동양평화를 교란한 죄 등 15가지를 제시하고 자신의 정당성을 밝혔다. 이후 순식간에 세계 언론으로 9만 건의 보도가 퍼져 나가면서 안중근 의사에 대해 많이 알려지게 되었다.

또한 국내외에서는 변호모금운동이 일어났고 안병찬과 러시아인 콘스탄틴 미하일로프, 영국인 더글러스 등이 무료변호를 자원했으나, 일제는 일본인 관선변호사 미즈노 기치타로와 가마타 세이지의 변호조차 허가하지 않으려 했다. 1910년 2월 14일 사형선고를 받고 3월 26일 루쉰 감옥에서 동양평화만세 3창을 하고 만 31세로 순국했다.

처형된 이후 안 의사의 동생은 시신을 넘겨주기를 기다렸으나 돌려주지 않았고, 아직도 그의 시신을 찾아내지 못했다.

11. 3·1운동

[요약]

3·1운동 또는 3·1만세운동은 일제 강점기에 있던 조선인들이 일제의 지배에 항거하여 1919년 3월 1일 한일병합조약의 무효와 한국의 독립을 선언하고 비폭력 만세운동을 시작한 사건으로 기미년에 일어났다 하여 기미독립운동이라고도 부른다.

대한제국 고종이 독살되었다는 고종 독살설이 소문으로 퍼진 것을 계기로 고종의 인산일(장례일)인 1919년 3월 1일에 맞추어 한반도 전역에서 봉기한 독립운동이다. 이로써 일제 강점하에 있던 조선의 독립을 국내외에 선언하였다.

만세운동을 주도한 인물들을 민족대표 33인으로 부르며, 그 밖에 만세 성명서에 직접 서명하지는 않았으나 직접, 간접적으로 만세운동의 개최를 위해 준비한 이들까지 합쳐서 보통 민족대표 48인으로도 부른다. 이들은 모두 만세운동 후에 구속되거나 재판정에 서게 된다. 약 3개월간의 시위가 발생하였으며, 조선총독부는 강경하게 진압했다.

3·1운동을 계기로 다음 달인 4월 11일 중국 상하이에서 대한

민국 임시정부가 수립되었고, 대한민국 제헌 헌법에서는 3·1
운동을 대한민국 건국의 기원으로 삼아 임시정부의 법통을 계
승한다는 것을 천명하였다.

여기서 말하는 건국의 기원이란 건국을 위한 출발점임을 말
하며, 상해임시정부는 말 그대로 임시정부로서 사람으로 말하
면 임신과 같고, 출산되어야 사람이 태어나듯이 1948년 8월 15
일 선거에 의해 제대로 갖춘 정부로 태어나(출산되어) 건국된
것임에도 불구하고, 상해임시정부의 수립을 건국으로 본다는
문재인 정권의 주장은 어불성설(語不成說 : 말이 안 됨)이다.
지금은 이 주장도 흐지부지하여 대한민국은 '건국일'이 없는
나라가 되고 말았다.

[3·1운동의 배경]

육군대장 하세가와 요시미치 총독의 무단 통치로 조선인들의
반일, 독립의지가 확산되었으며, 이런 가운데 제1차 세계대전
이 끝나고 파리강화회담에서 미국 대통령 우드로 윌슨이 '각
민족의 운명은 그 민족이 스스로 결정하게 하자' 라는 소위 '민
족자결주의' 가 알려지면서 조선의 독립운동가들 사이에 희망
의 분위기가 일어났다. 만주 지린에서 망명한 독립운동가들이
1919년 2월 1일 무오 독립선언을 통하여 조선의 독립을 주장하
였고, 조선 재일 유학생을 중심으로 한 2·8독립선언이 있어서
이 두 운동의 영향을 받아 삼일운동이 발생하였다. 또 파리 강
화회의에 우리의 목소리를 알리기 위해서는 누군가 소요사태

를 일으켜야 한다는 김규식의 발언과 마침 고종의 독살설로 인하여 일본의 부당한 조선 점령과 폭력에 의한 통치에 대하여 많은 사람들이 반감을 갖게 되어 큰 호응을 얻을 수 있었고, 이 3·1운동은 전국 방방곡곡과 해외로 확산되게 되었다.

[3·1운동의 경과]

민족종교인 천도교의 대표인 손병희 등에 의해 주도되었으며, 천도교인, 기독교인, 불교도인이 모두 함께 대표로 참여하였는데, 최남선이 '독립선언서'를 기초하였고 춘원 이광수가 교정을 보고 만해 한용운이 공약 3장을 덧붙였다. 천도교와 기독교 인사들의 연합으로 만세 시위 계획과 장소가 결정되었고, 불교계의 대표로는 한용운 등이 참여하였다.

민족대표 33인이 3월 1일 서울 태화관에 모여 조선이 독립국임을 선언하였고, 한편 오후 2시에 원래 약속장소였던 탑골공원에는 학생들이 모여들었는데 민족대표 33인이 보이지 않아 한동안 당황하였으나 경신학교 출신 정재용이 팔각정에 올라가 독립선언서를 낭독했다.

정재용이 독립선언서를 낭독하자 만세소리가 울려 퍼지고, 태극기와 선언서가 하늘에서 내리는 꽃비처럼 쏟아졌다. 모인 사람들은 모자를 벗어 허공에 던지며 미친 듯이 기뻐하였고 성안과 지방의 백성들도 합세하여 수십만의 군중이 참여하였다. 시위행진은 서울을 8개구로 나누어 길을 가면서 독립선언서를 나눠주고 "일본군과 일본인은 일본으로 돌아가라", "조선독립

만세", "조선 독립정부를 수립하라"는 구호를 외쳤다. 한 사람이 일어나 뜨거운 눈물을 흘리면서 독립의 주지를 연설하고, 종로에 이르러 다시 연설을 벌이자 일본 헌병과 기마병들은 칼을 휘두르며 해산시키려 하였으나 군중들은 태연자약한 태도로 물러가지 않다가 오후 6시가 되어서 자진 해산하였다.

다음 날부터 일본 경찰과 군대는 총검으로 운동을 처참하게 탄압을 하였고, 그 대표적인 예로 4월 1일 천안 병천 아우내 장터에서 3천여 명의 군중이 참여한 만세운동에서 많은 희생자와 주동자 유관순 열사의 순국이 있었고 4월 15일 화성 제암리 장날 벌인 만세운동 때 제암리교회에 불을 질러 주민을 학살한 사건 등이 있다.

3 · 1운동의 참가 인원은 200여 만 명, 사망자가 7500여 명, 부상자가 1만 6000여 명, 피검자가 4만 7000여 명으로 알려져 있다.

한편 미국에 있던 이승만 박사는 일본식민지에서 독립을 원한다는 한국민의 열망을 파리강화회담에 청원하는 가입장(독립청원 서명서)을 만들어 윌슨 대통령에게 전달하기 위해 노력하였지만, 일제의 간악한 탄압으로 모든 가입장을 빼앗기고 파리회담 참석을 위한 출국을 막아 전달에 실패했다. 또 한인단체를 통해서 모금한 자금 1119달러를 안창호를 통해 국내에 전달하고 안창호는 독립운동 상황을 전보로 서재필에게 보내고 서재필이 이승만 박사에게 전달하는 등 이승만 박사도 한국의 3 · 1운동에 간접적으로 깊이 관여했다.

미국에서도 이승만 박사가 필라델피아의 독립기념관에서 삼일독립운동을 개최하였고, 일본제국은 삼일운동 수도와 임정 대통령으로 취임하려는 이승만 박사를 체포하기 위해 거금의 현상금 3000원(현 시세 30만달러, 약 3억 원)을 걸었다.

[3·1운동의 반응 및 파급 효과]

만세 열기는 5월까지 계속되었는데 3·1운동이 국내외의 한국인에 대한 시각을 개선시켰고, 한국인들 스스로 민족의식을 깨우치는 계기를 마련했을 뿐 아니라 조선의 멸망을 당연시하고 일본에 긍정적이던 국내 체류 미국 선교사들의 시선을 개선시켰다고 평가했다. 또한 일본의 잔인한 진압으로 미국인 선교사들과 미국 지식인들이 일본으로부터 등을 돌리거나 일본을 부정적으로 보는 계기가 되었다.

3·1운동의 의의와 끼친 영향을 요약한다.
 (1) 1차 세계대전 후 식민지에서는 최초로 일어난 대규모의 반제국주의 민족운동으로 조선민족의 독립의지를 세계에 전파하여 알게 함.
 (2) 만주지방의 무장독립운동과 공화제 형태의 대한민국임시정부를 수립하게 됨.
 (3) 식민지 차별정책을 바로잡아 조선인의 성공 가능성을 열어줬다. 정주영과 이병철 등 농민의 자식들에게 자본축적의 기회를 주어, 훗날 한국경제를 일으키는 계기가 됨.
 (4) 일제로부터 기본적이나마 문화정치라는 양보를 얻어내

어, 학교를 많이 세워 국민들의 지식수준을 높이고, 국내
에서의 민족운동의 활동 공간을 크게 넓히는 데 기여함.
(5) 세계, 특히 아시아 민족의 해방운동에 영향을 주어서, 중
국의 5 · 4운동과 인도의 무저항 배영운동 등에 지대한 영
향을 끼쳤고, 필리핀 · 베트남 · 이집트 등지의 독립운동에
도 직접 · 간접적으로 영향을 미치게 되었다.

12. 상해 임시정부

[임시정부의 수립 배경]

3 · 1운동 후 독립운동을 조직적으로 해야 한다면서 서울의
한성정부, 연해주의 대한국민의회, 미국의 대한인국민회 등의
임시정부가 각지에서 수립되자 독립운동가들은 통일정부를 만
들기로 하여, 상해 프랑스 조계에 청사를 정한 뒤 여러 지역 교
포 1만여 명과 신한청년당이 주축이 되고 29인의 임시의정원
제헌의원이 모여 1919년 4월 11일 대한민국 임시 정부를 선포
하였다.

자유민주주의와 공화정을 기본으로 한 국가 체제를 갖추고
대통령제를 채택하여 이승만을 초대 대통령으로 선출하였고,
그 후 몇 차례에 걸쳐 헌법을 개정하고 대표도 여러 사람이 맡
았는데, 1944년 김구가 주석이 되어 광복이 될 때까지 임시정

부를 이끌었지만 1944년부터 1945년 8월까지 임정 최후의 주
석은 명목상 이승만으로 되어있다(아래 연대표 참고).

[임시정부의 활동]
☆ 임시정부의 대통령과 주석

　임정의 정부형태는 여러 번 바뀌었고 그 대표는 일반적으로
김구 주석으로만 알려져 있어서 많은 사람들은 임시정부의 대
표는 처음과 끝이 이승만이었다는 사실을 잘 모르고 있다.
임정의 제도 변경과 역대 대통령 또는 주석의 명단과 재임기간
은 아래와 같다.

* 첫 번째 제도 – 국무총리제 (1919년)
초대 국무총리 이승만 (1대): 1919년 4월 11일 ~ 1919년 4월 23일
　(권한대행 이동녕): 1919년 4월 23일 ~ 1919년 5월 9일
2대 국무총리 이동녕 (2대): 1919년 5월 9일 ~ 1919년 6월 18일
　(권한대행 안창호): 1919년 6월 18일 ~ 1919년 8월 27일
3대 국무총리 이동휘 (3대): 1919년 8월 27일 ~ 1919년 9월 11일

* 두번째 제도 – 대통령제 (1919 ~ 1925년)
초대 대통령 이승만 (4대): 1919년 9월 11일 ~ 1925년 3월 21일
　(권한대행 이동녕): 1924년 6월 16일 ~ 1924년 12월 11일
　(권한대행 박은식): 1924년 12월 11일 ~ 1925년 3월 24일
2대 대통령 박은식 (5대): 1925년 3월 24일 ~ 1925년 9월

* 세 번째 제도 - 국무령제 (1925 ~ 1939년)

1대 국무령 이상룡 (6대): 1925년 9월 ~ 1926년 2월 18일

2대 국무령 양기탁 (7대): 1926년 2월 18일 ~ 1926년 4월 29일

3대 국무령 이동녕 (8대): 1926년 4월 29일 ~ 1926년 5월 3일

4대 국무령 안창호 (9대): 1926년 5월 3일 ~ 1926년 5월 16일

5대 국무령 이동녕 (10대): 1926년 5월 16일 ~ 1926년 7월 7일

6대 국무령 홍진 (11대): 1926년 7월 7일 ~ 1926년 12월 14일

7-8대 국무령 김구 (12대, 13대): 1926년 12월 14일 ~ 1927년 3월,
1927년 3월 ~ 1927년 8월 18일

* 네 번째 제도 - 국무회의 주석제 (1927 ~ 1940년)

1-2대 주석 이동녕 (14대, 15대): 1927년 8월 19일 ~ 1930년 10월,
1930년 10월 ~ 1933년 3월 5일

3-4대 주석 송병조 (16대, 17대): 1933년 3월 6일 ~ 1933년 6월 24일,
1933년 6월 24일 ~ 1933년 10월

5-6대 주석 이동녕 (18대, 19대): 1933년 10월 ~ 1935년 10월,
1935년 10월 ~ 1939년 10월 23일

7대 주석 이동녕 (20대): 1939년 10월 23일 ~ 1940년 3월 13일

8대 주석 김구 (21대): 1940년 3월 13일 ~ 1940년 10월 8일

* 다섯 번째 제도 - 국무위원회 주석제 (1940 ~ 1944년)

9대 주석 김구 (22대): 1940년 10월 9일 ~ 1944년 4월 6일

* 여섯 번째 제도 – 주석·부주석세 (1944 ~ 1948년)
10대 주석 김구 (23대): 1944년 4월 6일 ~ 1947년 3월 3일
11-12대 주석 이승만 (24대, 25대): 1947년 3월 3일 ~ 1948년 8월 15일

이승만은 일제가 3000원(다른 임정요원은 200원, 당시 일제 공무원 월급이 9원이라 함)의 현상금을 걸었지만 임시정부 인사들이 대통령의 현지 부임을 간곡히 요청하므로 1920년 6월 12일 중국인으로 변장하고 중국인 노무자 시체운반선을 타고 워싱턴을 떠나 12월 5일 상해에 어렵게 도착하였고, 일주일 지난 12월 13일 임시정부 인사들을 처음 접견했는데 경무국장이던 김구는 대통령 이승만이 참석한 행사의 경호를 담당하였다. 1921년 3월 1일 임시정부 대통령으로 상해에 부임해 올림픽대극장에서 열린 '독립선언 2주년 기념식'에 처음이자 마지막으로 참석하여 "당파 간 알력을 중단하고 단결할 것"을 강조했다.

이승만은 단합을 강조했지만 임시정부는 분열을 거듭했다. 국무총리 이동휘는 소비에트 식 위원회를 주장하면서 임시정부를 떠났고, 신채호·박용만 등은 1921년 4월 17일 북경에서 군사통일주비위를 결성하고 임시정부 타도를 당면 목표로 내세웠다. 구미위원부 위원장으로 상해에 건너와 파리 강화회의에 민족 대표로 파견되어 한국의 독립을 주장한 김규식도 4월 18일 사퇴했다. 5월에는 통합 임시정부 수립에 기여했던 안창호마저 떠났다. 김구는 이 기간 내내 이승만을 지지하고 임시

정부를 지킬 것을 강조했고, 이승만은 김구를 신뢰하여 김구를 경무국장으로 승진시키고 1921년 5월 29일까지 상해에 머물다 미국에 가서도 김구를 칭찬할 정도로 두 사람의 신뢰 관계는 독립운동 기간 내내 지속되었다.

☆ 임시정부의 상해시대인 1919년부터 1932년까지 7번이나 청사를 옮기면서도 모든 분야에 걸친 광복정책을 전개하며 뿌리를 내렸고 이 시기는 3단계 임시정부 중에서 가장 업적이 많았던 반면, 지도체제상에도 시련과 역경이 겹쳤지만 1927년 김구가 국무령이 된 후부터 안정이 되고 임정이 활기를 띠게 되었다.

교통국을 설치하여 국내외를 연결하는 정보의 수집과 연락 등 통신업무와 비밀독립운동 자금의 수집업무도 하게 하였고, 또 국민간의 기맥을 상통하고 복국사업의 완성을 기하여 내외 활동을 일치시키기 위해 연통제를 설치하였다. 또 임시정부의 기관신문으로 이동녕의 지휘하에 조동호·이광수 등이 '독립신문'을 창간하여 연통제를 통해 국내외에 배포하면서 국민들에게 희망과 용기를 불러일으켰다.

외교 면에서는 한국의 독립을 국제여론에 호소하고, 중국·미국·영국·소련 등과 국교를 수립하고, 임시정부를 승인받기 위해 노력하였으며, 파리 강화회의 및 국제연맹, 유럽과 세계 열국을 상대로 독립을 호소하였다.

군사 면에서는 처음부터 무장독립운동을 광복정책으로 채택하여 상해에 육군무관학교를 설치하여 청년장교를 100여 명

배출하고 동삼성 지역에 파견, 일제 군경과 대결하게 했다. 그리고 여러 지역에서 조직된 무장독립군을 임시정부 직할부대로 편입하여 활용하고자 김좌진·김동삼 등 장군들을 임시정부의 국무위원으로 임명하기도 하였다.

☆ 임시정부의 충칭시대인 1940년부터 1945년까지 충칭에 정착한 임시정부는 숙원사업인 광복군을 창설하여 내외에 선포했다. 주석 김구의 진두지휘하에 총사령 지청천(池靑天), 참모장 이범석을 중심으로 1945년 11월 귀국할 때까지 직할 무장부대로서 활용했다. 또 대일항전에 참전한 광복군은 독립전쟁을 수행하는 것 외에도 대적선전, 포로심문, 암호문번역, 선전 전단의 작성, 회유방송 등에 힘썼다.

당시 임시정부는 외교정책을 수행하기 위해 1941년 11월 주미외교위원부를 워싱턴에 설치하고 위원장에 이승만을 임명하여 미국과 유럽 방면의 외교활동을 전개해 나갔다.

임시정부는 1941년 11월 28일 조소앙의 삼균주의를 국정에 반영하는 등 건국강령을 발표하여 대한민국임시정부의 강력한 정치이념과 독립전쟁의 준비태세를 천명했고 태평양전쟁이 발발하자 미국·중국에 이어 12월 10일 공식적으로 '대일선전포고'를 했다.

임시정부는 외교연구위원회를 설치하여 꾸준한 외교정책을 수행해 나갔으며, 이와 같은 외교활동으로 1943년 카이로 회담에서 한국의 독립문제가 정식으로 승인되었고, 1945년 포츠담 선언에서 이것이 재차 확인되는 성과를 거두었다.

또한 1945년 7월 국내진입작전의 일환으로 국내 정진군 총지휘부를 설립하여 국내탈환작전을 결정하여 연합군과 더불어 OSS 작전과 직접 국토수복작전을 준비하던 중 일제의 패망으로 실행하지 못하고 귀국하게 되었다. 광복군이 연합군의 일원이 되어 태평양전쟁에 참전했으면 해방 후 전승국이 되어 일본의 항복을 받을 수 있었는데 아쉬움이 남는다.

광복 이후 임시정부 요인이나 광복군은 정치적 상황에 따라 개인자격으로 귀국했으며 당시 국민의 기대와 환영은 열광적이었다. 그러나 남한에 미국의 군정이 시행되면서 임시정부의 정통성을 인정받지 못하고 따라서 임시정부는 사실상 해체되었다.

13. 윤봉길 의사의 폭탄투척 의거

[요약]

윤봉길은 일찍부터 농촌계몽운동에 앞장섰으며, 독립투쟁을 위해 중국으로 망명한 다음에는 임시정부 산하 한인애국단의 일원으로서 1932년 상해 홍구공원(지금의 루쉰공원)에서 열린 일본군의 전승축하기념식장에 폭탄투척 의거를 펼쳐 중국침략의 수괴들을 대거 살상했다. 이 사건을 계기로 중국 국민당의 전폭적인 지원을 받게 된 임시정부는 적극적으로 항일운동을 전개할 수 있었다.

[생애 및 활동사항]

윤봉길(尹奉吉)은 1908년 6월 21일 충남 예산군 덕산면에서 몰락양반이었던 아버지 윤황과 어머니 김원상의 맏아들로 태어났다. 봉길이란 이름은 별명이고 본명은 우의(禹儀), 아호는 매헌(梅軒)이다.

1918년 덕산보통학교에 입학했으나 다음 해에 3·1운동이 일어나자 이에 자극받아 식민지 노예교육을 배격하면서 학교를 자퇴하였다.

이어 최병대 문하에서 동생 윤성의와 한학을 공부했으며, 1921년 성주록(成周錄)의 오치서숙(烏峙書塾)에서 사서삼경 등 중국 고전을 익혔다. 1926년 서숙생활을 마치고 농민계몽·농촌부흥운동·독서회운동 등으로 농촌 부흥에 전력하였다.

다음 해 이를 더욱 이론적으로 뒷받침하기 위해 '농민독본'을 저술하고, 야학회를 조직해 향리의 불우한 청소년을 가르쳤다. 1929년 부흥원을 설립해 농촌부흥운동을 본격화했으며, 그해 1월 초부터 1년간 기사일기(己巳日記)를 쓰기 시작하였다.

그해 2월 18일 부흥원에서 학예회를 열어 촌극 '토끼와 여우'를 공연해 성황리에 마치게 되자 일제 당국의 주목을 받았다. 그러나 이에 구애받지 않고 지방 농민들을 규합해 자활적 농촌 진흥을 위해 월진회(月進會)를 조직, 회장에 추대되었다. 또,

수암체육회를 설치, 운영하면서 건실한 신체를 바탕으로 독립 정신을 고취하고자 하였다.

1930년 "장부가 집을 나가 살아서 돌아오지 않겠다"라는 신념이 가득 찬 편지를 남기고 3월 6일 만주로 망명하였다. 그러나 도중에 선천에서 미행하던 일본경찰에 발각되어 45일간 옥고를 치렀다. 그 뒤 만주로 탈출, 그곳에서 김태식·한일진 등의 동지와 함께 독립운동을 준비하였다.

그해 12월에 단신으로 대련(大連)을 거쳐 중국 청도(靑島)로 건너가 1931년 여름까지 현지를 살펴보면서 독립운동의 근거지를 모색하였다. 이곳에서 세탁소의 직원으로 일하면서 모은 돈을 고향에 송금하기도 하였다. 1931년 8월 대한민국임시정부가 있는 상해로 활동무대를 옮겨야 보다 큰일을 수행할 수 있을 것이라 믿고 상해로 갔다.

상해 프랑스조계 하비로화합방(霞飛路和合坊) 동포석로(東蒲石路) 19호 안공근(安恭根)의 집 3층에 숙소를 정하였다. 우선 생계를 위해 동포 실업가 박진(朴震)이 경영하는 공장의 직공으로 일하면서 상해 영어 학교에서 공부하였다. 그러면서 노동조합을 조직해 새로운 활동을 모색하였다. 그해 겨울에 임시정부의 김구(金九)를 찾아가 독립운동에 신명을 바칠 각오임을 호소하였다.

1930년대 초반 우리 민족의 독립운동은 국내외적으로 커다란 한계에 직면하고 있었다.

1932년 한인애국단의 이봉창(李奉昌)이 1월 8일 동경에서 일본 왕을 폭살하려다가 실패하자 상해 일대는 복잡한 상황에 빠졌다. 더욱이 일제는 1월 28일 고의로 죽인 일본승려사건을 계기로 상해사변을 도발하였다. 이때 일본은 시라카와 요시노리 대장을 사령관으로 삼아 중국과의 전쟁을 승리로 이끌었다.

윤봉길은 이해 봄 야채상으로 가장해서 일본군의 정보를 탐지하였다. 4월 26일 한인애국단에 입단해 김구의 주관하에 이동녕·이시영·조소앙 등의 협의와 동의 아래 4월 29일 이른바 천장절(天長節) 겸 전승축하기념식장에 폭탄을 투척하기로 했다.

홍구공원의 식장에 참석해 수류탄을 투척하여 상해 파견군사령관 시라카와, 상해의 일본거류민단장 가와바타 데이지 등은 즉사하고, 제3함대사령관 노무라 기치사부로 중장, 제9사단장 우에다 겐키치 중장, 주중공사 시게미쓰 마모루 등이 중상을 입었다. 그의 의거로 인해 자존심을 구긴 일제는 즉시 비상사태를 선포하고 공범 색출에 돌입했고, 그 결과 프랑스조계에 거주하고 있던 안창호 등 12명의 조선인이 체포되어 고초를 겪었다.

윤봉길은 거사 직후 현장에서 잡혀 일본 군법회의에서 사형을 선고받았다. 그해 11월 18일 일본으로 호송되어 20일 오사카위수형무소에 수감, 가나자와에서 12월 19일 총살형으로 순국하였으니 당시 그의 나이 25세였다.

윤봉길의 유해는 해방 1년 뒤인 1946년 3월 6일 발굴되어 조국의 품에 돌아왔고, 그해 6월 30일 국민장으로 장례가 치러진

다음 효창공원에 안장되었다. 1962년 건국훈장 대한민국장이
추서되었다.

[의거의 효과]

윤봉길 의사는 당시 나라와 민족의 장래에 다음 3가지의 위
대한 길을 열어 놓았다.

(1) 그때까지만 해도 우리의 민족 독립운동은 여러 갈래의 파
    벌로 대립하고 있었으나, 이 의거로 인해 우리 민족 독립
    운동이 임시 정부 한 곳으로 똘똘 뭉쳤고, 항일투쟁의 전
    열을 다시 바로 갖추게 되었던 것이다.

(2) 중국은 물론이요, 미국을 비롯한 세계 자유민주주의 국가
    들이 윤봉길 의사의 의거를 계기로 우리나라를 적극적으
    로 지지하게 된 것이다. 이러한 기운이 차츰 무르익어, 마
    침내는 카이로 회담에서 조선의 독립을 강력히 주장하는
    역사적 순간을 맞은 것이다.

(3) 일본인들은 윤봉길 의사의 의거 이후에 비로소 우리나라
    에 대하여 두려움을 갖게 되었다.

14. '뒤돌아본 역사'를 마무리하면서

이상 단군 이래 이어온 조국의 흥망성쇠와, 이씨조선이 망하

고 일제강점시대까지의 역사를 내강 살펴봤다. 녹자 여러분의 생각은 어떠신가?

이제 여기에서 지난 역사의 흐름을 다시 요약하여 냉철하게 되살펴보자.

단군왕검의 경천애인(敬天愛人) 정치철학으로 탄생한 우리나라에서, 고구려는 무예가 뛰어난 동명성왕이 세우고 중국의 침략을 물리치면서 번성하였으나 연개소문의 아들들의 세력다툼으로 나라가 망했고, 백제는 고구려 왕족들이 세워 외국 특히 일본에 많은 문화적 영향을 끼칠 정도로 잘나가던 나라가 의자왕의 말년 타락으로 멸망의 길로 갔고, 신라는 화백제도로 건실하게 출발하여 비록 당나라의 힘을 빌렸지만 삼국통일까지 하면서 번창했던 나라가 말년의 유약한 임금과 쇠약한 국력으로 망했으며, 고려는 왕건이 세워 외교 무역으로 세계에 KOREA로 알려질 정도로 번성하다가 이성계의 쿠데타로 망하였지만 모두 우리 배달민족의 국가로 이어져 왔었다.

그러나 이성계의 야망으로 건국한 조선은 초창기에는 세종대왕 같은 훌륭한 임금이 한글을 창제하는 등 문화를 창달하였으나, 잦은 외세의 침략에 대비하여 국방에 힘을 쏟아야 함에도 불구하고 성리학으로 문약한 국민들은 당파싸움으로 밤낮이 없었고, 군주는 사대부들에게 휘둘리면서 서양 과학문물을 도외시하였고, 극단적인 대원군의 쇄국정책과 고종의 우유부단함으로 일본의 식민지가 되고 말았다.

당신은 나라 없는 설움을 직접 겪어보았는가?

반만 년 역사의 우리 한민족이 이웃 일본에 무참히 나라를 빼앗겨 36년간이나 나라 잃은 설움을 겪어야 했고, 강대국들의 손익 계산에 따라 작은 땅덩어리가 그나마 두 쪽으로 갈라져 북은 공산당, 남은 자유민주주의로 살아오다, 북한의 남침으로 끝내는 동족상잔의 6·25전쟁으로까지 치달아 수백만 명의 생명을 앗아갔고, 지금은 휴전선을 마주하고 남북이 대치하고 있다. 북한은 핵무장을 하여 대한민국을 넘보고 있으며, 우리나라는 문재인 정권이 들어선 이후 안보, 외교, 경제 등이 온전하지 못한 국가대란의 지경에까지 이르고, 반미·친북정책으로 공산화가 급속히 진행 중에 있다. 여러분들은 이 서글픈 조국의 실상을 한번쯤 통탄하며 깊숙이 조명해 본 적이 있는가?

아! 언제쯤 자유대한국민들은 이런 망국적 현실을 깨달아 정신을 차리게 될까? 특히 전쟁을 겪어보지 못한 젊은이들이여, 나라가 망한 다음엔 탄식해본들 아무 소용없다. 그땐 이미 다 끝난 뒤, 북한처럼 '고난의 행군'에 신음하고 있을 테니까.

제 3 부
우리의 현실을 바로 보고 바로 알자

제 3 부
우리의 현실을 바로 보고 바로 알자

지금 우리나라가 처한 현실이 위중하다는 사실을 알리기 위해 많은 대학교수들이나 우국지사들의 충정어린 칼럼 등 논문들이 소셜 미디어를 통해 전파되고 있지만, 관심을 가지고 읽어보지 않았거나 접하지 못한 분들을 위하여 필자는 이 칼럼들을 일부 전달하거나 필자의 솔직한 의견을 달아 제3부에 수록하기로 했다.

물론 독자 여러분 중에는 생각이 달라 동의하기 어려운 내용이 있을지라도, 마음을 비우고 "왜 이분들이 욕먹을 각오로 이런 칼럼을 썼을까? 과연 옳은 말을 하고 있지는 않을까? 이들의 절규를 수긍할 수도 있겠다"고 한 번쯤 생각하면서 정독해 보기를 강력히 권한다. 그리고 이 나라의 위기를 극복하는 데 함께해 줄 것을 필자는 간절히 당부하고 싶다.

1. 대한민국, 총체적 위기 아닌가

1) 좌와 우로 갈라진 나라의 운명

지금 대한민국은 세계에서 유일하게 통일이 되지 못한 분단 국가의 설움에 더하여 문재인 정부가 집권하면서 국민들은 좌와 우로 갈라져 치열한 대결을 펼치고 있으며, 지금은 좌파정부가 득세하면서 노골적으로 대한민국을 북쪽으로 끌고 가는 급박한 상황에 놓였다.

지난 대통령선거와 지자체 선거에서, 민노총과 박근혜 대통령 탄핵에 동조했던 젊은이들이 앞장서고, 나중에 알려졌지만 드루킹 패거리들의 엄청난 거짓 댓글에 힘입어 좌파가 완전히 승리하였다. 과연 그 선거가 정당하였는가는 차치하더라도, 문재인 정부의 집권 2년 만에 그들의 말대로 '세상에 처음 보는 나라'가 되어가고 있다.

'경제는 무너지고, 안보가 파괴되고, 외교는 실종된 이상한 나라'를 보게 되었다. 헌법 제1조의 '국민의 주권은 국민에게 있다'는 조항은 '모든 주권은 대통령에게 있다'로 언제 바뀌었는지, 온 국민이 반대하는 '적폐청산', '국회청문 무시 임명강행', '소득주도 성장', '탈원전', '4대강 보 해체', '남북군사협정', '반일감정' 등 수많은 일들을 문재인이 독단으로 강행하고 있으며, 더 나아가 헌법도 좌파 입맛에 맞도록 자유 대한민국의 '자유'를 삭제한 헌법으로 개정하려 하고 있다.

이렇게 중차대한 현 시국의 대한민국 이정표 앞에서 우리국민들은 갈피를 잡지 못하고 절체절명의 위기에서 서성이며 어쩔 줄 모르고 살아가고 있다. 사랑하는 내 조국(祖國)이 과연 어디로 가고 있는 걸까? 역사란 꿈이란 말인가? 아니다. 역사란 지금의 사실이 후대에 길이 남는 속일 수 없는 진실의 증명서다. 그러므로 역사를 바로 써야 하며 왜곡해서는 절대 안 된다.

2017년 2월 통일부의 자료에 따르면, 그동안 북한에 퍼다 준 대북 지원금은 김영삼 정권 12억 2027만 달러, 김대중 정권 24억 7065만 달러, 노무현 정권 43억 5632만 달러, 이명박 정권 19억 7645만 달러, 박근혜 정권 3억 3727만 달러로 합계 103억 6096만 달러인데, 이명박 정권 이전에 지원한 금액 80억 4724만 달러는 북핵 개발의 자금으로 볼 수밖에 없다.

이 공식 통계 금액 이외에 김대중 대통령의 방북 대가로 북한에 몰래 전달한 4억 5000만~5억 원은 박지원의 3년 징역형으로 알려진 추가된 금액이고, 북한을 방문한 김대중, 노무현 두 대통령의 비공식 별도상납금도 엄청날 것이라고 온 국민이 다 짐작하고 있다. 북한은 지하자원 수출 이익금과 세계를 향해 홍수와 가뭄 등으로 식량이 부족하다고 구걸한 식량으로 버티면서, 한국의 지원금 대부분이 핵개발에 이용되었다는 사실은 여러 자료를 통해 입증되었다.

그러나 김대중 대통령은 2001년 프랑스 르몽드지와의 인터뷰에서 "북한은 핵개발을 한 적도 없고, 개발할 능력도 없다. 그래서 우리의 대북지원금이 핵 개발로 악용된다는 얘기는 터무니없는 유언비어다. 북이 핵을 개발했다거나 개발하고 있다는 거짓 유언비어를 퍼뜨리지 마라. (만약 북한 핵이 개발된다면) 내가 책임지겠다"라고까지 하였지만 지금 묘지에 누워 있어 책임을 물을 수가 없고, 그가 뿌린 씨앗이 핵폭탄이 되어 지금 우리를 위협하고 있다. 지금은 김정은이 핵개발을 완료하고 미국을 위협할 수 있는 탄도미사일과 전파차단기(EMP)를 자체 개발하고, 잠수함탄도미사일(SLBM) 유도장치까지 완성한 단계에 이르렀다.

결과적으로 북한에 핵개발자금을 대주어 핵전쟁의 위기를 자초한 김대중 대통령은, 거꾸로 남북 평화를 이룩하였다는 공로로 노벨평화상까지 받았다. 그 대북송금은 다시 소상히 조사하여 깔끔하게 처리해야 할 문제로 남게 되었다.

북한은 정부 수립 후 70년 동안 김씨왕조가 공산체제를 유지하면서 핵개발을 완성하여 우리 대한민국을 위협하는데, 우리 국민은 좌우로 양분되어 있고 좌파는 미군철수, 백두칭송 등의 구호가 난무하고 있다. 패망하기 직전의 월남과 흡사한데, 안보를 외칠 재향군인회, 상이군경회, 반공연맹 등 호국단체들의 수장들은 모두 좌파가 임명받아 정부 눈치만 보고 있고, 대부분의 언론은 민노총의 언론노조가 잡아 정부 실정과 위중한 현실은 감춘 채 정부 홍보만 하고 있어 국민들은 눈뜬장님이 다 되었으니 나라의 장래가 암담하기 그지없다.

나라가 어지러우면 어진 재상이 생각나고, 집안이 가난해지면 어진 아내가 생각난다는 옛말이 있듯이, 이런 난세에 어진 재상(宰相)이나 박정희 같은 위인이나 이순신 장군 같은 충신이 나오길 진심으로 염원하며 기원해 본다.

2) 대한민국은 총체적 위기 아닌가

조원진 대한애국당 대표는 2019년 2월 18일 국회도서관에서 상기의 제목으로 토론회를 열었다. 토론 참석자는 박휘락 국민대교수, 허봉규 부경대교수, 양준모 연세대 교수, 곽성문 자유일보대표, 이주천 애국정책 전략연구원장, 조영기 전 고려대교수, 남광규 매봉통일 연구소장 등 여러분들이었다. 그중 세 분의 말씀을 요약하여 전한다.

박휘락 국민대 정치외교학과 교수 : "유일한 의지처가 한·미동맹이지만, 현 상황에서 주한미군철수의 가능성도 배제할 수 없다"고 지적하면서 "최악의 상황을 예견해 방지하기 위해 노력해야 하는 정부부터 장밋빛 낙관론에 젖어 있다." 또 "예방책을 강구하기는커녕 정부는 안보를 완벽 폭풍(perfect storm)을 강화시키는 쪽으로 제반 정책을 추구하고 있다"고 날카롭게 비판하면서 "북한의 심각한 핵 위협에도 어느 누구도 심각성을 인식하지 못하고 대비도 않기 때문에 총체적 위기"라고 주장하였다.

하봉규 부경대 정치외교학과 교수 : "한국의 민주화의 비극은 보수 세력의 부패와 무능으로 반한·친북 세력에 집권할 제도적 통로를 제공한 것"이라며 "이들은 제도를 이용해 역사조작과 국가보상의 무차별적 확대에 나서고 있다"고 했다.

또 "자유민주주의의 대원칙이 형해화(形骸化)된 상태에서 한국의 장기적 경기침체나 국가경쟁력 논쟁은 사치가 되고 있다"며 "현재 한국의 민주주의란 국민여론, 즉 민심(民心)이며 교양과 거리가 먼 천박한 국민정서 속에 한국의 미래가 저당 잡히고 있다"면서 "이런 총체적 위기에 빠진 대한민국을 구해야 한다"고 강변했다.

양준모 연세대 경제학과 교수 : 집권 3년 차를 맞은 문재인 정부의 경제정책은 한마디로 "남의 것 빼앗아 생색내는 약탈적 정책"이라고 지적하고, 이와 같은 정책이 계속 유지되면 "국가 자체가 쇠망(衰亡)할 수 있다"고 경고했다.

또 "소상공인 주머니를 털어서 근로자에게 임금을 많이 주라는 정책은 '약탈적 최저임금 정책'이며, 이로 인해 오히려 고용이 감소하고 근로자 소득도 떨어지고 있다"고 비판했다.

또 "그는 주요 약탈적 사례로 정부의 최저 임금인상, 카드수수료인하, 부동산세 인상, 유치원공립화" 등을 지목했다. 또 문재인 정권의 반(反)재벌, 반 기업 정서로 "잘사는 사람은 세금을 더 내야 한다"는 '약탈적 사고'로써 대기업을 괴롭히는 것이라고 했다.

양 교수는 "약탈적 정책을 쓰면 권력이 강화된다며 정치 세력에 붙어 아부하면 돈이 생기니 열심히 일하지 않아도 되고, 폭력과 대중선동이 난무하게 된다"고 말했다.

그러면서 "곡학아세(曲學阿世 : 바른길에서 벗어난 학문으로 시세나 권력자에게 아첨하여 인기를 얻으려는 언행)하는 사람이 대우받으니 정의롭지 못한 나라가 되고, 만인 대 만인의 투쟁으로 이어질 것"이라며 "이렇게 되면 국가는 망한다"고 강변하였다.

이날 토론회를 주최한 조원진 대한애국당 대표는 "문재인 정권의 실패한 정책들이 국민의 분노와 비판에 직면해 있는데도, 정권은 독기와 오기로 밀어붙이고 있다"며 "총체적 위기에 빠진 대한민국을 하루빨리 국민들이 깨우치고 단합하여 구해내야 한다"고 말했다.

하나같이 나온 결론은 현 정권의 잘못된 정책으로 국가는 쇠망의 길로 가고 있고, 지금 우리나라는 '총체적 위기' 라는 것이다

3) 항복문서 같은 '남북 군사 합의문'

2018년 9월 19일 남북정상회담 자리에서 대한민국 국민이나 국회의 동의 없이 군사적으로 전쟁에 패배하여 항복할 때나 써 줄 수 있는 '남북군사 합의서'를 한국의 국군통수권자인 문재인 대통령 입회하에 송영무 국방장관이 북한에 써 주었다.

북한은 몇 차례의 남북정상회담에서도 '북핵 폐기'란 말을 한 일이 없고, 다만 '조선반도 비핵화'란 말을 했을 뿐 북핵 폐기

의 징조도 보이지 않고 있는데, 문재인은 남북 간에 평화가 온 것처럼 선전하면서, 잇달아 '대북안보의 대들보'를 하나씩 뽑아 나갔다.

2018년 4월 17일에는 국도 56호선에 설치된 대전차 방호벽 철거를 시작하였고, 그다음 4월 23일 휴전선 일대에 배치돼 있던 대북 확성기의 모든 방송을 중단하더니 5월 1일부터는 160억 원 이상을 들여 마련한 대북 확성기 모두를 철거해버렸다. 6월 14일 서해 NLL(북방한계선) 일대 수역을 평화수역으로 만든다고 하였고, 같은 날 남북 장성급 회담에서 판문점 일대 무장해제에 합의했다. 7월 1일에는 국방부가 비무장지대와 근접지역 신축공사를 전면 보류하기로 하였고, 7월 4일에는 동해안에 해안 철조망 제거도 실시한다고 했다.

7월 6일에는 DMZ(비무장지대) 98개 군 부대를 완전히 철수하는 방안을 검토한다고 하였다. 우리는 비핵화 진행과정에서 가장 나중에 손을 대야 할 군대에 가장 먼저 손을 댔다.

드디어 9월 19일에는 대북 항복문서인 '남북군사 합의서'에는 다음과 같은 사항을 써주고, 이에 따라 우리 쪽에서 서둘러 일방적으로(북쪽에서 어떻게 실시하는지 정보가 없음) 실시하고 있다. 이 합의서 중에 참으로 걱정하지 않을 수 없는 부분을 살펴보기로 한다.

◎ 남과 북은 지상과 해상, 공중을 비롯한 모든 공간에서 군사적 긴장과 충돌의 근원으로 되는 상대방에 대한 일체의 적대행

위를 전면 중지하기로 하였다. (2018년 11월 1일부터 군사분계선 5km 이내의 포병 사격 훈련, 연대급 이상 야외 기동훈련 전면 중지)

* 바다 경계선 무장해제

해상에서는 덕적도부터 초도, 속초부터 통천 이남까지의 수역에서 포사격과 해상 기동훈련을 중지하고 해안포와 함포의 포구 덮개 설치 및 포문 폐쇄 조치를 취한다고 한다.시화호 서쪽의 덕적도 북쪽에서는 초계 중에도 포구에 커버를 씌워야 하고, 대잠 무기도 마찬가지이다. 북함이 적대적 기습을 가하면, 커버 벗길 새도 없이 그대로 끝장이다.

서해상에서는 평화수역과 시범적 공동어로구역을 설정하기로 하는데, 북한은 NLL 이북의 20km도 안 되던 것을 50km로, 우리는 80km로 더 넓힘으로써, 남쪽 공동관리구역은 안산 남쪽의 시화방조제 서쪽의 덕적도까지 내려와 인천과 안산까지 뻥 뚫리게 되었다.

안산 앞바다까지가 공동수역이니까 이제는 북한 공작원이 자기네 어선을 타고 와서 그냥 육지까지 올라올 수 있게 되었고, 수중침투도 막을 수가 없게 되었다. 정말 큰일 났다. 그런데 합의서에 없는데도 한강 하구의 8.4Km 다중 철조망과 공기부양정 침투방어물을 제거하였다는 말을 들었다. 이렇게 안보를 허무는 이유가 무엇인지 걱정스럽고 궁금하다. 인천항, 인천공항, 인천 LNG기지까지 완전 무장해제한 것이나 다름없다.

동해안은 속초까지이며, 6월 15일 북한어선이 속초항에까지 들어와도 모르고 있었다.

우리국민들은 우리가 내어준 수역이 얼마나 넓다는 걸 잘 알지 못하고 있을 것이다.

* 공중 경계선도 무장해제

공중에서는 군사분계선 동서 지역에 비행금지 구역을 설정하고 고정익항공기의 실탄사격 전술훈련을 금지한다. 공중공간은 서쪽은 20km, 동쪽은 40km가 비행금지구역이다. 무인기는 서쪽 10km, 동쪽 15km로 드론으로 감시하는 것도 불가능해졌다.

* GP 숫자도 동수로 철수

비무장지대 안에 감시초소(GP)를 전부 철수하기 위한 시범적 조치로 상호 1km 이내 근접해 있는 남북 감시초소들을 완전히 철수하기로 하였다고 하는데, 북한이 설치한 GP 숫자가 월등히 많음에도 동수로 철수한다면 북한 GP만 남겨둔다는 것 아닌가? 이렇게 북한에 써준 '남북군사 합의서'는 '한반도의 평화를 위한 문서'라고 문재인 정권과 좌파들은 강변하나, 위에서 지적한 대로 실은 대한민국의 안보를 허무는 위험한 불장난일 뿐이다. 북핵이 상존하는 한 '진정한 평화'는 오지 않는다는 사실은 변하지 않는 진리이므로 이 합의서는 국익에 도움이 되지 않으므로 즉시 폐기하여야 할 것이다.

대수장·한변, 남북군사합의서에 대한 헌법소원 다시 제기

일시 : 2019. 6. 25.(화) 11:50

1. 대한민국 수호 예비역 장성단모임(이하 대수장), 한반도 인권과 통일을 위한 변호사모임(한변)은 제69주년 6·25를 맞아 헌법재판소에 9·19 남북군사합의서에 대한 헌법소원을 다시 제기했다. 대수장과 한변은 지난 1월 21일 남북군사합의서 및 비준행위가 위헌이라는 취지로 1차 헌법소원을 제기하였으나 본안심리조차 없이 기본권의 직접 침해가 없다고 하여 한 달 만에 각하된 바 있다.

2. 우리는 이 헌법재판소의 각하결정에 대해 일반 국민의 우려와 달리 지나치게 낙관적인 대북관에 기인하여 북한이 반국가단체라는 엄연한 사실을 외면하고 남북군사합의에 관한 국민의 안보적 생명권 등 기본권 침해를 한낱 간접적·사실적 이해관계로 판단한 것은 대한민국 헌법기관의 자기부정이라고 지적한 바가 있다. 우리는 이 결정은 작금의 안보적 상황을 외면하고 이 정권의 무비판적인 대북정책을 추종하여 남북군사합의가 무효라는 국민의 준엄한 요구를 배신한 것이므로, 다시 헌법소원을 제기할 것이라는 입장을 표명한 바 있다. 여기에 그 이후 상황 악화 등 사정변경을 더하여 다시 헌법재판소에 이 사건 헌법소원을 제기하기에 이르게 되었다.

3. 9·19 남북군사합의서가 북한 비핵화, 나아가 한반도의 평화 및 국민의 안전을 전제로 한 것임은 두말할 필요가 없

다. 그런데 주지하는 바와 같이 지난 2월 미·북 간 하노이 회담 결렬로 북한의 비핵화 의지가 없고 북한의 미·북 간 대화는 오로지 핵보유국 지위를 인정받고자 하는 의도임이 확연히 드러났다. 이어 북한은 지난 5월경에는 사드도 무력화시킬 수 있는 단거리 미사일을 2차례나 동해상으로 발사하는 도발을 자행하여 대한민국에 직접적 침해를 가하였다. 이에 대수장은 문재인 대통령에게 남북군사합의 폐기를 요구하였으나 문 대통령은 아무런 반응이 없더니, 급기야 삼척항 목함 해상노크사건에서 남북군사합의로 인해 구멍 난 대북경계 등 국가안보와 아울러, 국민의 안전에 대해 현존하는 절박한 안보적 위협상황을 초래하기에 이르렀다.

4. 이러한 엄중한 안보적 상황에서 남북군사합의에 관한 국민의 생명권 등은 직접적 이해관계인 것으로서, 지난 헌법재판소의 각하결정은 더 이상 우리의 안보 현실과 대다수 일반국민의 상식에도 반하는 것으로서, 그 입장이 유지될 수 없는 것이다. 단 한치 앞도 내다 볼 수 없는 북한의 비핵화 국면에서 남북군사합의를 그대로 유지하여 우리만 중요한 안보체계를 스스로 해체하는 것은 어리석은 자살행위나 다름없기에 우리는 이 안보파탄의 시기에 다시 헌법소원 제기에 이르렀음을 천명한다.

2019. 6. 24.

대한민국수호 예비역 장성단 모임
한반도 인권과 통일을 위한 변호사 모임

4) 만약 주한미군이 철수한다면 대한민국은?

트럼프 대통령은 전에 "시리아 등의 파병으로 미국은 얻은 것이 없고, 소중한 생명을 잃기만 했다"면서 "우리가 해주는 일에 감사해하지도 않고 적대시하는 사람들을 위해 막대한 돈을 써 가면서 세계의 경찰관 역할을 해야 하는가?"라고 반문한 일이 있다.

또 트럼프가 "언젠가는 주한미군을 철수하고 싶다. 미군주둔에 35억 달러나 쓸 이유가 있느냐? 돈이 너무 많이 든다"고 하였고, 당시 미국 국방장관 매티스가 "이는 3차 세계대전을 막기 위한 것"이라고 말하면서 시리아 주둔 미군철수까지 반대하자 "미국은 세계의 호구가 아니다"라고 소리치며 매티스를 경질시켜 버렸다.

어디까지나 가정이기는 하지만, 한·미 간 방위비 증액문제가 심각해지고, 문재인 좌파 정권과 종북 세력이 극성을 부려 6·25전쟁 전과 같이 "양키 고 홈"을 외치면 미국이 변심하여 현재 2만 8500명 정도의 주한미군이 철수한다면 어떻게 될까?

트럼프는 최근 함께 IS와 맞서 싸우던 혈맹 크루즈족을 버리고 시리아에서 철군시켜 터키의 공격을 받게 하였다. 헤리티지 재단 선임 연구원은 "미.북이 어떤 합의를 이루거나, 한.미가 방위비 분담금 협상에서 의견 일치를 이루지 못할 때 미국이

주한미군을 철수할 수도 있다는 우려가 나오고 있다"고 했다
그런데 한국인들은 걱정은 하면서도 설마 미군이 철수하겠느
냐며 무사태평하다. 이들은 미군 철수 후 패망한 베트남이나,
경제가 폭망한 필리핀의 경우는 우리와 다르다고 생각하는 것
이 아닌지 걱정스럽다.

* 우리나라는 해방 직후인 1948년에 당시 국민 70% 이상이
  공산주의 사상에 물들어 미국대사관 앞에서 밤낮으로 "양키
  고 홈"을 외치고, "미군을 철수하면 한반도 평화를 약속한다"
  는 김일성의 서신을 받고 미군이 철수를 해버리자 1년 후 북
  한의 남침으로 발생한 6·25의 쓰라린 전쟁을 경험하였다.
* 베트남도 소위 '월남전' 당시 '민족주의'로 세뇌당한 종교
  지도자들과 학생들의 반미시위와 월맹이 제안한 평화협정
  에 속아 참전했던 미군이 철수하자, 2년 뒤인 1975년 4월에
  월맹이 점령하여 공산화가 되었다.
* 필리핀은 동양에서 남부럽지 않게 잘살아 한국이 선망하던
  나라였으나, 코라손 아키노가 대통령이 되면서 필리핀은 민
  주화를 내세우면서 좌파가 득세하여 '양키 고 홈'을 외쳐댔다.
  그러자 미국은 1992년 거주 인원만 수만명에 이르는 해군기
  지와 클라크 공군기지를 단번에 철수시켜버렸고, 그 결과
  오늘날 필리핀은 지구상에서 가장 못사는 나라 중 하나가
  되었다.

이런 사례들을 보더라도 주한 미군이 완전히 철수한다면 당장 우리나라는 '안보'가 무너지는 것은 기본이고, 경제 또한 파탄에 이르러 나라의 존망을 걱정해야 할 것이다.

그럼에도 불구하고 문재인 정권은 주한미군을 철수하도록 유도하는 듯이 미국의 신경을 건드리는 작태를 계속하고 있어, 이 정권이 노리는 바가 무엇인지 의구심을 가지고 지켜보고 있으며, 국민들의 마음을 조마조마하게 한다.

먼저 문재인은 사드 배치 문제로 '친미'가 아닌 '친중국' 행보를 하였고, 북한과는 '우리끼리'를 외치고, 세계를 돌아다니면서 핵 폐기에 앞서 북한의 경제제재부터 풀어주자는 '대변인 노릇'을 하여, 미국의 눈 밖에 나는 짓을 계속하여 왔다.

미운 털이 박힌 문재인 정부에 대해 미국의 트럼프는 "주한미군 방위비 분담금 9600억 원을 50% 올리고, 협정 유효기간을 현재의 5년에서 1년으로 단축하자. 이게 싫다면 미군을 철수시키겠다"고 했다. 한국은 이 분담금의 대부분이 한국인 용역에 지불되어 국가적으로 손해가 별로 없기도 하지만, 우리나라를 지켜주는 미군의 주둔 비용으로 저렴한 액수임에도 불구하고 협상을 질질 끌어 미국의 미움을 자초하였다.

다행히(?) 2019년 2월, 결국 미국 측이 제시한 유효기간 1년을 한국이 받아들이고 대신 금액은 미국이 당초 마지노선으로 제시했던 10억 달러(1조 1305억 원)보다 900억 원 정도 적은 1조 389억 원으로 타결되었지만, 너무 지체하고 액수를 많이 깎아 미국을 만족시키기는커녕 실망만 안겨 주었다. 트럼프는 이에 불만을 가지고 추가로 엄청난 금액의 분담금을 요구하고 있어 문제다. 차라리 처음 요구를 그대로 수용하였다면 얼마나 좋았을까?

국가의 사명은 부국강병(富國强兵)임에도 불구하고 이 정권은 그 소임을 다하지 못하고 있다. 아니, 오히려 역주행을 하고 있다. 정권을 잡자마자 '친노동, 반기업' 정책과 온갖 세금 퍼붓기 '포퓰리즘' 남발에다, '소득주도 성장'이란 경제 실험을 실시하여 경제를 파탄지경으로 몰아 부국이 아니라 빈국(貧國)으로 끌고 가고 있으며, 북한이 '핵 폐기' 시늉도 않을 때 남쪽 안보물을 야금야금 제거하고 북한에는 '남북군사합의문'을 써 줌으로써 안보를 확실히 파괴하였다. 이에 더해 주한미군의 철수가 완료되면 이제 더 이상 대한민국은 존립이 풍전등화(바람 앞의 등불)임이 명약관화(불을 보듯 뻔함)한 것이다.

여기에서 이언주 현 무소속 국회의원의 '나는 왜 싸우는가?'라는 책 속에서 "우리 부모들과 선배들이 피땀으로 일궈온 소중한 기반을 여기서 무너뜨릴 수 없다"면서 쓴 '서문'의 일부를 인용해 보겠다.

"지금 대한민국의 '자유민주주의' 위기는 위험수위를 넘어서고 있다. 상황이 이러함에도 불구하고 문재인 정부는 우리 국민의 안전과 재산보다 북한과의 묻지마 식 교류나 협력, 통일에만 집착하고 있다. 막연하고 추상적인 '민족'보다 '자유'가 우선이다.

대한민국이 어떻게 세워지고 발전해온 나라인가? 비록 굴곡이 있었지만, 반만 년 역사 이래 이 정도 위상을 가져본 적이 있는가? 이제 겨우 건국된 지 70년이다. 우리 부모들과 선배들이 피땀으로 일궈온 소중한 기반을 여기서 무너뜨릴 수 없다는 절박감에서 이 책을 썼다"고 했다.

필자는 "이 정부와 좌파들이 (노리는 민족통일에 따른 미군철수로) 이 나라를 무너뜨릴 수 없다"는 이언주 국회의원의 그 절실하고 참된 주장에 완전히 동감하며, 이런 든든한 우군이 많이 나와 나라를 구하는 데 함께해 주시기를 기원하는 바이다.

5) 월남 패망의 교훈

미군이 철수한 자유 월남은 1975년에 패망하여 이 세상에서 사라지고 공산화가 되었다.

그 근본 원인은 국민들이 자유민주주의의 유익을 깨닫지 못하고, 또 공산주의의 해악을 알지 못하여 월남이란 나라를 지키려는 의지가 없는 것이지만, 이에 못지않게 '미군주둔'의 굳건한 방패를 걷어찼기 때문이기도 하다.

사실 월남은 문제가 너무 많았다. 정치 혼란과 뇌물, 마약, 매춘, 도박 등이 횡행하여 국민의 사기가 떨어지고, 좌익들의 활동이 점점 활발해지고, 군인들은 썩은 정권 때문에 전의를 상실하였다. 또 일반 국민들은 화해와 평화의 분위기로 공산군에 대한 경계심이 사라져 버렸다. 부정과 부패가 심했고, 민족주의에 세뇌당한 종교지도자와 학생들이 연일 반미시위를 했을 뿐 아니라, 북에 동조하는 간첩들이 사회 전반에, 특히 고위직 군인과 심지어 정부 고위층에까지 침투하여 반정부 활동을 할 정도였다.

간첩 좌파들은 민족주의자와 인도주의자로 위장하여 활동하였으므로 이들이 간첩이었다는 사실은 월남이 패망한 후에 제대로 알려졌다. 그중에도 1967년 9월 3일, 월남의 대통령 선거에서 차점으로 낙선한 야당 지도자 쯔엉딘주가 간첩이었다는 사실은 패망 후에야 알려졌었다. 월남은 군사력이 약해 망한 게 아니라 이들 좌익들의 선전, 선동술책에 속수무책으로 속아당했던 것이다.

그는 선거 유세에서 이렇게 말했다.

"동족상잔의 전쟁에서 시체는 쌓여 산을 이루고 있다. 우리 조상이 이처럼 외세를 끌어들여 동족들끼리 피를 흘리는 모습을 하늘에서 내려다보며 얼마나 슬퍼하겠는가?

월맹과 대화를 통해 얼마든지 평화 협상이 가능한데, 왜 북폭을 행하여 무고한 인명을 살상하는가? 내가 대통령에 당선되면 북폭을 중지시키고, 평화적으로 남북문제를 해결하겠다."

이 간첩의 말은 월남 학생들과 국민들에게 '민족주의'와 반미 사상을 부추겼고, 결과적으로 오랜 전쟁으로 지친 미국 국민들에게 반전여론(反戰輿論)을 일으키게 하였다.

미국은 이 반전 여론 때문에 키신저를 파견하여 월맹과 파리에서 비밀 평화회담을 열었다. 미국의 키신저는 월맹이 제안한 '평화협정'에 속아 넘어가 월맹에 40억 달러를 주고 '평화협정서'라는 거짓 문서를 받고 5년간 끌어오던 월남전을 1973년 1월 27일에 끝내고 휴전을 하게 되었다. 키신저는 이 휴전을 확실하게 하기 위해 캐나다, 이란, 헝가리, 폴란드 등 4개국이 250명의 휴전감시위원단을 만들어 휴전선을 감시하게 하고, 이것도 믿지 못해 영국, 소련, 프랑스, 중공 4개국 외교장관까지 서명에 참여시켰다.

또 월맹의 외교차관을 단장으로 하는 150명의 고문단을 사이공에 인질로 받아 놓았고, 월남과는 월맹이 휴전협정을 파기하면, 즉각 해·공군력이 개입하여 북폭을 재개하기로 굳게 속하는 방위조약을 체결하고, 미군이 보유하던 각종 최신 무기를 모두 월남에 주었다.

그리고 1973년, 드디어 미군이 철수함으로써 베트남에 평화가 온 것 같아 키신저와 월맹의 레둑토가 노벨평화상 수상자로 결정됐지만, 레둑토는 "나는 한 일이 별로 없다. 나보다 평화에 기여한 사람이 많다"며 수상을 거부하자, 세계는 이를 동양적 겸양의 표시라며 그를 더욱 신뢰했다.

그러나 미군이 철수하자 바로 2년 후인 1975년에 월맹군이 쳐내려와 월남을 점령하여 버렸으니 스스로를 지킬 줄 모르는 국민이 당하는 최후였다. 이렇게 월남이란 나라는 영영 이 지구상에서 사라져버렸다.

베트남의 평화와 키신저의 노벨평화상도 모두 환상이고 거짓임이 확인되고 말았다.

※ 한국의 김대중 대통령도 북한의 핵개발을 막고 평화를 가져왔다는 공로로 노벨 평화상을 받았지만 이 또한 환상과 거짓에 지나지 않았음이 이미 밝혀졌다.
또 이렇게 월남이 공산화된 것을 보고 "희열을 느꼈다"는 문재인의 말을 어떻게 받아들여야 할지 참으로 이상한 느낌이 드는 것을 지울 수가 없다.

공산 통일 직후의 월남 참상

공산 통일이든 자유 통일이든 통일만 되면 좋다고 생각하는 사람들과 "베트남이 공산통일이 되어서 잘살고 있다"고 하는 좌파들에게 통일 직후 월남의 참상을 알려드린다.

1975년 4월 월남이 항복한 후 20년 동안 베트남은 국경을 폐쇄하고 '공산화 사업'이란 이름으로 숙청작업을 했다. 군인, 경찰, 공무원, 교사, 정치인 등 사회의 지도층 약 100만 명을 모두 '인간개조'를 위한 수용소에 잡아들였다. 그중 군인 장교, 경찰 간부, 6급 이상 공무원, 보직 교사, 여당 정치인, 자본가 등은 즉시 처형하였다. 이 학살을 피하기 위해 타국으로 탈출한 '보트 피플'이 106만 명, 육상 탈출이 50만 명 이상이고, 탈출 중 사망자가 11만 명이 넘고, 지금까지도 캄보디아, 라오스, 미얀마 등 인접국에는 탈출 월남인들이 만든 수상마을이 수없이 많을 정도다. 이렇게 많은 사람을 숙청하고 탈출하고 나니 지금 베트남에는 노인이 거의 없고 평균 연령이 27세라니 그 참상이 어떠했는지 짐작이 간다.

특히 공산통일의 1등 공신인 '베트콩' 지도자들은 '제1 순위로 모두 숙청' 해 버렸다. 북한이 6·25전쟁 직후 남로당 박헌영을 제일 먼저 죽인 것처럼, "한 번 반역한 자는 다시 반역한다"는 신념 때문이다. 대한민국에서 활약하는 좌파 종북 세력들은 공산화되면 한자리 차지할 것이라 생각하겠지만 공화국의 불순 분자로 제일 먼저 처형될 사람들이다.

또한 성직자들은 인간개조가 안 된다고 판단해서 모두 처형하였기 때문에 베트남에는 성당은 있어도 베트남 출신 신부가 단 한명도 없다. 북한의 김일성 체제의 공산화 과정에서 종교인 말살 정책으로 종교 지도자들을 모두 숙청했던 사실과 함께, 한국의 좌파 종교지도자들이 깊이 새겨들어야 할 대목이다.

문재인이 "월남 공산 통일에 희열을 느꼈다"는 말은 이런 상황이 올지 모르고 한 건지, 알고 한 건지 알 수 없지만, 이런 상황들을 문재인도 꼭 알아야 할 것이다. 한국이 공산통일이 되면 어떤 일이 벌어질지 알려주는 월남 패망의 참상이다.

6) 트럼프가 대한민국 국민들에게 전하는 메시지
(2018년 6월 30일 발표)

존경하는 대한민국 국민여러분!

어제 나와 김정은과의 회담 결과에 대해 많은 분들이 실망과 분노감도 느꼈을 것입니다.

내가 오늘 이 자리에 선 것은 여러분이 망각하고 있는 중요한 가치와 바로 그것으로 인해 오늘날 국제 정세 속에 대단히 미숙한 행보를 보이며 스스로 위험에 빠뜨리고 있는 것에 대해 말하기 위함입니다.

일전에 나는 한국을 방문하여 국회연설을 한 바 있습니다. 당시 매우 완곡한 표현으로 메시지를 전달하려 했으나 뜻대로 되지 않은 것 같군요. 만약 우리들이 아니었다면 애초 대한민국이라는 국가가 탄생할 수 없었을 것이며 당신들은 그 단어 자체도 모른 채 살아가고 있었을 것입니다. 우리는 당신들을 일본으로부터 독립시켜 대한민국을 건국하게 하였고, 그로부터 얼마 지나지 않아 중국과 북한 주도의 공산침략에 맞서 또 한 번 패망의 위기에서 지켜냈습니다.

우리는 자유민주주의를 갈망하는 당신들을 지키기 위해 3만 5000명의 젊은이들이 희생되었으며 수십만 명이 불구가 되었습니다. 그리고 폐허 속 극심한 가난 속에 허덕이는 당신들을 지원하여 오늘날 세계 10위권에 근접하는 선진국가로 이끌었습니다.

하지만 당신들은 당신들이 누리고 있는 오늘의 번영과 자유민주주의를 수호하기 위해 흘렸던 그들의 피와 눈물 위에 세워졌다는 것을 망각하고 있으며, 이젠 오히려 우리들을 적대시하고 있습니다. 당신들은 아직도 스스로의 힘으로 일본으로부터 독립했고, 중국과 북한 공산침략에 맞서 스스로를 지켜 왔다고 생각하고 자부하십니까?

당신들은 이제까지 너무나 많은 혜택을 받아왔으며 실상 그것이 모두 스스로의 힘 또는 그저 우연히 얻은 행운이라고 생각하고 있습니다. 당신들은 자유와 평화의 소중한 가치를 아직도 모릅니다. 단, 한 번도 스스로 그것들을 지키기 위해 싸워 본 적이 없기 때문이죠. 하지만 세상에 공짜란 없습니다. 자유민주주의를 지키기 위해선 대가를 지불해야 합니다.

따라서 당신들도 오늘날의 번영만큼 마땅히 그 대가를 지불해야 함에도 오히려 오늘날의 안정과 번영을 이끈 우리들에게 배신의 행동을 보이고 있습니다.

우리는 지금까지도 공산 세력으로부터 자유대한민국을 수호하기 위해 수많은 젊은이들을 파견하고 막대한 비용을 지불하고 있습니다. 하지만 당신들은 우리가 싸우고 있는 그들에게 오히려 막대한 비용을 지불하며 그들을 도와 왔습니다.

우리는 지금 무엇을 하고 있는 걸까요? 우리들의 존재 이유는 무엇인가요? 이제 당신들이 대답할 차례입니다. 저것을 보세요. 굶어 죽어가는 모습의 사진들을 말입니다. 저것이 이상적인 지상낙원으로 보입니까? 당신들은 저자들이 만든 세상이 평화로워 보입니까?

이제 우리는 자유민주주의 평화를 수호할 의지가 없는 국가를 대신해 무의미한 피를 흘리지 않을 것입니다. 이제 당신들은 자유와 평화가 그냥 거저 얻어지는 것이 아님은 스스로 깨닫고 배워야 할 시기입니다. 물론 그 시간들은 매우 험난할 것입니다.

　중국, 러시아, 북한에 둘러싸인 당신들이 그곳에서 지불해야 할 자유민주주의의 대가는 매우 비쌀 것입니다. 왜냐하면, 그들은 당신들이 원하는 자유민주주의가 필요하지 않기 때문입니다. 시간이 많지 않으므로 이제 한국 국민들은 스스로 증명해야 합니다. 우리가 공산 세력으로부터 당신들을 지키기 위해 피를 흘린 가치가 있는지를 말입니다.

7) 심각한 위기의 한 · 미동맹

　지금 대한민국은 문재인 좌파 정권이 들어서 국내에서 갖가지 포퓰리즘 정책으로 나라경제가 위기에 처해있고, 그보다 더 심각한 문제는 지난 70년간 굳건히 지켜왔고 대한민국을 기적의 번영을 가져오는데 결정적인 역할을 해온 '한 · 미동맹'의 균열인데, 지금 국민들은 반일 프레임에 이어 조국사태로 이런 심각한 위기의 현실을 까맣게 모르고 있다는 사실이다. 지난 7월 23일 중국과 러시아 정찰기가 독도주변 방공식별구역을 침범하고, 러시아 정찰기가 독도상공을 비행하기에 한국 전투기가 출격하자 일본은 독도가 자기네 영토라며 전투기를 띄워 오히려 우리에게 위협을 가했다. 또 북한은 연일 성능이 개량된 미사일과 방사포를 쏘아대어 우리영토와 미군기지가 위협을 받고 있으며, 이에 대해 미국 트럼프 대통령은 미국에 직접 영향을 주지 않기 때문에 괜찮다며 외면하고 있으니, 대한민국은 북·중·러·일·미 등 다섯 나라의 위협과 외면을 받고 있는 오면초가(五面楚歌)의 고립 신세가 되었다.

이런 우리 안보의 고립상태가 찾아 온 원인을 예비역장성단 전략위원인 김태우 박사는 한·미동맹과, 한·일동맹의 파괴라고 분석하고 있으며, 그중 우리나라 안보의 기둥인 한·미동맹의 균열 원인을 다음 세 가지로 꼽았다.
　첫째, 미국의 동맹 5가지 기준을 충족하지 못하고 있고,
　둘째, 한국이 서두르고 있는 전시작전통제권 전환,
　셋째, 한·일 지소미아 파기 등이다.

　다시 하나 하나씩 분석하기를
첫째, 미국의 동맹 기준 5개는
　① 이념의 공유로 미국과 이념이 같아야 하는데, 문재인 정권은 친북 친중 반일 반미 정책으로 자유민주주의의 미국 이념에서 멀어지고 있고,
　② 전략적 가치로 미국의 인도·태평양전략에 일본은 충실히 따르는데, 한국은 중국 눈치만 보면서 불참함으로써 미국에서 느끼는 전략적 가치는 상당히 떨어진다고 보며,
　③ 공동 주적이 있어야 하는데, 한국이 북한 대변인 노릇이나 하고, 6·25때 공동 주적인 북한을 주적으로 인정하지 않아 함께 전쟁을 벌인 동맹국인 미국의 은혜를 배반하고,

④ 미국이 수행하는 전쟁에 함께하여 피를 흘려야 동맹인데, 한국은 최근 이라크 등과의 전쟁에 건설부분과 지원부대만 보냈지 전투병을 보내지 않았기 때문에 이 기준도 어겼고,

⑤ 국방비 지출 규모에 있어서 가장 전쟁위험이 높은 이스라엘은 국가 예산의 5%인데 비해 한국은 침략위협이 없는 유럽수준인 2.5%로, 미군의 방위비 분담을 크게 요구하고 있다.

물론 이 기준들은 트럼프의 미국 우선주의와 미국 군인들의 피를 흘리는 전쟁과 돈을 쓰는 일은 피하고 동맹국에 부담을 떠넘기는 못마땅한 동맹정책 때문이기도 하지만, 한국은 북한이 좋아할 한·미동맹을 약화시키는 정책만 시행하고 있다고 보는 것이다.

둘째, 전시작전통제권 전환

한국 국방장관들이 통제권의 전환을 서두르고 있는 전시작전통제권은, 전쟁발발 시 미군이 자동개입의 빌미가 되는 한·미동맹의 한 축이자 한국의 안전을 보장해주는 전쟁억지 장치이고, 그뿐아니라 북한이 가장 껄끄러워하는 부분이다.

노무현 전 대통령이 국가 자존심의 문제라면서 "한국땅의 전쟁에 한국군이 작전권을 쥐고 행사해야 하므로 미국군으로부터 환수해야 한다"고 하면서 처음으로 전환해 받는 것을 '환수'란 말로 미화하면서 시작된 정책이었다. 결과적으로 한·미동맹을 약화시키는 잘못된 정책인 것이다.

국가의 자존심이 더 중요한가, 국가의 생존권이 더 중요한가 묻고싶다.

셋째, 한·일 지소미아(한·일 군사정보보호협정) 파기

이 한·일 지소미아는 한국과 일본이 같은 자유민주주의의 우방으로서 중국과 북한의 도발을 탐지하여 양국이 정보를 교환하는 중요한 장치로서 한·미·일동맹의 큰 축이었다. 2016년 11월 23일 박근혜 정부에서 체결한 것을 2019년 7월 19일 문재인 정부에서 파기통보를 하였다.

한국과 일본이 반일, 반한 감정으로 비난과 무역전쟁이 심화되었지만, 마지막 남은 한·일동맹인 한·일 지소미아마저 파기하면 동맹관계에서 적대관계로 전락하는 단계에 이르게 된다. 더구나 핵무기와 탄도미사일과 잠수함에서 발사하는 SLBM까지 개발하여 도발을 일삼는 북한에 대한 정보공유가 어느 때보다 절실하고, 물론 일본에도 유익하지만 이 지소미아는 한국에 절대 필요하고 더 유익한 장치인 것이다. 왜냐하면 직접 위협을 받고 있는 나라는 한국이고, 일본은 한국이 갖고 있지 않은 정찰위성 5개와 해상초계기 80여 대, 이지스함 6척, 조기경보레이더 등 월등한 장비들을 가지고 수집한 정보를 한국에 제공하고 있기 때문이다.

미국 입장에서는 인도·태평양 전략의 중요 핵심인 '한·미·일 동맹'이 크게 훼손되므로 한국에 대해 "실망했다"는 한·미동맹에 금이 가는 소리를 내면서 강력히 거부감을 나타내고 있다. 이 한일 지소미아 파기는 누구에게 가장 이롭고 해로운가를 잘 생각해 보면 알 것이다.

파기확정일인 11월 22일까지 나머지 기간 안에 한국이 철회하는

용단을 기대해 본다.

　김태우 박사의 결론은 문재인 정권의 안보파괴, 동맹파괴, 군대파괴의 일관성 있는 좌경화 정책을 특히 걱정하면서 기무사해체, 국방개혁이란 미명으로 군의 역량을 축소하고, 전작권 이양, 국정원의 대공기능 약화, 한·일 지소미아파기, 9·19군사합의 등으로 한국군과 미군의 손발을 묶는 정책 모두가 북한을 위한 이적성 행위로서 최대 수혜자는 북한정권이라고 했다.

　안보 전문가들 또한 문 정권의 안보정책은 시종일관(始終一貫 : 처음부터 끝까지 한결같이) 한·미동맹을 약화시키고, 북한을 위한 이적행위를 하는데 대한 큰 우려를 하고 있다고 전한다.

　이 외에도 "북한이 강화된 군사력과 중국과 러시아의 동맹으로 강성해져 실질적인 강국이 되어가고 있어 대한민국은 정말 심각한 위기를 맞고 있다"고 분석한 자료가 있어 요약해 전달한다. 이 또한 한·미동맹의 균열에 영향을 줄 무서운 현실이라 진단하고 있다.

　북한은 지난 5월 4일부터 10월 2일까지 무려, 총 11차례에 걸쳐 신형 전술유도무기와 초대형 방사포와 1차례의 SLBM 등 미사일, 방사포 시험을 집중적으로 벌였다. 구체적으로는 요격할 수 없는 미사일 그리고 미사일 같은 방사포 개발 시험이었다. 아울러 정확성은 주한미군기지와 전략시설들을 정밀하게 초토화할 수 있고, 정치적으로는 미국의 한·미연합군사훈련을 겨냥한 것이었으며 군사안보적으로는 주한미군기지를 겨냥한 것이었다. 북의 신형무기 개발 사업의 정치안보적 의미는 결국, 한·미동맹의 심장을 겨눈 것이었다.

북이 또 하나의 전략사업으로 네 차례의 북·중정상회담과 북·러정상회담으로 북중러 연대에 힘을 불어넣고 있는 것이다. 북·중·러 연대는 옛날의 북·중·러 연대와 다르다. 북은 미국이 현 북·미정세를 다시 대결국면으로 되돌릴 수 없도록 북·중·러 연대를 강화하여 크게 힘을 얻고 있고, 이 북·중·러 연대는 핵보유 전략국가 세 나라가 결합된 힘이 큰 연대로서, 북·중·러 연대가 단순히 한·미·일동맹에 대응하는 것 뿐 아니라 정세 추이에 따라 한·미·일동맹을 제압할 수 있는 데로까지 진전될 수 있게 되었다
 이는 동북아 정치지형에서, 북이 핵보유 전략국가로서 차지하는 주도적 지위와 결정적 역할을 하고 있다는 현실인 것이다. 미국도 핵보유 전략국가인 북이 핵전력 강화와 핵확산 가능성 그리고 북·중·러 연대로 미국과 대등하게 맞서게 된 상황에서 새로운 북·미관계를 수립할 수밖에 없게 된 것이다. 이렇게 북한은 핵보유국으로서 힘을 발휘하고 있음을 알아야 한다.

 문재인 정부의 지소미아 종료 결단은 북의 신형 무기 개발 사업이 한·미동맹의 심장인 한·미연합군사훈련과 주한미군 기지를 겨냥하고 있는 절박한 시점에 이루어졌다.
 특히, 한·미동맹이 더욱더 심각하게 균열될 기미가 여기저기서

나타나고 있으며, 문재인이 "국익보다 앞서는 동맹 이익은 없다"며 미국에 맞서고 있는 것도 그 한 부분이다.

또 트럼프 대통령이 새로운 북·미관계 수립에 한 발자국 더 들어가기 위해 한·미연합군사훈련을 완전 중단하겠다고 결단을 하고, 문재인 정부의 요구에 따라 금강산 관광과 개성공단 재개를 '승인'할 때야말로 결정적인 균열이 오는 것이다.

'한·미연합훈련 없는 한·미동맹'은 허울뿐인 한미동맹이 되는 것이고, 금강산 관광 재개는 원산관광특구와 연계된다는 점에서 이전과는 그 위상이 획기적으로 다르다. 개성공단 재개 역시 전혀 새로운 남북경제협력으로 들어가는 출발이라는 점에서 그 이전과는 다른 상황이 되어 북한의 위상이 한층 높아질 것이다.

이렇게 한·미동맹의 균열을 거치면서 대한민국은 차츰 붕괴되는 통탄할 일이 진행되는 최악의 상황을 맞을 수도 있게 되었음을 깨달아야 한다.

우리나라가 강해지고 위상이 높아진 북한의 김정은과 북핵에 대적할 방법은, 지극히 어렵지만 우리도 핵개발을 통해 핵보유국이 되어 균형을 맞추는 것이고, 핵보유국이 못될 경우에는 한·미동맹을 복원하고 더 굳건히 하여 미국의 전략핵을 한반도에 배치하는 방법이 있지만 이 또한 문 정권하에서는 실행하기 어려울 것이다.

이제 우리는 변덕이 심한 트럼프가 곧 있을 북·미회담에서 북핵의 부분폐기와 제재완화를 맞바꾸는 불행이 오지 못하게 막아야 하고, 미국이 '완전한 북핵폐기'를 이끌어 내노록 노력해야 하는데, 이 또한 문재인 정권하에서는 기대하지 않는 게 좋을 것 같다.

그러므로 이제 우리가 해야 할 절박한 과제는 애국시민들이 함께 뭉쳐 문재인 정권을 하루빨리 끌어내려 한·미동맹을 복원하는 길밖에 없는 것이다.

아울러 하느님께 매달려 청하면 하늘도 우리를 도와주실 것이다.

오! 하느님, 우리를 도와주시고 이 나라를 지켜주소서!

2. 벼랑길 굴러가는 대한민국

1) 한국을 병들게 하는 망국적 포퓰리즘

문재인 정부 들어서 '포퓰리즘'이란 말을 많이 듣게 된다. 그 말의 정의는 한마디로 '무상으로 준다'는 의미로 무상 의료, 무상 교육, 무상 급식들에 쏟아붓는다는 내용이다. 하지만 세상사에는 공짜란 절대 없다(필자의 저서 '삶에 공짜는 없다'에서).

'포퓰리즘'은 세금으로 지급하는 의료, 교육, 급식 등의 '무상분배'와 집권 정당의 지지를 위한 인기 정책 등을 말하는데, 어느 나라, 어느 정권에서도 실시하고 있어서 어느 정책과 어느 정도가 '포퓰리즘'인지 분간하기 아주 어려운 것이다.

그러나 '무상분배'나 인기 정책이 현 시점뿐 아니라 다음 정권 또 그 후에도 감당할 수 있느냐 없느냐를 세심히 검토해 보면 대강 구분이 가능할 것이다. 그중 미래까지 감당하기 어려운 것이 포퓰리즘이므로 이런 정책은 국민들의 후대를 위해 강력히 반대를 해야 한다.

포퓰리즘에 관한 저서로 유명한 어니스트 켈러 교수의 포퓰리즘에 대한 정의는 어렵지만, 그가 주장하는 '포퓰리스트들이 내세우는 공통점' 세 가지를 요약하여 전달해 보고자 한다.

(1) 남의 탓

베네수엘라의 차베스는 반대 지배 세력과 미국 탓으로 돌렸고, 터키 대통령도 최근 경제난을 트럼프 정부가 터키산 철강 등에 보복관세를 물렸기 때문이라고 맹비난했다. 문재인 정부도 강남 아파트 값이 오른 것은 전 정부가 '빚내서 집 사라'고 한 후유증, 소득주도 성장이 효과가 없는 것은 보수정부의 '신자유주의 정책' 때문이며, 고용대란은 '이명박' 박근혜 정부가 산업구조조정을 못 해서'라고 비난한다. 자기 정책이 실패하면 이렇게 과거 집권 세력이나 다른 나라 탓을 한다.

(2) 편 가르기

차베스는 만민평등의 '21세기 사회주의'를 주장하면서 오일 달러를 마구 뿌려줘 경제가 완전히 파탄 나 망했지만, 지지 세력을 단단히 결집한 뒤에 반대 세력을 가차 없이 제거했다. 결국 이 지지 세력 때문에 정권을 유지하고 있으며, 이런 '차별적 법치주의'로 적과 동지를 가르는 편 가르기를 한다.

문재인 정부도 '적폐 청산'을 내걸어 심재철 자유한국당 의원의 청와대 업무추진비 공개는 불법, 박근혜 정부의 청와대 문건 수시 공개는 정당하다"는 식으로 베네수엘라처럼 '차별적 법치주의'를 적용하여 편 가르기를 하고 있다.

(3) 내로남불

야당일 때는 집권 정부의 정책에 반대하다가도 자기들이 집권하면 같은 정책을 시행하고 야당의 지적에도 문제를 삼지 않는다.

문재인 대통령은 야당 시절 한·미 자유무역협정(FTA)을 극렬하게 반대했지만, 그때보다 훨씬 더 양보한 개정안에 서명하면서 '잘된 합의'라며 생색을 내었다. 또 전 정권의 인사청문회 때 비리 관련 공직자를 임명하면 심하게 비난하였으면서, 문재인의 고위공직 배제 기준인 △병역 기피 △부동산 투기 △세금 탈루 △위장 전입 △논문 표절 등 5가지 항목들에 저촉되어 국회임명동의를 받지 못한 장관 등 고위공직자로 이낙연 총리, 강경화, 김상조, 김이수, 김현미, 유은혜 등 역대 어느 정권보다 많은 16명의 공직자의 임명을 강행하여, 문재인의 뻔뻔한 내로남불의 전형을 보여주고 있다.

포퓰리스트는 "국가가 개인의 삶을 책임진다"면서 여러 가지 시혜를 마구 베푸는데, 문재인 정부도 포용국가론으로 "국가가 국민의 삶을 책임져야 한다"며 죄책감도 전혀 없이 역대 어느 정권보다 많은 선심성 정책을 펼치고 있다. 대표적인 것은 '문재인 케어'로, 노인들의 환심을 사려 하지만 건강보험공단의 적자와 결국 보험료 인상으로 연결될 것이므로 부담은 국민이 몽땅 짊어지고 생색은 이 정권이 내는 포퓰리즘이 되고 마는 것이다.

또한 비정규직 제로(0), 최저임금 1만 원, 탈원전, 4대강 보철거 등은 향후 또는 다음 세대에도 큰 부담이 되거나 폐해가 돌아갈 대표적인 포퓰리즘이고, 기존의 실업수당에 더 황당한 것은 기업폐업 수당(?), 취업 면접수당, 창업수당, 아동수당, 청년수당(TLO), 어르신수당, 농민수당, 교복과 교과서 무상지급, 심지어 수학여행비, 대학생 등록금 절반부담 등등 국가는 국가대로, 지자체는 지자체대로 세금으로 현금을 마구 뿌리는 경쟁을 벌이고 있다.

"감당 못할 미래는 생각지 말자! 오직 정권유지와 선거 전략으로 표를 얻기 위하여?"

국민들의 복지를 탓할 수만은 없지만, 산유국도 아니고 돈을 마구 찍을 수도 없고 오직 세금뿐인데, 이 정권의 표를 위한 선심으로 나라는 점점 병든 나락으로 떨어지고 있다.

포퓰리즘은 중독성이 강해 한 번 빠지면 아르헨티나. 그리스, 브라질, 베네수엘라, 이탈리아, 터키처럼 속수무책으로 헤어나기가 어렵다. 우리나라도 이제 그 시작에 불과하며, 포퓰리즘 권력은 더 강한 포퓰리즘에 의해서만 교체되는 속성이 있어 결국 국가의 피멸로 이어진다. 집권 여당의 포퓰리즘을 강력히 막아야 할 야당은 제발 흉내도 내지 말아야 할 것이다.

2) 국가의 파탄을 불러온 베네수엘라의 포퓰리즘

식량난과 초 인플레이션 및 급증하는 범죄 등을 피해 국외로 탈출하는 베네수엘라 사람들이 급증하여, 2018년까지 전체 인구 3200만 명의 10%인 300만 명 이상이 국외로 탈출하였다. 국토의 넓이는 한반도의 4배가 넘고 광대한 농경지와 풍부한 강수량으로 국민들이 배 터지게 먹고도 식량을 수출할 수 있는 나라였는데, 배가 고파서 먹을 것을 찾아 외국으로 탈출하고 있는 것이다. 가게에는 식품도 생필품도 없어 돈이 있어도 살 수가 없다. 기업가들은 사업할 여건이 안 되어 사업을 포기하거나 해외로 탈출하여 베네수엘라의 제조업은 폐허가 된 지 오래되었다. 전쟁이 없었던 나라에서 이런 일이 발생한 예는 세계 어디에도 없다.

베네수엘라는 세계 최대 석유매장량을 가진 나라로서 1950년대에는 남미에서 제1의 부국일 뿐만 아니라 미국, 스위스, 뉴질랜드에 이어 세계 제4위의 잘사는 나라였다.

베네수엘라의 국가 파탄은 흔히 차베스와 마두로 대통령의 포퓰리즘 정책 때문으로만 알고 있지만, 사실은 60년 전 민중주의 정당에서 두 번째로 집권한 로물로 대통령 때 시행한 민중을 위한 좌파정책이 시발점이었다. 그는 선거 때 저소득층

노동자를 위해 극단적인 임금인상 등 친 노동자정책으로 영합하였고, 1973년 페레스 대통령은 제1차 석유 파동 때 석유 값이 갑자기 4배로 인상되어 돈이 넘쳐나자, 부당해고 금지 등 고용법을 제정하고, 마구잡이 고용과 많은 실업수당, 기업의 국유화, 생필품 국가지원, 대대적 공공사업 시행, 온갖 선심성 세금 살포정책을 펼쳐 그 후 멕시코와 북해의 유전 개발로 유가가 폭락했지만 한 번 공짜에 길든 국민은 물러설 줄 모르고 국가의 포퓰리즘을 고집하였다.

베네수엘라의 국가 파탄은 1998년 좌파 우고 차베스 대통령이 "사람이 먼저다"는 구호로 당선되면서 '법인세 인상', '무차별 복지정책'으로 경제가 완전히 거덜나고 말았다.

어디서 들은 구호와 경험한 정책이 아닌가?

바로 대한민국에서....

또 미국에 당당히 맞서는 '반미정책'을 펼치자 미국의 강력한 제재로 2014년에는 유가하락과 정치적 혼란과 함께 경제규모는 5년 만에 반 토막이 났다. 그때 다른 산유국들은 저유가에 나름대로 견딘 것을 보면, 베네수엘라의 몰락은 저유가와 정부의 포퓰리즘 정책도 문제였지만, 미국의 제재로 석유 수출길이 막힌 것이 어쩌면 더 결정적인 경제 파탄의 원인으로 볼 수 있다. 우리 문재인 정권도 똑같은 길을 가고 있다는 생각이 들지 않는가?

차베스의 좌파 포퓰리즘 정책을 그대로 계승한 현 대통령 마두로는 원유 판매로 벌어들인 돈을 무상교육과 무상의료 등 선심성 정책에 모조리 쏟아부었고, 심지어는 무상복지라는 이름으로 저소득층에 식료품을 무상으로 배급하기도 하고, 학생들에게 무료로 노트북을 나눠주기도 했다. 국민들에게 퍼주고, 쿠바에 공짜로 석유를 공급하고, 반미동맹 결성을 위해 이웃나라에도 달러를 마구 뿌려 나라를 완벽하게 파탄냈다.

이런 포퓰리즘 정책으로 재정적자가 나기 시작하자 이 재정적자를 메우기 위해 화폐를 무제한으로 찍어내기 시작했고, 연간 물가상승률이 4만 6000%나 되는 초(超) 인플레이션으로 저소득층의 한 달 월급으로 쌀 1kg과 휴지 한 팩을 겨우 살 수 있을 정도의 말도 안 되는 일이 벌어졌다.

역사상 정권 유지를 위한 포퓰리즘으로 저소득층과 노동자들에게 무분별한 복지정책을 펴고, 최저임금의 급격한 인상과 법인세 인상 등 반 기업 정책을 펴는 좌파 정권은 모두 경제 파탄을 면치 못하고, 자기 나라의 형편을 모르고 대통령 자신의 능력을 과대평가하여 국민들을 선동하여 강대국 특히 미국과 맞서 싸운 나라는 몰락한다. 베네수엘라와 필리핀의 몰락 역사를 반면교사(反面教師 : 잘못을 깨달음을 주는 대상)로 삼아야 할 것이다.

특히, 문재인 정권을 잘 모르고 국민이 뽑아 나라가 현재 이런 고통을 당하는 것은 그를 뽑은 국민들이 책임질 불행이고, 잘나가던 나라꼴은 세계의 웃음거리가 될 것이다.

3) 문 정권의 그리스화 정책으로 가라앉는 한국

※ 일본 석간신문 '후지'의 한국경제 관련 뉴스를 그대로 전합니다.

제목 = 한국은 '동아시아 그리스' 되나 공무원 증원,
장미마키 복지로 폭주하는 문 정권의 행선지는 '재정 파탄'

한국은 지금 동아시아 그리스를 목표로 걷고 있다. 한국의 공무원 수는 인구 대비로 보면 이미 일본의 5배에 달하는데 문재인 정부는 공약으로 내세운 공무원 증원을 추진하고 있다. 동시에 국가와 지방이 경쟁하는 것처럼 세금 선심성 복지에 나서고 있다. 보이는 것은 다수의 공무원이 '무사안일'을 자처, 선심성 복지로 재정이 파탄난 그리스 모습이다. 한국의 공무원 정규직 시험 경쟁률은 40대 1, 때로는 100대 1이 넘는데 일류 기업에 근무하던 청년이 퇴직해 공무원 시험을 위한 학원에 다니며 공무원을 목표로 한다. 그것은 '나라를 위하여'라는 금욕적인 사명감에 불타는 것이 아니다.

다양한 취업 사이트에 있는 설문조사를 보면 '정년이 지켜진다', '수입이 좋다', '후생복지가 충실하다', '연금도 최고다' 등 '공무원 업계'는 미래 무사안일한 직장으로 인식되고 있기 때문이다. 한국의 다른 설문조사를 보면, (1) 중학생의 '갖고 싶은 직업' 총수는 '무직 부자', 즉 부동산 수입으로 사는 신분 (2) 청년층이 이민가고 싶다고 꼽는 나라는 고복지 국가뿐이란 게 눈에 띈다. "신체·두뇌를 혹사하는 일은 하지 않고 편안히

쉬면서 여유로운 생활을 하고 싶다" –이것이 한국인의 속내다. 여기에 딱인 것은 '공무원 업계' 인 셈이다. 그런 생각을 하는 사람들이 아무리 나쁜 짓이라도 들키지 않는 한 '정년' 과 '퇴직 후 연금' 이 보장된 공무원이 된다면, 국가와 국민을 위한 험로를 걷는 일을 할 리 없다.

그런데 문 정권은 젊은 층의 고 실업률이 고공행진을 하고 있는 상황에서 공무원 고위직이 아닌 중급·하급직을 대량 채용함으로써 지지율 저하를 막으려 하고 있다. 그러나 중급 및 하급직도 채용 인원이 제한되어 있기 때문에 실업률은 개선되지 않아 다음 한 수는 준공무원(아르바이트) 채용과 고령자 고용 대책 사업 추진이었다. 각 부처에 신규 준공무원 고용을 떠넘겼다. 한국 신문을 보면 복사담당 전문원 일정전담비서 등 있기만 해도 방해가 되는 준공무원 직종을 다양하게 생각해 내 실제로 많은 인원이 고용됐다.

국가가 불필요한 직종을 만들어 배분하는– '잃어버린 공산국가' 의 형태를 이미 드러내고 있는 것이다. 고령자를 위한 일로 화제가 된 것이 '전기관리사' 다. 대학 구내를 돌며 강의가 이뤄지지 않은 교실 조명과 에어컨을 끄고 다니는 일이다. 하루 3시간 정도 일하고 한 달 30만 원(약 2만 9500엔) 받으면 통계상 실업자가 아닌 취업자가 된다. 덕분에 2월 취업자 수는 전년 동기 대비 26만 명이나 늘어났다. 다만 숫자를 자세히 보면

60세 이상 고용이 39만 7000명이 늘어난 반면 30, 40대 고용자 수는 24만 3000명이나 줄었다.그런데도 정부·여당은 "고용자 수가 크게 늘었다"고 만만세. 게으른 국민성과 자본주의의 벽을 허물려고 골몰하는 마르크스주의 정권이 경쟁적으로 상승하면서 동아시아의 그리스로 가는 길은 제동이 걸릴 것 같지 않다. 일본이 경제제재를 발동하지 않아도 한국은 스스로 가라앉는다.

※ 이런 비아냥의 기사를 접하면 약이 오르고 불쾌하지만, 우리나라의 실상을 아주 정확하게 짚은 기사라 생각하여 전달하니, 온 국민과 문재인 정권은 대오각성하시기를 바라는 심정이다.

4) 필리핀을 똑같이 닮아가는 내 조국 대한민국

※ 미국 LA에서 사시는 한 교포의 애절한 호소문입니다.

과거 우리나라 대한민국에서 박정희 대통령 시절, 박정희 대통령이 필리핀을 방문했을 때, 필리핀 대통령이 우리나라 대한민국을 무시하여 영빈관숙소조차 안 내주며 나의 영원한 조국인 대한민국 대통령조차 만나주지 않은 채, 격을 낮춰 필리핀 총리로 하여금 대신 만나게 했던 나라. 우리보다 훨씬 잘살았던 나라. 6·25전쟁 중에 우리에게 육군을 파병해주고, 6·25전쟁 후에는 경제원조까지 해 주었고 우리가 선망했던 필리핀이란 나라. 그런 나라가 반미 좌파 정권이 완전히 장악한 이후,

오늘날 과연 어떤 나라로 변신되었는지? 내 조국 우리 대한민국 국민들께서는 부디 똑똑히 두 눈을 부릅뜨고라도 이를 잘 살펴보기 바라는 마음이다.

1980년대 중반 필리핀 마르코스가 미국 망명에서 귀국하는 정적 아키노 상원의원을 마닐라공항에서 암살한 결과, 이에 분노한 좌파국민들의 엄청난 시위로 인해, 마침내 마르코스가 권좌에서 쫓겨났다. 그 사건을 피플파워로 미화하여 한국의 김대중이 1987년 대선에서 이를 이용해 대통령선거에서 이용했다. 그때 필리핀 시위군중이 들었던 노랑 리본과 입었던 노란 셔츠의 색깔을 DJ가 평화민주당 기본색깔로 썼고, 바로 노무현을 거쳐, 오늘날 세월호 리본으로까지 계속적으로 연결되어 활용되었다.

마르코스가 축출되고, 아키노의 부인인 코라손 아키노가 대통령이 되면서 필리핀도 민주화를 내세워 건방을 떨기 시작하더니 그 첫 번째가 '양키 고 홈'이었다.
(얼마 전 우리나라 광주시내에 '미군 놈들 물러가라!'는 대형 플래카드가 걸려있는 것을 영상매체를 통해 이곳 미국에서 시청해 보면서 과거 필리핀을 보는 것 같아 그만 소름이 끼쳐 미쳐서 경악을 금할 수가 없었음)

한편, 아이로니컬하게도 아키노 대통령 역시 사탕수수밭의 지주로서 필리핀의 대부호라는 사실이다. 한마디로 말해, 오늘날 한국의 '강남좌파'(강남에 살고 있는 부유한 좌파 판검사와 국회의원, 정치인들)인 것이다.

　필리핀의 반미정책에 식상한 미국이 1992년 거주인원만 무려 수만 명에 이르는 해군기지와 클라크 공군기지를 단번에 철수 시키면서 필리핀에서 빠져나갔다. 미국이 전략상 절대로 빠져 나가지 못할 것이라고, 그동안 큰소리를 치면서 속으로 '설마' 해왔던 좌파들은 정말로 미군이 빠져나가자, '닭 쫓던 개 지붕 쳐다보는 꼴'이 되어 허탈감과 무력함에 빠져들었으며, 곧바로 이에 대한 효과가 초래되었는데, 미군이 철수하자마자 필리핀 의 바로 코앞에 있는 스카보로 섬을 중공이 무력으로 단번에 강탈해갔다.

　필리핀이 국제사법재판소에 제소하여 승소했음에도 불구하 고, 중공이 오히려 그 섬에다 아예 군사 활주로까지 만들어 현 재 남중국해 군사요충지로 사용 중이라는 엄연한 작태를 볼진 대, 역시 '국제관계는 힘의 논리일 수밖에 없다'는 냉엄한 현 실을 보여준 것이다.

　게다가 미군철수와 함께 필리핀에 들어와 있는 외자(外資)들 이 썰물처럼 빠져나가면서 필리핀 경제는 하루아침에 완전히 무너져 내리는 등 멋모르고 건방을 떤 대가를 톡톡히 치렀고, 지금도 700만 명이나 되는 필리핀 여성이 외국에 나가 가정부 (옛날 식모) 등으로 돈을 벌고, 몸까지 팔아가면서 번 돈으로 겨우 나라를 지탱해 나가고 있는 가련한 실정이다.

그와 비슷하게 닮아가는 대한민국 현실의 좌파 정부가 만일 미군이 철수하게 되면 경제적 추락은 차치하고, 당장 우리 조국의 안보가 작살날 것이 분명하다. 북한이 쳐내려올 것은 불문가지이나, 그건 그만 제쳐두더라도, 서해는 중공의 바다와 어장으로 변하고, 동해는 일본 바다가 되고, 독도는 일본 해군이 주둔하는 건 그야말로 시간문제라 할 수 있다. 중공은 지금도 서해를 인구와 땅덩어리 기준으로 4분의 3이 자기네 것이라고 우기고 있는데, 만약 주한미군이 철수해버리면 해병대가 지키고 있는 백령도를 얼씨구나 여기고 이 기회를 놓치지 않고 무력으로 점령하지 말라는 보장도 없다.

주한 미군이 없으면, 일본이 무력으로 빼앗으려 들어도 속수무책일 것이다. 일본과 한판 붙는다면 해상전이 될 텐데, 지금의 우리해군 전력이면, 우리 해군은 일본에 반나절이면 괴멸된다는 시뮬레이션 결과가 나와 있다. 이런 일이 소설 같고 영화에나 나올 것 같다고 생각한다면, 당신은 교만한 매국노로서, "It should be coming soon"이다.

나는 이곳 미국 LA에서 편안히 살면서도, 배가 기우는 줄도 모르고 희희낙락하는 선객들로 가득한, 나의 영원한 조국인 내 나라 우리 대한민국에 대해 안타깝고 안쓰러운 마음을 금할 수가 없다. 내가 지금 우리 조국에 가서 간증이라도 하고픈 절박한 심정이다.

3. 북핵 폐기는 희망사항일 뿐인가

1) 김정은은 과연 핵을 포기할 것인가

 북한은 정부 수립 후 지금까지 '적화통일전략'을 바꾼 일이 한 번도 없고, 이를 위한 '핵 보유 정책'을 중단한 일도 없다. 그러면서 북한은 1963년부터 여러 차례 핵개발 포기 약속과 번복을 거듭하면서 뒤로는 핵개발을 하여, 이젠 미국까지 위협하는 '벼랑 끝 전술'을 벌이고 있다. 이런 전력(前歷)을 확인할 수 있는 '북한의 핵개발 일지'를 아래에 첨부하니 참고하시기 바란다.

★ 북한의 핵개발 위장 포기선언과 핵무기 개발 일지

  1985.12.12 북, 핵무기비확산조약(NPT) 가입

  1991.12.31 남북한 한반도 비핵화 공동선언 합의

  1992.01.30 NPT조약 가입 후 6년 만에 핵안전조치협정에 서명

  1993.02.09 북, IAEA 특별사찰 거부

  1993.03.12. 북, NPT 탈퇴 선언으로 '1차 북핵위기'

  1993.06.10 미국과의 고위급 접촉을 벌여 NPT 탈퇴유보 발표

  1994.11.01 북, 핵 활동 동결 선언

  2002.10월 북한 고농축우라늄 개발 의혹 제기로 '2차 북핵위기'

  2002.12.12 북, 핵 활동 동결 해제 발표

  2003.01.10 북, NPT 탈퇴 선언

  2005.02.10 북, 핵무기 보유 선언

2005.09.19 6자회담서 '북, 모든 핵무기와 현존 핵세획 포기'를
내용으로 9·19공동성명 채택

2006.10.09 북 제1차 핵실험 실시

2009.05.25 북, 제2차 핵실험 실시

2013.02.12 북, 제3차 핵실험 실시

2013.04.02 북, 영변 5MW 원자로 재가동 발표

2016.01.06 북한 4차 핵실험 "첫 수소탄 시험 성공적 진행" 발표

2016.09.09 북한 5차 핵실험

2017.09.03 북한 6차 핵실험

이런 전력을 아는 트럼프는 다시는 이전 정권에서 북에 속아 온 전철을 밟지 않겠다고 했지만, 김정은은 오히려 2017년에 6차 핵실험과 ICBM으로 미국에 전쟁 공갈 쇼를 벌이자, 미국도 엄청난 경제제재와 최첨단 전략자산을 한반도에 배치하여 북한과의 전쟁을 당장 벌이겠다는 위협으로 맞대응하였고, 김정은이 더 이상 버티기 어려운 지경에 도달하여 조금만 더 참고 기다리면 스스로 핵 포기를 선언할 지경에까지 이르렀다.

그런데 김정은이 2018년 신년사에서 "북남관계를 개선하여 자주통일의 돌파구를 열자며 평창 동계올림픽에 선수단 파견할 접촉을 하자"고 제안하자, 문 대통령은 이를 덥석 받아들여 북·미 간 '중재자'를 자처하면서 평창 동계올림픽 때 온갖 저자세로 북에 화해 무드를 조성하더니, 이후 소위 '남북회담'을 통해 "김정은은 핵 폐기를 확실히 약속했다"는 믿기지 않는 말

로 트럼프를 설득하여 드디어 '미·북협상'까지 진행된 것이다.

그러나 북한은 '북핵 폐기' 대신 '한반도 비핵화'라는 요상한 용어로 물타기하는데도 문재인은 한반도에 평화가 온 것처럼 국민을 속이면서, 해안철조망과 전차방호벽을 철거하여 북의 침투로를 열더니, 이제 국민들의 여론 수렴도 없이 '남북군사협약'이란 엄청난 큰일을 벌인 다음, 군사분계선 비행금지구역과 NLL 서해평화수역 설정으로 드디어 나라 마지노선인 GP까지 허무는 등 안보를 철저히 파괴해버리는 반국가적 행태를 자행해 버렸다.

조선일보 김대중 고문은 "문재인에게 물어 보겠다. 북한이 절대 침범하지 않을 것이란 어떤 약속과 확약을 받았는가? 북한이 정말 한국을 침범하거나 공산통일을 하지 않겠다는 실질적 보장을 받았기에 우리의 무장을 이렇게 풀고 국민에게 '평화'라는 환상을 심어주는 것인가?"라고 하였다. 문재인의 대답을 꼭 듣고 싶다.

"평화를 원하거든 전쟁을 준비하라"는 명언이 있다. 먼저 북한이 확실한 핵 폐기를 시작하고, 대한민국은 능력이 부족하면 한·미동맹의 힘을 빌려서라도 우리나라를 넘보지 못하도록 북한보다 우월한 국방력을 길러야 진짜 평화를 얻을 것인데, 이따위 안보파괴를 하는가?

이렇게 안보를 허물고 북에 구걸하여 잠시 잠잠한 것을 평화라고 환상을 심어 준 것이니, 부디 국민들은 '평화'란 달콤한 단어에 혹하지 말고 현실을 똑바로 직시하기 바란다.

지금의 평화란 '북한의 완전한 핵 폐기' 없이 '남북군사합의 서로 국가 안보를 허물고 남북, 미·북 간의 대화와 퍼주기' 등의 대가를 치르며 임시로 누리는 것이고, 시일이 지나면 이완용이 일본의 힘에 눌려 나라를 일본에 넘긴 것처럼, 북핵의 힘에 눌려 우리나라를 북에다 바칠 수 있는 엄청난 사건을 저질러 놓았다. 오죽하면 어떤 변호사가 문재인 대통령을 '여적죄(與敵罪)'로 대법원에 형사고발까지 했을까? 또 나경원 한국당 원내대표가 "문재인이 북핵을 우리 핵이라고 주장할 태세"라는 말을 곱씹어 봐야 할 일이다.

더 걱정스러운 것은 그동안 문재인이 어정쩡한 중재자로 계속 나서자 북에서는 '오지랖' "참견 말라"는 등 별별 비아냥을 듣고 욕을 먹으면서도 계속 북에 굽실거리는 모양새다. 그동안 둘만의 만남에서 문재인은 과연 김정은에게 어떤 약점이 잡혔는지? 어떤 밀약이 있었는지 온 국민이 궁금해하며 걱정하고 있는 것이다.

미·북 정상회담이 다시 열리고 어떤 결과를 가져올지 잘 모르지만, 우리나라와 전 세계가 바라는 진정한 평화는 북핵의 완전폐기(CVID)가 되어야 할 것이다. 그러나 북한이 3대에 걸쳐 백성을 굶겨 죽여가면서 힘들게 만든 핵을 포기하기란 거의 불가능할 것이니, 평화의 꿈에서 국민들이 이젠 깨어나야 할 때임을 명심해야 할 것이다.

2) 한반도 비핵화와 북핵 폐기

원래 한국과 미국에서 사용하던 '북핵 폐기'란 용어가 퇴출되고 2018년 이후 외교 무대에서 '한반도 비핵화'('조선반도 비핵화')라는 요상한 용어가 등장했다.

이 용어의 시작은 1991년 노태우와 김일성이 한 '남북공동선언'에서 핵전쟁을 방지하기 위해 "남과 북은 '한반도를 비핵화'한다"는 선언을 한 데서 처음 나온 것으로, 이때 북에서는 핵무기 개발이 안 되었기 때문에 순전히 미군의 핵을 제거하기 위한 용어였다. 이 선언에 따라 미군의 핵무기는 남한에서 모두 철수하였고, 그 후 미군은 아직까지 핵무기를 남한에 반입하지 않았다. 북은 핵무기를 만들지 않기로 하고도 뒤에서 지금까지 쉼 없이 핵개발을 하여 완료단계에 도달하였다. 이 북한의 전술에 속은 노태우 때문에 한국은 미국의 핵우산을 걷어버렸고, 그 후 북한에 돈까지 주어 핵개발을 도와준 이적행위를 한 것이다.

그동안 '한반도 비핵화'란 용어를 쓰지 않아 온 국민은 잊고 있었는데, 2018년 판문점에서 있었던 문재인과 김정은의 남북정상회담에서 '북핵 폐기' 대신 등장하여 자리를 잡게 되었다. 핵이 하나도 없는 남한까지 굳이 싸잡아 넣어서 '한반도 비핵화'라는 표기를 다시 받아들인 문재인은, 한국의 핵무기 개발은 물론 향후 비상시 미국이 반입할 '핵우산'까지 차단하려는 북한의 전술에 또 속아 넘어간 것이다.

북한의 '비핵화'는 주한미군의 한반도 축출과 한·미동맹 와

해가 핵심인 반면, 한국과 미국의 '비핵화'는 남북한의 핵개발 포기가 핵심이다. 북한과 한국, 미국이 '비핵화'란 같은 용어를 사용하면서도 다른 목표를 내세우고 있는 것이다. 통일부장관도 남과 북이 사용하는 '한반도 비핵화'와 '조선반도 비핵화'는 의미에 차이가 있다고 시인했다.

지금 북한이 핵으로 우리나라를 사정권 안에 둔 미사일을 10여 차례나 발사하며 위협하자 야당과 미국에서 '전술핵 재배치'를 다시 주장하고 있으며, 다만 중국의 반발로 사드보복과 같은 문제가 있을 수 있어서 어떻게 될지 모르지만, 북핵이 남아있는 한 우리나라는 미국의 전술핵이 꼭 필요한 것이다. 이것이 여의치 않으면 핵에는 핵으로만 대적해야 하기 때문에 우리도 은밀히 핵개발 준비를 해야 할 것이다.

1차 판문점 남북정상회담 후 2018년 3월 9일 정의용 청와대 국가안보실장을 통해 백악관에서 트럼프 대통령에게 "(북한이) 북·미대화에 적극적으로 임할 용의가 있다는 사실을 분명히 밝혔고, 북·미대화의 의제로 비핵화도 논의할 수 있다. 특히 저희가 주목할 만한 것은 (김정은 위원장이) '비핵화 목표는 선대의 유훈이다'(라는 발언이다). "선대의 유훈에 변함이 없음을 분명히 밝혔다"고 강조하였고, 이 보증의 말을 믿었는지 트럼프 대통령이 미·북 정상회담을 하게 되었지만, 지금 이 시간까지 김정은이 확실히 '북한의 핵 폐기'를 실현할 의지를 보이지 않고 있다.

김정은이 "김일성, 김정일의 유훈이 한반도 비핵화"라는 말을 했다지만 그동안 김정일이 김일성의 유훈을 거역하고, 김정은이 김정일의 유훈을 어기면서 핵개발을 계속해 왔다는 것인가? 문재인의 이 거짓 보증이 부메랑이 되어 '거짓말쟁이'로 낙인찍혀 트럼프의 눈 밖에 났으며, 북한도 "참견 말라"는 거절에 이젠 중재자도 아닌 '제3자'의 딱한 처지가 되었다.

지금 문재인 정부와 많은 언론이 북한이 말하는 '비핵화'를 '핵 폐기'로 오해하여 혼동해 사용하는데, 정 실장도 김정은의 '비핵화 목표는 선대의 유훈'이란 발언에 주목한다고 하는 것을 보면, '비핵화'를 곧 '핵 폐기'로 확실히 믿고 있는 것 같다. '비핵화'란 용어가 북한의 기만전술에 악용되지 않게 앞으로 한·미 양국은 북핵 관련 모든 공식·비공식 무대에서 '비핵화' 대신 '핵 폐기(Nuclear Dismantlement)'로 용어를 통일해야 한다.

또 북핵 완전폐기를 위해 CIVD 즉 '완전하고 검증 가능하며 불가역적인 핵 폐기(Complete, Irreversible, and Verifiable Dismantlement)'를 북이 항의하여 FFVD(Final, Fully Verified Denuclearization)로 바꿔 대체로 통용되고 있으며, 폼페이오(Mike Pompeo) 전CIA 국장은 3월 11일 FOX News에 출연해서 북한이 '완전하고 검증 가능하며 불가역적인 비핵화(Complete, Irreversible, and Verifiable Denuclearization)'를 논의하겠다고 말했다고 밝혔다. 즉 'D'가 핵 폐기(Dismantlement)대신 비핵화(Denuclearization)로 바뀐 것

이다. 앞으로 한·미 양국은 FFVD와 CVID의 'D'가 Dismantlement(핵 폐기)임을 분명히 해야 할 것이다.

3) 북핵(北核)에 대한 외교 정책

북핵을 두고 벌이는 한국과 북한과 미국의 외교 정책을 살펴보고자 한다.

★ 한국은 대통령이 5년마다 갈리고, 북핵 외교를 담당하는 외교관은 지난 10년 동안 송민순, 이수혁, 천영우, 김숙, 위성락, 임성남, 황준국, 김홍균에서 현재의 이도훈으로 바뀌었다. 이렇게 담당자의 연속성과 전문성이 없으니 북핵 정책도 갈팡질팡하다가, 문재인 정권이 들어와 남북정상회담에서 '북핵폐기' 약속을 받았다며 한·미정상회담을 이끌었지만 실질적인 성과는 하나도 없고, 문재인은 비굴하게 북한의 눈치를 보면서 비위를 맞추기 위해 목표인 '북핵폐기'를 뒤로 하고 대북제재 완화에 전념하고 있는 것이다. 드디어 김정은이 올해 신년사에서 개성공단, 금강산 광광을 언급하지마자 며칠 후 문재인은 "개성공단, 금강산관광재개를 위해 남북 사이에 풀어야 할 과제는 해결된 셈"이라며 반겼다.

이에 대해 조선일보 김대중 고문은 "북한은 한국이 효용가치가 없어지면 가차 없이 한국을 올라탈 것인데도 김정은의 선의만 믿고 대북제재 해제에 올인하고 있다"고 꼬집었다.

또 "문대통령은 그의 목표가 북한과의 '평화'인 것까지만 말했지 평화의 종착점이 어디인지는 말한 적이 전혀 없고, 그가 궁극적으로 지향하는 것이 미국의 퇴출이고 중국권에의 편입인지? 남북 연방제를 통한 통일인지? 그가 바라보고 있는 이상형이 베트남식(式)인지? 아니면 무조건적 통일인지? 그는 밝힌 적이 없다"고 했는데, 문의 속셈이 정말 궁금하다.

조선일보 강성철 논설고문은 "문재인 정권이 총력을 기울인 대북 정책을 중간 결산하면 북핵의 사실상 인정과 한·미 동맹 훼손, 주한 미군의 감축 혹은 위상(位相) 변경 위험으로 정리할 수 있다. 이것은 의도한 결과인가. 그렇다면 국민을 속인 것이다. 의도하지 않은 결과라면 무능한 것이다"라며 문재인의 대북정책을 비판하였다.

북핵 해결의 운전석에 앉았다는 한국 대통령이 "최종 목표는 한국 국민의 안전"이라고 하지 않고, 미국의 한반도 전문가 말대로 "비핵화 과제를 미국에 떠넘기고 남북 관계에만 골몰하고 있으니 한국의 북핵 외교는 실종되었다"고 봐야 한다.

문 대통령이 "한반도 운명의 주인은 우리"라는 말과 "비핵화와 항구적 평화의 길로 나아가도록 최선을 다하겠다"고도 하였고, 3·1절 100주년 기념식에서도 "신 한반도 체제는 우리가 주도하는 100년의 질서"라고 했다. 그러나 한반도 운명을 좌우하는 북핵 회담에서 한국은 '왕따'가 되어 미국은 한국과 사전

조율도, 사후 정보공유도 하지 않았다. 북한 역시 손가락만 까딱해도 왕창 퍼줄 각오가 돼 있는 문 정부를 '중재자'로 여기는 것 같지 않다. 문 정부는 북한의 '위장 비핵화'가 확인된 상황에서도 한·미동맹과 한·일 관계를 약화시키고 대북억제력을 훼손하면서 개성공단과 금강산 관광재개 카드를 만지고 있다. "칼을 숨긴 강도의 좋은 말만 믿고 아파트 문을 여는 것만큼 위험하다"는 말에 공감한다.

자유한국당 나경원 원내대표가 3월 12일 국회 본회의 교섭단체 대표연설에서 "대통령이 김정은 수석대변이라는 낯 뜨거운 이야기를 듣지 않도록 해 달라"는 틀리지 않는 말을 하자 더불어민주당 의원들의 거센 항의와 야당의 대응으로 삽시간에 아수라장이 되었다.

또, 한국의 문 대통령이 유엔총회에서 김정은 수석 대변인 됐다.(South Korea's Moon becomes Kim Jung Un's top spokesman at UN)고 보도된 바가 있다고 하자, 청와대가 '국가원수에 대한 모독'이라고 반박하고 이에 대해 황교안 대표는 "그런 죄목은 없다"고 했다.

북한에 대한 비굴함뿐 아니라 밑도 끝도 없는 옹호와 대변만 하는 문 대통령과 더불어 민주당은 이제는 정말 부끄러운 줄 알아야 한다.

★ 북한은 강석주, 김계관 라인, 그리고 현재의 김영철, 리용호, 최선희 라인으로 '북핵 30년'을 지탱해 왔다. 이렇게 북한

의 북핵 담당 외교 라인이 축적한 외교술로 버티다 보니, 한국과 미국의 대북 외교담당자가 1~2년마다 바뀌어 연속성이 떨어지고 전문성이 부족하여 밀리는 경향이 있는 것이 사실이다. 북한은 한국과 미국이 4~5년마다 대통령선거를 치러야 하고, 그 중간에 총선과 지방선거도 해야 하는 약점을 잘 알고, 정권교체기나 출범초기에 집중적으로 핵실험과 미사일 발사 같은 도발을 하면서 이 약점을 잘 이용하였다. 그래서 세 번의 남북 정상회담과 1~2차 미·북 정상회담이라는 성과를 낼 수 있었고, 지금 현재에도 유엔의 힘든 제재를 딛고 미국과 힘겨루기를 하고 있는 것이다.

그러면서 김정은은 '한반도 비핵화는 선대의 유훈' 이란 말로 북핵 폐기를 하겠다는 의지를 가진 것처럼 말하지만, 여러 경로를 통해 알려지기로는 북핵과 정권의 운명을 같이하여야 하는 김정은은 절대 핵을 포기 않는다는 것이 정설로 되어있다.

제3차 미·북회담을 앞두고 핵실험이나 대륙간 탄도미사일 발사를 자제하며 미국 트럼프의 심기를 건드리지 않으면서 단거리 방사포와 이스칸데르 탄도미사일을 발사하였다. 이 또한 제3차 북·미회담에 이용하겠다는 복심이 숨어있는 행위로 보는 시각이 많다.

이 발사체들을 두고 미국의 많은 전문가나 유엔에서도 탄도미사일이므로 유엔 제재대상이라고 하지만, 트럼프 대통령만 미국에 직접 위협이 되지 않으므로 "문제없다"면서 용인하자 북한은 이제 마음 놓고 수시로 성능이 개량된 방사포인지 탄도 미사일인지 알 수 없는 발사체를 쏘아대고 있다 (한·일 지소미아 폐기방침에 따라 정보력이 뛰어난 일본의 정보가 없어서인지, 정확한 발사체의 제원이나 성능 분석이 잘 되지 않고 있어 발표 내용이 우왕좌왕하고 있음).

하여간 이들 이동식 발사체가 전진 배치되면 한반도 전체는 물론 미군기지가 있는 일본과 오키나와도 위협이 된다는데도 트럼프는 내년 대선 때문인지 이 사태를 뭉개고 있으며, 가장 직접적인 피해 당사자인 문재인 정부도 저들이 저지른 '남북군사합의'에 위반일 텐데도 이 단거리 발사 시험에 강력한 항의를 하지 않고 있어서 속이 터지고 걱정이 태산 같다.

이래저래 우리나라만 '북핵'의 인질에 방어수단도 마땅치 않다는 탄도미사일의 위협 속에 불안한 나날을 걱정 속에서 살아갈 수밖에 없는 가련한 신세가 되고 있다.

우리 정부는 속히 국방 예산을 세워 우선 이 단거리 발사체를 방어할 수 있는 무기를 개발하거나 우수한 성능의 외국 무기를 도입하고, 미국과 일본과 협력하여 대책을 강구하여야 함에도 불구하고, 여당의 어떤 얼빠진 놈은 국방예산에서 군인 봉급을 100만 원씩 주자고 하지 않나, 전작권 환수란 악수를 서두르고 미군기지 반환을 요구하는 등 방위력을 약화시키면서 미국이 그렇게 반대하는 한·일 지소미아 폐기로 미국이 "실망했다"는 반응까지 보이며 한·미방위조약도 약화시키고 있다.

이런 정권과 여당을 끌어 내리고 보수가 정권을 되찾아, 이들이 저지른 모든 것을 되돌려놓고 '북핵 폐기'를 위해 모든 역량을 집중해야 우리나라도 살아남을 수 있을 것이다.

★ 미국도 지난 10년간 북핵담당자가 로버트 갈루치, 윌리엄 페리, 제임스 켈리, 크리스토퍼 힐, 스티븐 보즈워스, 성 김, 조셉 윤에 이어 현재의 스티븐 비건에 이르기까지 바뀌었다. 특히 트럼프 대통령은 취임 초기에는 '북핵폐기'에 온 힘을 쏟아 유엔을 통해 대북제재를 강화하고 당장 '북폭'이라도 할 것처럼 설치더니, 문재인의 주선으로 '미·북회담'을 거쳐 점점 변덕을 부리면서 북핵을 자기의 대선에 이용하려는 방향으로 가고 있는 것으로 보인다.

하기야 최대 피해자인 한국이 북한을 감싸고 미국과 유엔의 '제재'에 브레이크를 걸고 있으니, 미국이 북핵폐기를 서둘러야 할 이유가 없다고 생각하는 것이 이상한 일이 아니다. 트럼프 대통령은 "내가 대통령이 되자 북한이 핵실험도 않았고, 대륙간탄도 미사일발사도 하지 않았다"며 미국에 직접 위협이 되지 않으면 북핵도 용인할 것처럼 말한 바 있다.

또 얼마 전 미국 국무장관도 미·북 협상과 관련, "최종 목표는 미국 민의 안전"이라고 하였고, 북한 통일전선부장 김영철이 2차 미·북 정상회담 일정을 짜기 위해 17일 워싱턴에 도착했을 때 트럼프 대통령은 때를 맞춘 듯 "대통령으로서 제1의무는 미국 수호다. 미국을 향해 언제 어디서 어떤 미사일이 발사

돼도 반드시 탐지해 파괴하겠다"고 했다.

북한 핵무기는 대륙간탄도미사일(ICBM)과 결합될 때 미국을 향한 현실적 위협이 된다.

트럼프 입장에선 우선 북한 ICBM만 폐기하거나 현 상태에서 동결(凍結)하기만 해도 "미국 국민을 보호하는 최종 목표에 다가섰다"고 자랑할 수 있게 된 것이다.

또 미국 민주당 출신의 차기 하원 아시아·태평양 소위원장도 "김정은이 모든 핵무기를 포기하리라곤 생각하지 않는다. 정밀한 감시 아래 북한이 제한된 숫자의 핵무기를 갖게 하고 미사일 관련 프로그램을 동결하게 한다면 미국은 더 안전해질 것"이라고 하여 북핵을 인정할 수 있다는 고약한 발언을 한 바 있다. 다만 이런 주장이 민주당의 당론은 아닌 것으로 알고 있으며, 미국 조야는 트럼프나 이들의 주장에 동조하지 않을 뿐 아니라 유엔의 결의가 있어 실망이나 낙망하기에는 아직 이르다고 생각하기도 하지만 뒷맛이 개운치 않다.

그런데, 더 결정적인 문제가 발생하였다. 9월 24일 트럼프 미국 대통령이 유엔총회에서 "글로벌리즘이란 종교는 끝났다"고 하면서, 미국 우선주의와 국익을 위한 정책을 선언함으로써 미국은 이제 더 세계 경찰 노릇은 하지 않겠다고 하였으니 '북핵 폐기'는 물 건너 간 것이 아닌가, 정말 큰 걱정이다. 변덕이 심한 트럼프의 반전에 기대도 해 보지만, 대한민국을 저버리지 않는 하느님의 가호를 빌 따름이다.

★ 결론적으로 북핵폐기 대신 '조선 반도 비핵화'와 '한반도 비핵화'라는 단어로 북핵폐기는 희석되었고, 통일부장관도 남과 북이 사용하는 '한반도 완전 비핵화'와 '조선 반도 비핵화'는 의미에 차이가 있다고 시인했다.

문재인 정권의 대북 정책을 중간 결산해 보면, 사실상 북핵을 인정하고, 한·미 동맹 및 한·일동맹의 훼손, 주한 미군의 위상(位相) 변경 등으로 정리할 수 있어서, 북핵 폐기는 바랄 수 없을 뿐 아니라 한국의 안위를 걱정하지 않을 수 없게 되었다.

가장 우려하는 상황은, 트럼프가 제3차 미·북회담이나 다른 계기에 한국과 협의 없이 북한의 ICBM 폐기나 동결과 북핵 보유를 인정하고, 한·미 동맹과 주한 미군 문제를 협상 테이블에 올려놓을 가능성이 아주 높아졌다는 것이다.

국가 지도자는 자신이 추진한 정책의 의도(意圖)한 결과는 물론 의도하지 않은 결과에 대해서도 무한 책임을 져야 한다. 의도한 결과라면 국민을 속인 것이고, 의도하지 않은 결과라면 무능한 것이다. 국가 안보 문제에서 '기만(欺瞞)'과 '무능'의 죄는 죗값이 똑같다.

문재인은 '핵 없는 한반도'가 눈앞에 다가왔고 한반도에 평화가 온 것처럼 선전하여 국민을 속여 온 것이다.

이제 어떻게 해야 할 것인가?

북핵폐기를 뒤로하고 북한만을 위한 정책으로 나라를 공산화, 연방제 통일을 지향하는 문재인을 하야시키고 문 정권을 무너뜨려 정권을 뺏어 오지 않으면, 대한민국은 북으로 끌려갈 뿐 아무런 일도 할 수 없고 앞날에 희망도 없다.

그런 다음 다가오는 미국 대통령선거에서 트럼프를 낙선시키는데 힘을 쏟아야 할지도 모르며, 만일 트럼프가 재선이 되더라도 변덕스러운 그를 이용할 수 있는 능력을 갖춘 자유대한민국의 우파 대통령이 우리나라를 이끌고 나갈 수 있게 온 국민이 힘을 한데 모아야 한다.

4. 급진적 통일은 대한민국 국민의 재앙

1) 급진적 통일을 반대한다

당초에는 순수한 민족의 열망으로 '남북통일'을 큰 과제로 삼아 '우리의 소원은 통일'이란 노래를 불렀다. 특히 북한과 함께하는 행사 때면 순진한 어린이들, 특히 북한 어린이들이 부르는 이 노래를 들으면 애련한 감상에 빠지기도 하였지만 조금은 공허하게 들렸었다. 남과 북은 분단 후부터 지금까지 통일을 최대의 국가목표로 설정하여 갖가지 정책을 기획하고 추진해왔지만, 대한민국은 '자유민주주의 이념과 시장경제 체제'를, 북한에서는 '공산주의 체제로의 적화통일'을 목표로 추진해왔다. 이렇게 서로 다른 통일목표와 통일정책으로 6·25전쟁을 불러오고 감정의 골은 메우기 어려울 정도로 깊어져 있다.

그러나 지금 북한을 추종하는 세력들이 사회 곳곳에서 "체제와 상관없이 통일만 되면 무조건 좋다"는 '통일지상주의'가 자리 잡아 가고 있어 큰일이다. 방북하여 김일성을 찬양한 사람들은 '통일열사', '통일의 꽃'으로 미화되고, 자유민주주의를 지향하는 사람들은 '냉전 세력', '반통일 세력', '수구꼴통'으로 낙인이 찍히는 세상이 되었다.

2014년 1월 10일 "통일은 대박"이라는 박근혜 대통령의 발언에 대해 민주당 김한길 대표는 "준비된 통일은 대박일 수 있지만, 준비되지 않은 통일은 재앙일 수 있다"고 말했다.

맞는 말이다. 통일을 싫어하는 국민이야 없겠지만 남과 북이 갈라져 70년이 지난 오늘날, 통일이 과연 우리민족에게 무슨 행복을 가져다줄지, 같은 민족이라서 꼭 통일을 해야 하는지 냉철히 생각해 볼 필요가 있으며, 꼭 통일을 해야만 한다는 필요성도 없어진 지 오래다.

김대중은 북한 김정일과 '낮은 단계의 연방제통일'이라는 '6·15공동선언'에 서명했다. 평화통일로 포장된 '연방제통일'이란 결국 북한체제로의 흡수를 의미하는 통일이다. 문재인도 이런 연방제통일을 지향하는 것 같아 경계하고 주시할 필요가 있다.

어떤 통일이든 통일은 오직 흡수통일일 수밖에 없는데, '남북통일'은 어떤 통일을 말하는가?

남한이 북한을 흡수 통일을 하든, 북한체제로 흡수통일이 되든, 한쪽 정권의 권력자들은 모든 권력을 내놓고 군대를 해산하여야 한다. 또 공산 통일이 되면 모든 기업은 국유화가 되고,

국민은 사유재산을 포기해야 한다. 심하게 말하면 어떤 통일이든 통일은 지옥 속에 들어가는 것과 같은 엄청난 고난을 각오해야 할 큰 재앙일 수밖에 없을 것이며, 더구나 공산통일은 상상하기도 싫은 '남북통일'인 것이다.

서울대 경제학부 김병연 교수가 독일통일의 문제점을 분석한 자료를 참조하여, 독일의 통일처럼 남한이 북한을 흡수 통일할 때 발생할 수 있는 문제점을 짚어 본다.

(1) 독일 통일 당시 서독과 동독의 경제력 격차가 크지 않았고 동독은 동구권에서 가장 부유한 나라였다. 이렇게 격차가 적었음에도 서독은 동독에 3000조 원의 비용을 쏟아부어 도와주었고, 이렇게 밑 빠진 독에 물을 퍼부었어도 동독은 여전히 낙후되어 있다.

지금 남한의 경제규모는 북한의 100배도 넘어 동서독 60배보다 엄청 크므로, 낙후된 북한을 남한만큼 잘살 수 있게 하기는 거의 불가능할 것이다. 또 북쪽의 많지 않은 산업시설은 대부분 고철 수준이고, 도로와 철도와 전선 등 사회 기반시설이 엉망일 뿐 아니라, 산에는 나무 한 그루 없는 민둥산뿐이다. 이런 북한을 재건하려면 수십 년 동안 천문학적 비용을 지불해도 재건은 어려울 것이다.

(2) 통일지상주의자들은 통일의 효용가치를 따지는 것을 '매국노'라고 할 정도로 비난하겠지만, 남북통일이 되면 '대박'인가

아닌가를 따져볼 필요가 있을 것이다. 일부 철부지들은 통일이 되면, 북한이 개발한 '핵폭탄'이 우리 것이 되어 핵 강국이 될 거라고 하지만 통일한국에는 핵을 유지할 수도, 할 필요도 없는 '애물단지'가 되어 처리 비용만 엄청 많이 들 것이다. 또 통일이 되면 "국토가 배로 넓어지고 인구도 50%가 증가하여 북한의 풍부한 지하자원과 값싼 노동력을 활용할 수 있어 국력이 늘어나고 강해진다"고 주장하지만, 북한에 지하자원은 좀 있지만 중동의 석유나 한국의 반도체처럼 국력 증가에 큰 도움이 되지 못하고, 북한의 '값싼 임금의 노동력'으로 통일 한국의 경제적 발전에 도움이 될 것이라지만 북한 노동자들은 사회주의 체제의 습성에 젖어 눈치만 빠르지 근로의욕은 거의 없으면서 남한 노동자와 동등한 노임을 요구할 것이다.

특히 남자들은 어릴 때는 집단체조를 하느라 공부는 뒷전이고, 18세부터 30세까지는 군복무 때문에 모두 무식쟁이가 되어, 기초적인 영어와 외래어도 모르므로 통일 사회에서 북한출신은 대부분 저임금을 받는 사회 하층민이 될 것이 틀림없다. 이들이 일자리를 찾아서 대거 남하하여 남한에 실업자가 넘쳐 큰 문제를 일으킬 뿐이다. 수도권에 북한지역 주민들이 수만 명만 늘어나도 수도권은 마비되고 말 것이며, 지금도 부족한 '일자리'로 어려운데 실업자만 더 늘어 사회갈등, 범죄발생만 더 늘어나 우리나라에 해악만 끼칠 것이다.

(3) 같은 민족이라고, 또 한때 같은 나라였다고 꼭 통일하여 합

쳐야 할 이유도 없다.

지금 남쪽의 종북 좌파와 북조선은 '우리끼리'를 외치지만, 한 민족이면서 다른 나라로 살고 있는 나라들이 얼마든지 있으며, 한때 같은 나라였다고 통일국가가 되어야 한다는 법도 없다. 독일과 오스트리아는 같은 게르만 민족이지만 따로 잘살고 있으며, 한때 같은 나라였던 독일, 오스트리아, 룩셈부르크, 스위스, 리히텐슈타인 등도 각각 독립국가로 남부럽지 않게 서로 떨어져 잘만 살고 있다.

남한이 북한을 흡수통일을 하면 남한 국민들은 천문학적인 통일비용을 껴안고, 많은 세금을 내면서도 복지는 대폭 줄여야 하는 고통을 수십 년간 받아야 할 것이고, 북한 쪽 국민들은 사회의 빈민계층이 되어 남한 쪽 사람들과의 현격한 차별에 대한 불만으로 격렬한 저항과 사회갈등, 정치 불안을 일으킬 것이다. 따라서 북조선을 억지로 병합하여 불안정한 통일국가로 만들어야 할 이유가 전혀 없는 것이다.

"급진적이든 점진적이든 통일 그 자체를 반대한다"는 김 교수의 주장에 일부 동의하지만, 먼 훗날 통일 여건이 성숙되어 통일에 대한 준비가 되었을 때는 반드시 통일이 되어야 할 것이다. 그러나 통일준비가 안 된 현재 상태에서 통일이 된다면 북한 쪽은 대박일지 모르지만, 우리 대한민국의 국민들은 졸지에 거지 신세가 되어 쪽박을 찰 것이고, 통일 그 자체가 재앙이 되는 것이다. 따라서 성급한 통일은 절대 반대이고, 훗날에도 이를 감당할 국가 역량이 안 되면, 억지 통일은 하지 않아도 될 것이다.

그러면 지금 남북은 각각 어떻게 살아가야 한다는 것인가? 우리 대한민국은 지금처럼 살아가면 되는 것이고, 북한은 먼저 과감하게 '핵 폐기'를 한 다음 중국이나 베트남처럼 개혁개방을 통한 시장 경제를 수용하여, 당당한 무역 국가로 거듭나서 전 세계의 인정을 받고, 대한민국과는 대등한 입장에서 거래를 하자는 것이다.

따라서 한국과 북조선은 엄연한 독립국가로서 북한에 퍼주기는 더 이상 없어야 하며, 다만 북에서 생산하는 저가제품을 남에서 수입해 주고, 북한을 현재의 중국이나 베트남처럼 우리의 생산 기지로 활용하여 서로 윈윈하는 국가 대 국가로 무역을 하면서 살면 되는 것이다.

2) 연방제 통일의 심각한 위험성

한국은 전 세계 200여개 국가 중에서 같은 민족으로서 국토가 분단된 유일한 나라이고, 이 분단으로 이산가족들은 통일을 기다리면서 기다린 세월이 벌써 70년을 훌쩍 넘었다.

통일이 되어야 할 이유는 이산가족 문제 외에도 다음과 같다.

첫째, 동일한 역사와 혈연을 가진 민족은 통일되는 것이 정상이다. 남한과 북한은 같은 배달민족으로 같은 역사를 공유한 공통점을 갖고 있다.

둘째, 통일된 국가라야 6·25 같은 동족상잔의 전쟁의 위협이 없어진다. 남북이 분단된 이후 지금까지 "서울 불바다" 같은 북한의 도발을 끊임없이 받아 왔으며, 더구나 요즘 같은 핵 개발과 각종 탄도미사일의 위협에서 벗어날 수 있다.

셋째, 통일이 되면 여러 가지 경제적 효과를 기대할 수 있기 때문이다.

인구 7500만 명의 국가로 규모가 커질 뿐 아니라, 국방비 지출을 줄일 수 있고, 북한의 지하자원과 저임금을 활용하여 경제대국으로 발돋움할 수 있게 된다.

그러나 가장 중요한 문제는 어떤 통일인가, 즉 통일방식이 가장 큰 문제이다. 우리나라의 통일 방식은 '①남한의 자유민주 국가로 북한을 흡수하는 통일 방식'과, 반대로 '②북한공산주의 국가로 남한을 흡수 통일하는 방식', 두 가지 방식의 중간단계인 '③연방제 통일 방식' 등이 있는데, 이 연방제 통일에는 국가연합을 지향하는 '낮은 단계 연방제 통일 방식', 심지어 '고려연방제'란 어휘도 등장하였다.

따라서 남한과 북한이 '우리의 소원은 통일'이란 노래를 합창하고 있지만, 서로 자기 정부의 흡수통일을 염두에 두고 하는 노래이니 합창이 아닌 것이다.

대한민국에서 남북이 통일되어야 한다는 원론에는 동의하지만 각론은 달라서 자유우파는 북한을 흡수통일할 것을 주장하고, 진보좌파는 연방제통일을 주장한다. 물론 위에서 말한 통일이 필요한 이유도 대한민국의 북한 흡수통일을 염두에 둔 애기인 것이다.

한국기독교학술원 이정훈 박사는 "이념이 다른 국가 간의 연방국가 성립이 과연 가능한지 묻지 않을 수 없다. 이념, 체제, 목적이 다른 두 국가가 어떻게 통일을 한다는 것인지 의문이다"라며 "북한의 관심은 남북 교류·협력이 아니라 낮은 연방제 단계에서 구성되는 동수의 최고회의 설립에 있다"고 했다.

이어 "그 단계까지 가게 된다면 대한민국은 우리보다 훨씬 우세한 북한의 협상 및 투쟁 전술에 밀려 결국 멸망의 길을 걷게 될 것이 자명하다"며 "북단국들의 통일 사례를 보더라도 남북이 논하는 평화적이고 합의에 의한 통일의 경우는 인류 역사상 없었는데, 마치 남북 간에는 가능한 듯이 국민을 호도하는 일부 정치인들이 통일함정에 빠지지 않을까 걱정이다"라고 말했다.

이 박사는 "분단국들의 통일사례를 보더라도 지금까지 나온 방식은 실효성이 없을 뿐만 아니라 위험한 부분도 많다"며 "통일방식은 결국 흡수통일 한 가지뿐이다"라고 했다.

그는 "남북이 베트남처럼 무력으로 통일을 이루는 것은 너무나도 큰 비용을 치러야 하기 때문에 현명한 선택이 아니다"며 "그렇다고 해서 예멘처럼 합의에 의한 통일을 했다가는 더 큰 재앙을 부를 수 있어 이 방법 역시 기피해야 한다"고 말했다.

그러면서 "결국 독일통일 사례만이 우리가 벤치마킹할 수 있는 유일한 모델이다"며 "그러나 동독과 같이 북한에서의 민주혁명을 기대하는 것은 결코 쉬운 일이 아니다"라고 했다.

문재인 대통령이 더불어민주당 대선후보 때인 2011년 2월 11

일에 '한국일보'와 가진 인터뷰에서 한반노 통일문제와 관련하여 "김대중, 노무현 정부를 거치면서 '국가연합' 혹은 '낮은 단계의 연방제'에 이를 수 있다는 희망을 품을 정도가 됐다"고 말했다. 또 "낮은 단계의 연방제는 우리가 주장하는 국가연합과 거의 다르지 않다고 생각한다"고 밝혔다.

당시 대선후보 토론회에서 유승민 바른정당 후보는 "김대중 정부 당시 개최된 6·15 정상회담과 관련해, 문 후보가 '국가연합론'과 '낮은 단계의 연방제'를 여러 번 섞어서 썼다"고 지적하면서 "낮은 단계의 연방제 통일에 찬성하는가?"라는 질문에 문 후보는 "두 안(案)이 다르지 않다고 생각한다"고 답변했다. 결국 찬성한다는 말이다.

여기서 거론되는 '국가연합'과 '낮은 단계의 연방제'의 어원은 2000년 김대중 전 대통령과 북한의 김정일이 6·15남북선언 2항에서 "남측의 '(국가)연합' 제안과 북측의 '낮은 단계의 연방제'는 공통성이 있어서 이를 지향한다"는 데서 시작되었으며, 2007년 노무현과 김정일 간의 10·4선언 1항에 "위의 공동선언을 고수하고 구현한다"면서 '낮은 단계의 연방제' 안이 문재인 정부까지 이어져 오고 있는 것이다.

여기서 연방제에 대해 낮은 단계든 높은 단계든 큰 함정이 있다는 것을 우리나라 좌파 정치인들이 모를 리 없다. 그것은 북은 1960년대부터 연방제 통일을 주장해왔는데 그것은 주한미군을 한국땅에서 몰아내기 위한 작전일 뿐인 것이다. 어쨌든 낮은 단계일지라도 연방제가 되면 하나의 국가가 되는데, 말하자면 남과 북이 하나의 국가가 되었는데 미군이 존재해야 할 이유가 사라지게 되는 것이다. 그래서 미군이 나가고 나면 남한의 좌파와 북한이 손을 잡고 적화통일을 하는 것은 식은 죽 먹기나 다를 바 없다. 이 경우 전통적으로 좌파는 단결이 잘되어 일관된 하나의 전략전술로 나오지만 우파는 하나로 뭉친다거나 하나의 전략으로 싸우기가 극히 어렵다. 그 예가 바로 베트남 통일이다. 그렇다고 한번 나간 미군이 다시 들어올 수도 없다. 이제부터는 한 국가 내에서의 내전이므로 내전에 간섭할 수 없기 때문이다. 이것이 이른바 공산주의 전문가들이 그토록 경계하는 통일전선전술인 것이다.

그럼에도 불구하고 '국가연합'과 여기서 거론되는 '낮은 단계의 연방제 통일 방식'의 두 안은 다르지 않다면서 결국 북한이 주장하는 통일방식을 선거공약으로 내세웠고, 이 통일방식은 공산화의 지름길로서 문재인은 적화통일을 추구한다는 의구심을 지울 수가 없게 한 것이다.

미국의 고든 창은 "문재인 주변은 연방제를 추구하는 '주사파(jusapa)'로 가득차 있다. 김정은이 역사적인 적화통일을 목전에 두고 있다고 망상에 빠지게 된 것은 별로 놀랄 일은 아니다"라면서 "왜냐하면 김정은 입장에서는 한국에 종북 주사파 세력으로 둘러싸인 문재인 같은 동조자가 있기 때문"이라고 지적했다. 가장 위험한 대목은, 문재인의 개헌안이 겉으로는 권력의 분권화를 추구하는 무해한 것으로 보이지만, 속으로는 북한의 '낮은 단계 고려연방제 통일(Goryeo Federation, with a low-level federation)' 체제와 융합을 목표로 하고 있다는 것이다.

이 고려연방제를 완성시키기 위해서 문재인은 '풀뿌리 민주주의를 통한 독립적인 분권화(grassroots democracy through autonomy)' 개념을 동원해 대한민국을 최소 243개 시, 군, 구 단위의 연방으로 분할시켜, 독자적인 지방 정부를 구성토록 하는 일을 추진하고 있다"는 것이 "문재인은 적화통일 정책을 지향하고 있다"는 증거가 아닌가 하는 것이다.

결론적으로 '연방제 통일'(구체적으로 고려연방제 통일)이란 북한이 주장하는 통일론으로, 문재인 정부의 정책과도 같다면 이 방식은 공산통일로 가는 지름길이므로 이를 철저히 막아야 하며, 대한민국 국민들은 자유민주국가로 북을 흡수 통일 방안을 고수해야 하는 것이다.

이 시점에서 남북통일이란 아주 어렵고 많은 난관과 시간이 필요한 난제(難題)라서 서두를 필요가 없을 뿐 아니라 특히 공산화통일은 우리 대한민국 국민들을 '지옥으로 내던지는 것'이고, 급진적인 북한 흡수통일도 '국민의 재앙'이란 말도 명심해야 할 것이다.

5. 비관적인 한국경제 전망

1) 한국의 심각한 경제위기

　세계적인 경제 전문가들이 한국이 심각한 경제위기로 국가가 붕괴될 수 있다는 경고를 하고 있다. 무디스를 비롯한 주요 경제기관은 한국의 성장률이 잠재성장률에도 못 미칠 거라는 전망을 내놓고, 김광두 국민경제자문위원회 부의장은 투자 부진 및 제조업 경쟁력 하락을 이유로 "경제의 뿌리가 흔들리고 있다"는 경고의 말을 하였다.

　장하준 영국 케임브리지대학 경제학 교수는 2018년 11월 29일 조선일보와의 인터뷰에서 "한국경제의 현 상황이 '국가비상사태'로서, 문재인 정부가 상황이 얼마나 심각한지 받아들이는 게 첫째 해결 방안이고, 평등하게 돈을 나눠 쓰자는 현 정부 복지정책에 문제가 있다"고 말했다. 또 그는 "좌파는 최저임금에 집착하고 우파는 규제완화에 집착하고 있다", "중국에 대한 경계심을 더 높여야 한다"고 강조하며, "노동자는 파업을 자제하는 기본적인 협약을 해야 한다"고 했다. 그러기 위해선 필자의 생각으로 거대한 민노총부터 줄이는 것이 우선하는 과제가 아닐까 생각해 본다.

　각 기관과 단체의 올해 한국경제성장률 전망치를 살펴보면 (더 하향될지 모르나 7월 현재)

징부 전망치 : 2.4~2.5%

한국은행 : 2.9% → 2.7% → 2.5%

통화당국 : 2.5% → 2.2%

JP모건 : 2.2% → 2%

다른 경제 전문가와 기관들 : 1%대로 어둡게 본다.

유럽과 미국의 저명한 경제학자들은 한국경제가 향후 2~3년을 버티기 힘들 거라고 전망한다.

문재인 정권에 아부하는 원전 관련 기관이나 앵무새 같은 자들이 세계에서 가장 안전하고 황금알을 낳는 원전을 폐기하자는 문재인 정권의 '탈원전 정책'에 동조하며 전임 이명박 박근혜 정권 때 체결해 놓은 수백조 원의 원전수출 MOU까지 이미 무용지물(無用之物)로 만들고 말았을 뿐 아니라 원전건설기반 자체가 무너지고 있다.

친노동 반기업 정책으로 대기업과 재벌을 적으로 간주하여 해체하려는 문재인 좌파 정권이 집권하는 동안에는 대한민국 경제가 살아날 희망이 거의 없다고 내다본다. 정부가 고집하는 '원전 폐기 정책'과 '재벌기업 해체작업', '소득주도 성장'의 한 축인 '최저임금의 급격한 인상'으로 자영업자와 중소기업들의 어려움이 현실화되고, 근로시간이 줄어들고 일자리가 없어지고 노사 간의 갈등은 더욱 심해지고 있는 상황에다, 대학을 나온 청년 고급실업자 수가 이미 125만 명을 넘은 심각한 국가적 실업대란이 왔다.

무디스와 세계의 경제전문가들은 "문재인 정권이 계속 집권하는 한 대한민국의 경제위기는 향후 3년 이내에 외환보유고가 완전 바닥나고, 지난 IMF 때보다 훨씬 더 엄청난 쓰나미급의 IMF가 들이닥칠 것"이라는 매우 비관적 진단을 하였다.

어떤 험한 결과를 보고 나서야 현 정권은 잘못을 시인할까?

물론 전 정권 탓, 세계경기불황 탓만 하겠지만, 그땐 이미 배 떠난 뒤 손 흔드는 꼴이다.

미국 트럼프에게 찍힌 문재인 정부에 대한 미국의 경제압박과 보복관세 폭탄으로 이미 자동차와 전자제품 등의 수출부진에 영향을 미쳤고, 그와 더불어 반도체 등 효자종목을 포함한 많은 품목이 수출부진에 허덕이고 있으며, 미국의 보복관세 장벽으로 인한 대미수출 감소율이 2017년 이후 내리 연속 급속도로 하강하고 원화가치가 폭락하고 있다.

더 심각한 문제는 문재인 정권의 반일 정책으로 박근혜 정권 때 일본과 합의한 '위안부합의'를 일방적으로 파기하고, 또 최근 한국 대법원의 '강제징용자 보상판결' 등으로 일본을 자극하자, 일본은 자국에 의존하던 반도체 관련 소재의 수출규제를 가해 한국 반도체 업체에 이미 상당한 피해를 주고 있다. 더 나아가 백색국가(白色國家 : 수출 우대국)에서 제외하고 규제도 하게 되었기 때문에 다른 요인들과 함께 한국경제에 치명타를 가져오고 국가부도사태까지 우려할 만한 상황이 될 수도 있어, 양국 협상으로 한국 정부는 결자해지의 결단을 하고 일본은 양보를 하여 원만히 해결되기를 간절히 바랄 뿐이다.

2) 반 기업 정책으로 한국 떠나는 기업들

현 정부의 반기업(反企業) 정서와 대기업 적대시(敵對視)에 기조를 두고 있는 경제정책 때문에 중소기업은 사라지고, 대기업은 명맥을 유지해도 위축되어 활력이 떨어지고 있다.

손경식 한국경영자총협회(경총) 회장은 "기업인은 회사가 언제 망할지 모른다는 위험을 안고 경영하는 사람이고 정부는 이런 기업인들이 기업가정신을 되찾을 수 있도록 북돋워주는 역할을 해야 한다"는 옳은 말을 했다. 경제가 활력을 얻으려면 기업은 활발하게 투자를 해야 하고 정부는 기업이 열심히 뛸 수 있는 환경을 조성해 주어야 하는데, 현 정부의 정책은 한술 더 떠서 최저임금 인상, 52시간 노동, 법인세 인상 등 기업부담만 늘리는 반 기업적, 반 시장적 정책으로 기업의 의욕만 꺾고 있는 것이다.

문재인 정권은 대기업을 '적폐 세력'으로 몰아 5대 그룹 중 4명의 오너가 감옥에 갔다 왔고, 10대 그룹의 오너 60%가 전과자가 되었다. 여기에다 기업 망신주기와 압수수색이 무한히 반복되어 삼성 100여 회, 대한항공 25회 등으로 못살게 굴었고, 반 기업 정책으로 온전한 대기업을 찾아보기 어렵게 되어가고 있다.

특히 삼성이란 기업은 한국에서 어떤 존재인가?
삼성의 매출은 국내총생산(GDP)의 10%가 넘는데, 글로벌 시장에서 전체 이익의 80%를 벌어 법인세를 대한민국 정부에 납부하고 있다. 이 황금알을 낳는 삼성그룹을 공정거래위원회, 금융위원회, 고용노동부, 검찰들이 돌아가며 괴롭히고 있으며, 결국 삼성이 문 닫기를 바라는 것처럼 2년 동안 100여 회에 걸친 압수수색(회장 자택 등 150여 곳)으로 기업경영의 의욕을 철저히 꺾어버리고 있다. 참으로 나라의 앞날이 큰 걱정이다.

롯데그룹은 신동빈 회장을 수시로 구속하여 경영을 어렵게 하고, 또 현대차는 엘리엇펀드의 공격에 시달리지만 정부는 구경만 하고 있고, 국민연금기금을 이용하여 경영권을 위협한다. 제철소 고로를 멈춰 세우면 8000억 원의 손실을 가져올 수 있는데 산업 안전을 이유로 툭하면 공장을 멈출 수 있는 규제를 강행하고 있다.

이런 여건에서 고전하는 기업에 대해 "기업의 이익을 강제적으로 협력업체와 나누라"는 시장경제 원리를 무시하는 '협력이익공유제'를 법제화하겠다는 이 정부는 기업을 도와주지는 못할망정 기업을 말려 죽이려는 저승사자 같은 조치로 인식되게 만든다. 대기업을 옭아매는 지주회사 규제 등 정부의 기업규제 정책으로 한국 경제의 현재는 불황을 가져오고 미래에는 희망을 꺾어버리는 현실이 안타까울 뿐이다.

과도한 상속세는 100년 전통의 기업은 꿈도 못 꾸게 만든다. 무엇보다 대기업은 물론 경쟁력 있는 명문 우량 중소기업들의 명맥이 끊어지게 된다. 기업을 키울수록 경영권승계는 어렵게 돼 있어 중소기업 경영자 대부분은 기업을 키울 생각보다 매각을 생각하게 된다.

또 기업가들 사이엔 하루빨리 사업을 접고 대신 부동산에 돈을 묻어둔 채 세계 여행이나 다니며 편하게 사는 게 꿈이라고 할 정도로 기업에 대한 의욕조차 상실했다는 것이다. 그 예로 밀폐용기 개발로 유명한 '락앤락' 회장은 기업승계 대신 홍콩업체에 매각하고, 그 대금으로 베트남에 빌딩을 짓는다고 하고, 또 19년간 일군 토종 화장품 AHC의 창업주인 이상록 카버코리아 전 회장은 AHC가 중국에서 대박을 치자 바로 미국계 사모펀드인 베인캐피털에 1조 원을 받고 팔아 그 돈으로 서울 강남의 비싼 땅을 샀단다. 이뿐 아니라 2001년 창업한 보톡스 벤처인 휴젤도 베인캐피털에 1조 원을 받고 팔았는데 이 회사들은 모두 해외에서 많은 매출을 올리는 알짜 '글로벌' 기업들이었다.

문재인 정권이 출범한 지 2년이 지난 현재, 세계경제는 골드만삭스의 표현대로 "이보다 더 좋을 수 없다"고 할 정도로 10년 이래 최고의 호황이라는데, 대한민국은 이 호황을 맞고 있는 국가들의 경제정책과 역으로 친 노동, 급격한 최저임금 인상, 주 52시간 강행, 최고의 법인세, 비정규직의 정규직화, 징벌적 상속세 등등의 반 기업 정책으로 실업률은 17년 만에 최고로 높고 경기는 최악으로 치달아 기업들은 창업이나 투자는

커녕 오히려 기업을 팔아치우거나 축소하다가 드디어 기업도, 사람도, 돈도 모두 한국을 떠나고 있다.

그동안 한국은 반도체 특수와 수출호조로 경제를 지탱해 왔지만 반도체 값이 폭락하고 수출도 부진하기 시작하였고 미국과 중국의 무역전쟁으로 세계 경제도 얼어붙고 있는데다 한·미 간, 한·일 간의 분쟁으로 한국 경제가 살아날 희망이 당분간 없어 보인다. 어쩌면 일본처럼 '잃어버린 10년, 20년'이 찾아올지도 모르는 현실에 처해 있다.

이제 정부에서는 위에서 지적한 대로 우리경제의 망가진 원인과 기업이 활기를 잃은 이유를 확인하여 경제정책의 방향을 크게 바꾸지 않으면 안 될 중대 기로에 서 있다. 성장의 동력은 소득이 아니라 생산성이라는 경제 이론에 따라 '소득주도 성장정책은 실패'라는 사실을 받아들여 과감히 폐기하고, 탈원전 정책도 과감히 버리고 미래의 먹거리인 원자력발전의 수출에 힘을 쏟아야 하며, 특히 민노총과 거리를 두어 노동시장의 유연성을 높이는 친기업적 정책으로 바꾸어 기업을 살려야 한다. 기업이 살아나야 성장의 동력이 살아나고, 기업이 활기를 찾으면 투자가 늘고, 투자가 늘어 기업이 늘어나면 제대로 된 일자리가 창출되어 소득이 늘어나 경제가 살아날 것이다.

현 좌파 정부에 이런 주문을 하는 필자도 잘 해결되기를 간절히 바랄 뿐이다.

3) '평화경제'는 북한 현실을 모르는 얼빠진 정책

문재인이 대통령에 취임하자마자 '소득주도 성장'이란 족보에도 없는, 아니 문재인의 족보에만 있는 정책을 내놓고 최저임금의 급격한 인상과 주 52시간 근무의 강제로 서민들의 생업을 망치고 대기업을 옥죄어 일자리를 없애더니, 이번에도 또 그의 족보에만 있는 정체불명의 '평화경제'를 들고 나왔다. 북에서 "삶은 소대가리가 웃을 일"이란 소리를 듣고도 북한과 엮은 해괴한 용어를 들고 나온 것이다. '전시경제'라는 말은 들어봤어도 '평화경제'는 무슨 말인지 모르겠다. 경제가 좋아지고 국력이 튼튼해야 평화가 찾아오는 것인데, 평화가 생겨나면 경제가 좋아진다는 이치가 맞지 않는 궤변을 늘어놓고 있는 것이다.

지난 8월 5일 청와대 회의에서 문재인 대통령이 일본의 화이트리스트 한국 배제에 대한 대처방안으로 아래와 같은 발언을 하였는데 그 요지는 이렇다. "이번 일을 겪으며 평화경제의 절실함을 다시 한 번 확인할 수 있었다. 일본경제가 우리 경제보다 우위에 있는 것은 경제 규모와 내수 시장이다. 남북 간 경제협력으로 '평화경제'가 실현된다면 우리는 단숨에 일본을 따라잡을 수 있다."

이 무슨 허황되고 말도 되지 않는 망발이고 망상인가? 북한과의 협력으로 펼치려던 평화쇼가 먹히지 않자 이번에는 반일감정으로 교묘히 국민을 선동하는데, 무언가 꼼수가 있지 않으면 이렇게까지 무례하고 말도 안 되는 반일 캠페인을 무리하게 벌이지는 않을 것이라고 짐작은 했었다. 일본을 뺀 자리에 북한을 끼워 넣어 소위 '우리민족끼리의 경제 영토' 를 넓히겠다는 실로 말도 안 되는 발상을 내놓은 것이다.

세계 최빈국 북한과 합작으로 무엇을 하자는 것인가? 일본을 따라잡는다고? 일본경제가 우리 경제보다 우위에 있는 것은 '경제 규모' 와 '내수 시장' 이라 하였는데, 남북이 합작하여도 일본의 경제 규모를 따라잡기는 불가능하며, 내수 시장은 인구도 일본보다 적고 거지와 다름없는 북한 사람들의 구매력을 합쳐 일본을 능가한다는 말은 새빨간 거짓말이다. 과학과 기술이 부족한 남북이 인건비만 따먹는 개성공단 같은 사양산업 단지를 아무리 많이 조성한다 해도 최첨단 일본 과학과 기술로 무장한 일본경제를 단숨에 따라잡는다는 근거는 무엇인지 참으로 궁금하다. 온 국민을 속이는 헛소리일 뿐이다.

북한 조국평화통일위원회 대변인은 8월 16일 다음과 같은 요지의 담화로 화답하였다.

"남조선당국자의 '광복절 경축사' 에서 섬나라 족속들에게 당하는 수모를 씻기 위한 똑똑한 대책이나 타들어가는 경제상황을 타개할 뾰족한 방안도 없이 말재간만 부리였으니 '허무한 경축사', '신구호의 라렬' 이라는 평가를 받을 만도 하다. 한마디 짚고 넘어가지 않을 수 없는 것은 남조선 당국자가 최근 북조선의 몇 차례 '우려스러운 행동' 에도 불구하고 대화분위기가 흔들리지 않았다느니, 북조선의 '도발' 한 번에 조선반도가 요동치던 이전의 상황과 달라졌다느니 뭐니 하면서 '광복절' 과는 인연이 없는 망발을 늘이놓은 것이다. 남조선 당국자의 말대로라면 저들이 대화분위기를 유지하고 북남협력을 통한 평화경제를 건설하며 조선반도 평화체제를 구축하기 위해 노력하고 있다는 소리인데, '삶은 소대가리도 앙천대소' 할 노릇이다.

지금 이 시각에도 남조선에서 우리를 반대하는 합동군사연습이 한창 진행되고 있는 때에 대화분위기니, 평화경제니, 평화체제니 하는 말을 과연 무슨 체면에 내뱉는가 하는 것이다. 정말 보기 드물게 뻔뻔스러운 사람이다.

아래 사람들이 써준 것을 그대로 졸졸 내리읽는 남조선당국자가 웃겨도 세게 웃기는 사람인 것만은 분명하다. 북쪽에서 사냥총소리만 나도 똥줄을 갈기는 주제에 애써 의연함을 연출하며 북조선이 핵이 아닌 경제와 번영을 선택할 수 있도록 하겠다고 력설하는 모습을 보면 겁에 잔뜩 질린 것이 력력하다.

력사적인 판문점선언 리행이 교착상태에 빠지고 북남대화의 동력이 상실된 것은 전적으로 남조선 당국자의 자행의 산물이며 자업자득일 뿐이다.

남조선 당국이 이번 합동군사연습이 끝난 다음 아무런 계산도 없이 계절이 바뀌듯 저절로 대화국면이 찾아오리라고 망상하면서 앞으로의 조미대화에서 어부지리를 얻어 보려고 목을 빼들고 기웃거리고 있지만 그런 부실한 미련은 미리 접는 것이 좋을 것이다.

두고 보면 알겠지만 우리는 남조선 당국자들과 더 이상 할 말도 없으며 다시 마주앉을 생각도 없다."

이런 모욕적인 말을 듣고도 한마디 항의나 반박도 못 하고 목을 늘어뜨리고 북한의 처분만 기다리면서, 19일 수석보좌관회의에서 "평화경제는 우리 미래의 핵심적 도전이자 기회"라며 "지구상 마지막 남은 냉전체제를 해체하고, 평화와 번영의 새 질서를 만드는 세계사적 과업이자 한반도의 사활이 걸린 과제"라고 하였다. 또다시 '평화경제'라는 말을 언급하는 쓸개 빠진 문재인이 딱하기만 하다. 한 번 꽂히면 어떤 수모도 무릅쓰고 밀어붙이는 미련함인지 똥고집인지 정말 한심한 인간이라고밖에 할 말이 없다.

이 평화경제에 대해 야당 정치인들이 일제히 다음과 같이 비판했다.

※ 나경원 자유한국당 원내대표는 8월 6일 원내대책회의에서 문 대통령의 '남북한 경제협력' '평화경제' 발언에 "소가 웃을 일"이라고 말했다.

"(문 대통령은) 반도체 · 바이오 · 자동차 등의 첨단 산업과 전혀 관계없는 북한과의 경협이라는 너무 엉뚱한 솔루션을 가지고 나왔다. 상상 속 희망과 실현 가능한 대안을 구분하지 못하고 있다. 결국 '북한 퍼주기 구실을 만들어 버렸다'라는 그런 비판이 가능하다. 묻고 싶다. 지금 청와대는 이러한 것에 대해서 계속해서 '뭐가 문제냐' 는 식으로 엄중한 현실마저 부정하고 있다. 모래 속에 머리를 박은 타조 같은 어리석은 모습이다. 그리고 그 와중에 나온 내안은 '우리민족끼리 잘해보자'는 북한 중독이다. 결국 또 북한인가, 북한 말고는 할 말이 없는가, 정말 국민들은 허탈해 하고 헛웃음을 보인다. 안보도 우리민족끼리, 경제도 우리민족끼리, 신쇄국주의로 정말 대한민국을 구한말 조선으로 만들 것인지 묻고 싶다."

※ 황교안 자유한국당 대표도 같은 날 경북 영천의 농가에서 지역주민들과의 간담회를 마친 후 기자들과 만난 자리에서 "문재인 대통령은 남북경협이 잘되면 평화경제로 일본을 따라잡을 수 있다고 말했다. 그러나 바로 하루 만에 북한에서 미사일 도발을 했다. 미사일을 쏘는 사람들과 어떻게 경협을 한다는 말이냐"라며 "대통령이 현실성 없는 환상에 빠져 있다. 정말 어처구니없는 생각이다. 정말 남의 이야기를 하는 것 같다. 남의 이야기라도 맞는 이야기를 해야 하는데 국민들 분통 터지는 이야기만 하고 있다"고 발언했다.

※ 유승민 바른미래당 의원은 페이스북을 통해 "지금 대통령이 허풍이나 칠 때인가?"라며 "일본의 경제보복은 아직 시작하지도 않았다. 일본의 보복이 시작되면 우리의 주력 산업들, 수많은 기업들과 국민들이 어떤 위기를 겪을지, 그 위기가 얼마나 오래갈지 모르는 마당에, 북한과 협력하면 일본을 단숨에 따라잡는다느니 대체 어떻게 이런 황당한 생각을 할 수 있는가?"라고 했다. 이어 "지난 2년간 소득주도성장이라

는 사이비 이론에 빠져 우리 경제를 망쳐놓더니, 이제는 평화경제라는 황당한 발상으로 일본을 이기겠다는 말인가"라고 비판했다.

※ 하태경 의원도 페이스북 게시글에서 "문 대통령의 몽상가적 발언에 북한이 '꿈깨시라' 면서 새벽에 미사일로 직접 화답했다"며 "일본과 경제전쟁 여파로 주가는 폭락하고 환율은 폭등하고 있고, 북한은 연이어 미사일에 방사포를 쏘아 대는데, 대통령은 대북 평화경제라는 한심한 이야기나 하면서 뜬구름만 잡고 있다. 문 대통령은 더 이상 조롱거리가 되지 않으려면 대북 평화경제 발언을 즉각 철회하라"고 했다.

6. 터무니없는 정책들

1) '탈원전 정책'은 공론화를 통해 폐기해야 한다

"월성1호기 조기 폐쇄를 고발한다"는 조선일보의 기사를 읽고 공감하면서 천안의 한 독자가 울분을 참지 못하고 한 말씀 드립니다.

문재인 대통령 당선 통지서 잉크가 채 마르지도 않았는데 '탈원전'을 공약이라면서 느닷없이 신고리 원전 5·6호기 건설을 중단시켜 1200억~1800억 원의 큰 손실을 안겼다는데, 이 손실은 누가 보상하며 책임은 누가 어떻게 집니까?

또 한수원 전 이사회는 2015년 월성원전 1호기 수명을 연장하기 위해 7000억~7200억 원을 투입하여 수리하기로 의결하여 수리를 완료하였고, 이번 2018년 이사회에서는 수리한 월성 1호기를 폐쇄키로 의결하였다니, 전 이사회나 불과 3년 후 정권이 바뀌자 이를 번복한 현 이사회 어느 쪽 판단이 잘못인지를 확실히 가려서 책임을 묻고 변상을 하도록 해야 옳을 것입니다. 그 금액이 서민들 입이 딱 벌어질 액수인 7억 원도 아니고 무려 7000억 원이라고 하여 놀라 자빠질 지경이었는데, 이 원자로의 조기 폐쇄로 1조 원 이상의 손실이 예상된다니 먼저 벌어졌던 입이 다물어지지 않는 액수입니다.

다행히 '한반도 인권과 통일을 위한 변호사 모임'에서 현 이사들을 검찰에 고발하였다니 그 결과를 주목하면서 부디 양심적이고, 정권 눈치 안 보는 검찰관과 재판관들의 현명한 판단을 기대해 봅니다.

이보다 더 분통 터지는 일은 이승만 대통령으로부터 지금까지 원자력 발전에 대한 연구와 노력으로 세계에서 가장 안전하다고 인정받는 원전의 수출길이 막히게 되어 엄청난 국익을 내팽개치는 일입니다.

비유를 들어 말하자면, 천안명물 호두과자가 맛있다고 소문이 났고 천안에서는 호두과자 공장이 여기저기서 호황인데, 신임 시장이 "호두과자를 먹다 식중독이 걸려 죽는 영화" 한 편을

본 다음, 잘 알아보지도 않고 완공을 앞둔 5, 6호 두 집의 공사를 중단시켰다가 반대 여론에 공사를 재개하게 하였고, 이미 허가된 4개 공장은 허가 취소하고, 30년 된 1호 공장은 7000만 원을 들여 기계와 공장을 새롭게 정비하여 영업을 막 재개했는데, 느닷없이 '영업정지'를 시키고, 천안의 호두과자 씨를 말리기로 작정한 정책을 밀어붙이고 있다고 합시다.

그러면서 이웃 시장과 도지사에게 "천안 호두과자 맛있으니 그 기술과 장비를 사가라"는 것과 다를 바 없습니다.

대통령 후보시절의 많은 공약 모두가 옳은 것이 아니니 현실에 맞지 않는 공약은 폐기해야 하며, 그중에 국익과 밀접한 중대 사항은 전문가들의 공청회를 열어 신중히 처리하여야 함에도 불구하고 많은 전문가들이 지적하는 문제투성이의 '탈원전 정책'은 누구를 위해 고집을 부리는지 알 수 없습니다. 혹시 있을 치명적인 사고위험 때문이라면 같은 위험의 비행기와 고속열차도 모두 폐기해야 하지 않습니까? 이런 엉터리 정책결정은 훗날 정권이 바뀐 후 틀림없이 검찰의 칼날을 비켜갈 수 없을 것입니다.

터무니없는 영화나 헛소문으로 가장 깨끗하고 가장 경제적인 '원전'을 원수처럼 생각해 내치고, 미세먼지의 주범인 '화력발전'과 의심스런 값비싼 LNG가스발전'을 더 많이 늘리고, 비좁은 국토에 태양광 발전, 바람도 신통치 않은 환경에 '풍력발전' 등 우리나라 국토 환경에 맞지 않을 뿐 아니라 경제성이 형편없고 터무니없는 짓만 골라 합니다. 원전의 우수한 인력과 기술을 고사시키고, 일자리를 축소시키는 어리석은 정책은 하루속히 폐기해야 합니다.

　신고리 원전 5·6호기 공론화위원회의 위원들이 원자력 전문가들의 설명을 듣고 '계속건설'을 결정하였듯이 '탈원전 정책'에 대한 공론화를 통해 전문가들의 부당성에 대한 설명을 듣는다면 국민 누구나 틀림없이 대만처럼 '탈원전 정책 폐기'에 동의할 것입니다. 따라서 '국회의결'이나 '국민 투표'에 부쳐 '탈원전 정책'을 반드시 폐기하도록 해야 할 것입니다.

* 2018. 7. 천안 춘부 올림.

　(김상돈 필자가 조선일보에 투고하여 축약된 내용으로 게재한 기사임)

※ 추신 : 2018년 태양광 발전으로 여의도 면적의 8.4배에 해당하는 숲이 사라졌고 134만 그루의 나무가 베어졌는데, 2010년 도롱뇽 생태계 파괴로 지율스님(?)이 단식할 때 당시 문재인 청와대 비서실장이 6개월간 공사를 중지시켜 엄청난 국고 손실이 있었습니다. 기껏 도롱뇽 환경문제로 설치던 문재인이 이런 엄청난 환경파괴의 태양광을 밀어붙이니 어처구니가 없네요.

더구나 망국적 '탈원전' 정책으로 원자력 전공자가 없어지고, 기존 기술자들은 외국으로 팔려 가고, 두산중공업을 비롯한 원전부품 생산업체들은 부도 위기에 몰렸으며, 엄청난 흑자의 한전이 엄청난 적자로 허덕이게 되었습니다.

대통령의 망국적 무식한 고집에 나라가 병들고 있습니다. 누구를 위한 '탈원전'입니까?

대만도 국민투표로 탈원전 정책을 폐기했다

대만은 2016년 차이 총통후보가 대선에서 "대만을 2025년까지 원전 없는 나라로 만들겠다"는 공약으로 당선되어 집권 2년 차인 작년 1월 신설한 "전기사업법 95조 1항인 '2025년까지 가동 중인 모든 원전을 완전히 중단시킨다' 는 내용을 개정하고, 전체 6기의 원전 중 4기를 가동 중단"하는 등 탈원전 정책을 시행해 왔다.

그러다가 원전가동의 축소로 인해 2017년 8월에 688만 가구의 대규모 정전 사태가 발생하고 전기요금 인상설 등 문제가 터지자 원전 지지 단체의 황스슈(黃士修)와 국민당 출신 마잉주 전 총통이 주도하여 '탈원전 국민 투표'를 요구하는 국민청원 운동을 벌여 법정요건인 유권자 1.5%의 28만 1745명을 넘는 29만 2654명의 서명을 받아 국민투표가 이뤄졌다.

지난 2018년 11월 지방선거와 함께 치러진 10개항의 국민투표중 하나로 탈원전 정책의 이 조항을 삭제하는 데 동의하느냐 하는 내용이다. 찬성 530만표, 반대 362만표로 168만표의 찬성으로 탈원전 정책이 폐기된 것이다.

한국의 지식인이면 탈원전의 폐해를 다 알고 있어서 많은 국민들이 탈원전 폐기를 주장하였지만, 산자부의 관계자나 한수원의 임직원 중에는 한 사람도 바른말을 하지 못하고, 여당인 더불어민주당에서는 한 의원만이 '탈원전 재고'라며 모기소리를 내다가 문빠들 눈치에 쏙 기어들어간 뒤 한 놈도 소신을 못 밝히고 입도 뻥긋하지 못하는 벙어리들뿐이다.

한편 탈원전반대 범국민서명운동본부에서 지난해 12월부터 '탈원전 반대 및 신한울 3·4호기 건설 재개 서명운동'을 해온 녹색원자력학생연대, 한국수력원자력 노동조합 등 17개 단체 회원들이 33만 명의 청원서를 받아 2019년 1월 청와대에 제출하였지만 두 달 만에야 "산업통상자원부로 문의하라"는 성의 없는 한 줄의 답변만 들었을 뿐이다.

서명 운동에 참여한 17개 단체는, 대만은 유권자 1.5%의 서명을 받으면 국민투표 안건 상정이 가능하다기에 한국 유권자의 1.5%인 '국민 63만 명'의 서명을 받아 다시 청와대에 전달하기로 했다. 이번에는 문 정권이 국민의 소리에 귀 기울여 국민투표에 부쳐 탈원전 정책을 폐기하기를 바라면서, 그 전에라도 과감히 자체적으로 폐기하기를 기대해 본다.

2) 한국의 원자력발전소는 이렇게 탄생하였다

6·25전쟁이 끝나고 국민소득 60달러 정도로 가난하여 미국 원조에 의해 겨우 먹고살던 1956년, 이승만 대통령은 미국의 전기 기술전문가 시슬리 박사로부터 원자력의 중요성에 대한 이야기를 처음 듣고 흥미를 보였다.

원자력의 필요성을 강조한 시슬리에게 "그거 지금 시작하면 몇 년 뒤에 써먹을 수 있는 거요?"하고 묻자, 시슬리 박사는 "한 20년쯤 걸린다"고 대답했다. 목숨이 얼마 남지 않은 81세의 노(老)대통령은 20년 후에 써먹을 원자력에 대한 투자를 결심하였으니, 과연 이승만 대통령은 선각자이며 한국을 위해 하느님이 보내준 위대한 국부였다.

당시의 국가 재정상 20달러도 대통령이 직접 사인할 정도의 형편으로는 엄청난 35만 달러를 투입해 연구용 원자로를 건설하기로 하여, 3년 만인 1959년에 이 연구용 원자로의 기공식을 이승만 대통령이 노구를 이끌고 직접 참석한 가운데 가졌다. 또 원자력을 공부하러 미국 등 선진국으로 나가는 유학생들을 직접 경무대로 불러 "너희들에게 나라의 장래가 달려있다. 열심히 공부하라"면서 금일봉을 하사할 정도로 원자력에 대한 애착을 보였으니 이승만 대통령이 아니었으면 원자력 발전소는 태어나지 못했을 것이다.

어떤 것이나 시작은 나름대로 어렵지만 마무리를 잘못 하면 결실을 잘 맺을 수 없는 법. 역시 위대한 박정희라는 대통령이 있었기에 원자력 발전이 결실을 보게 된다. 아직 가난을 벗어나지 못한 1인당 국민소득이 82달러이던 1962년에, 박정희 대통령은 이승만 대통령의 구상을 받아들여 '원자력 발전 대책위원회'를 구성하고, 원자력 발전추진계획과 5년간의 치밀한 준비 끝에 1976년까지 50만kw급 원전 2기를 경남 양산시 고리에 건설하기로 결정하였다. 1967년의 정부 1년 예산보다 많은 총 1560억 7300만 원을 투입하기로 한 고리1호기 건설은 1971년에 착공하여 7년 만인 1978년에 가동을 시작하였다. 이승만 대통령이 시작한 지 22년 만으로 시슬리가 예측한 20년이 걸린 것이다.

돌대가리 문재인 대통령이 자랑스럽게 문을 닫겠다고 선언한 고리원자력 발전소 1호기는 건국 대통령 이승만과 근대화 대통령 박정희의 꿈, 노(老)대통령에게 달려가 든 봉투를 받아들고 눈물을 삼키며 대서양과 태평양을 건넜던 젊은 공학도들의 열정의 산물이었다.

위대한 앞 세대의 선각자 이승만 대통령이 시작한 원자력 사업을 박정희라는 위인이 대를 이어 계승하고 발전시켜 세계에서 가장 안전하고 가장 저렴하게 건설할 수 있는 원자력 발전을 완성하여 전 세계시장에 수출하여 반도체를 이을 보물 같은 먹거리를, 문재인이라는 대통령이 아주 위험하게 각색한 영화 한 편을 보고 '탈원전'이란 정책으로 박살내고 있다. 2010년 이명박 대통령이 아랍에미리트연합(UAE)에 수출한 원전을 끝으로 이 문재인의 '탈원전' 정책 때문에 더 이상 수주를 받지 못할 것 같아 걱정이고, 그나마 이 원전의 유지보수의 고물도 제대로 찾아 먹지 못할 지경에 있다니 참으로 원통하고 분통이 터질 일이다.

더구나 이 한국형 원전이 프랑스와 일본도 통과하지 못한 미국의 '미원자력규제위원회(NRC)'에서 '설계인증(DC)'을 취득했다는 소식에 '탈원전'을 고집하는 문재인에게 저주를 퍼붓고 싶을 정도의 허탈감을 감출 수가 없다.

문재인이 '탈원전 정책'을 빨리 폐기하지 않으면 이 세대뿐 아니라 후세에도 '역적'으로 매도되어 영원히 기록될 것이다.

3) 녹조를 바로 알자 : 4대강 보는 무죄이고, 소중한 자산이다

※ 녹조 = 조류들 즉, 규조류와 남조류 중 남조류의 농도를 녹조라고 한다.

녹조, 즉 남조류는 고인 물 때문이 아니라 고온 때문에 생긴다.

현 정권은 녹조가 발생한다며 소중한 4대강 보를 '적폐'로 보는 우를 범하고 있다. 그동안 4대강 보는 홍수 피해방지 및 농사, 특히 가뭄 때 요긴한 물 공급원이 되어왔다. 녹조는 바다의 김과 같은 민물조류로서 오염물질을 먹고 자라는 오염물질 청소부인데, 한국에서는 '녹조 = 오염물질'로 오인하여 "녹조라떼"라며 매도하고 있다.

녹조는 여름이면 전 세계 어디서나 발생하고 있을 뿐 아니라 한국에서도 4대강 보 이전의 많은 강이나 호수에서 발생하였고, 특히 대청호 녹조는 유명하였다. "녹조 발생요인은 물 온도와 일조량 및 영양물질이지 강의 유속과 전혀 관계가 없는데," 이 정권은 4대강 보 때문이라며 16개 보 중 10개를 개방하여, 주변 농민들의 농사를 망치고, 보의 수력발전을 정지시켜 지난

1년 동안 6개 보에서만 243억 원의 전력손실을 가져왔으며 세종 보 해프닝까지 연출하고 있다. 심지어 대청댐 물도 방류하자는 얼빠진 주장을 한다.

현재까지 개방 6개 보의 녹조는 미미하게 감소하였고, 고령, 달성, 승촌, 죽산 등 4개 보는 오히려 증가했다는 결과를 환경부와 언론에서는 효과가 많은 것처럼 속이고 있다. 환경문제 전문 학자들과 환경부의 유능한 관리도 이런 사실을 잘 알고 있을 텐데 바른말을 못 하고 눈치만 보고 있는 보신주의에 안타깝기만 하다. 탈원전 정책처럼.

녹조를 줄이기 위한 강 지류의 도시와 농축산 오폐수를 정화하는 등 노력은 필수지만 어쩔 수 없이 발생한 "녹조는 천연 녹조비료와 분해 가능한 플라스틱 원료"로 활용할 수 있다고 들었다. 홍수방지와 가뭄 해소의 효자인 4대강 보만 애꿎게 탓하지 말고, 발생하는 녹조와 4대강 보를 잘 활용하도록 발상의 전환을 하여야 할 것이다.

※ 위 기사의 중요 출처인 정규재 TV 박석순 교수의 대담프로 "4대강 녹조와 환경 셸 게임"(박석순교수의 진짜환경이야기; 8월7일) SHARE SAVE를 참조 바람
https://mail.daum.net/newWindow/print=true

4) 4대강 보를 철거하자고?

* 4대강 보를 철거하겠다는 기사를 보고 현 정부의 횡포에 한 말씀드린다.

　가뭄과 홍수의 엄청난 재해를 방지하기 위한 치산(治山) 치수(治水)는 요순시대 때부터 국치(國治)의 기본으로 삼았고, 우리나라에서는 2002년 '라마순', 2006년 '에이위나' 태풍과 집중호우로 400명 가까운 인명피해와 8조 원 이상의 재난피해가 발생하여, 노무현 정부 때 국가하천 정비와 댐 건설 등의 '신 국가방재 시스템 구축방안'으로 87조 원을 투입할 계획을 세운 바 있다. 그러나 이명박 정부가 하천 정비 사업으로 4대강 보를 22조 원으로 건설하였더니 '녹조 라떼'니 '강물이 썩는다' 느니 하며 난리를 피우다가 드디어 문재인 코드위원들의 엉터리 자료를 내세워 주변 농민들과 국민들의 반대도 묵살하고 보를 철거하겠다고 한다.

　만약 노무현 정권에서 4대강 보를 건설하였다면 저들이 철거하자고 했겠는가? 문 정권은 이전 정권에서 이룬 많은 업적들도 '적폐'로 낙인찍어 무조건 파괴하고 있는 보복 중의 하나로 보일 뿐이다. 댐이나 보와 제방 등은 홍수방지와 농업용수 및 취수원의 용도도 있지만, 가뭄의 피해도 줄일 수 있어 '물 부족 국가'라는 우리나라에서는 절대로 필요한 시설인 것이다.

　실제로 최근 긴 가뭄으로 식수까지 제한 공급할 때 금강보 물을 끌어다 예당저수지에 채우기도 하여 갈수기에도 4대강 보의 유용함을 경험한 사례가 있다. 보를 철거하지 않고 보를 잘 활용하여야지, 추가 비용까지 들여 철거하겠다는 현 정권의 정책은 전문가들에게 한마디라도 문의해 보고 난 뒤에 해도 해야 할 것이다. 아니, 철거해서는 절대 안 되는 것이다.

반대하던 한·미 FTA도 실은 국익에 도움이 되었고, 미국산 쇠고기는 거짓임이 확인되었듯이, 4대강 보를 철거한 다음 절실하게 꼭 필요할 때는 어떻게 할 것인가? 또다시 엄청난 돈을 들여 건설해야 하는 것인가?

일본 같은 나라는 한 정책을 바꾸거나 시행하기 위해서는 전문가나 설문조사 기타 공청회기간을 합쳐 최소한 10년 이상 걸려 결정한다고 들었다. 즉흥적이고 감정적인 이 정권의 정책들은 한심하기 짝이 없다.(김상돈 필자가 조선일보에 투고한 내용임)

4대강 보 파괴에 대한 반대와 외면

문 정권이 들어서자 4대강 보를 '적폐'로 낙인찍어 감사원은 2017년 7월 네 번째 4대강 감사를 실시하였는데 그 결과 "4대강 사업 이후 수질이 개선된 곳이 44%, 같은 곳 42%인 반면 나빠진 곳은 18%에 그쳤다고 발표했다. 강을 준설하고 보를 세우지 않은 다른 하천보다 4대강 수질이 상대적으로 더 좋아졌고, 특히 수질 개선 폭이 큰 금강은 보설치 전보다 국민 편익이 135억 원이 발생한다"는 긍정적인 결과였다.

그런 지 불과 7개월 만에 환경부에서는 "세종, 공주, 죽산 보를 해체하면 많게는 1000억 원까지 국민편익이 생긴다"는 정반대의 터무니없는 결과를 내놓은 것이다. 이게 말이 되는가?

엉터리 억지 조작 이론으로 이렇게 뒤집는 정부가 어디 있는가? '보 해체'가 문재인의 대통령 공약이라 억지로 꿰맞춘 결정으로 뒤바꾼 것이다.

이에 따라 2018년 11월 '환경부 4대강 조사, 평가기획위원회'라는 어용단체에서 '금강과 영산강의 5개 보 가운데 금강의 세종, 공주보, 영산강의 죽산보 등 3개 보를 해체하고 나머지 금강의 백제보, 영산강의 승촌보 등 2개는 상시 개방하는 안'을 제시하고 "낙동강과 한강의 11개 보도 금강과 영산강의 5개 보 평가체계를 동일하게 적용하여 올해 안에 처리 방안을 마련하고 내년에 최종적으로 결정한다"는 참으로 어처구니없는 방침을 내놓았다.

이에 대해 정부는 이달 중 출범하는 국가 물 관리위원회에서 금강·영산강 보 처리 방안에 대해 최종 논의를 진행할 예정이란다.

그러자 자유한국당도 당론으로 "4대강 보 해체를 반드시 막겠다"고 공언하고 나섰고, 무엇보다 해체 대상 주변의 농민들과 그 지역 자치단체의회, 심지어 지역 시장, 국회의원 등 모두가 철거에 반대하고 있어 어쩌면 '보 철거'가 어려울 것 같기도 하다.

이런 반대 목소리가 높은 가운데 정부에서 지난 2월 27일 조달청에 4대강 16개 보 처리 방안과 부작용 완화 대책 등을 세우는 25억 원짜리 '마스터플랜(기본계획)' 수립 용역인 '4대강 보 처리 방안 세부실행계획' 입찰을 의뢰하였다. 그런데 믿기지 않는 일이 벌어졌다.

보통 정부공사는 입찰가의 반이 남기 때문에 목숨 걸다시피 경쟁하는데, 우리나라 대형 토목 철거전문 업체가 150여 개나 되는데, 그 업체들이 모두 이 짓은 못 할 짓이라는 결론을 내린 것인지 이 용역 입찰에 응찰하는 업체가 하나도 없었으며, 3회 연속 유찰이 된 해괴한 일이 벌어진 것이다.

"만약 정권이 바뀌면 '적폐'로 몰려 향후 수사 대상이 될 수 있는 것도 두렵지만, 철거 보 주변 농민들의 기세를 보면 불도저 한 대 현장에 진입시키지 못하겠고, 사람 여럿 잡지 않고는 공사 진행이 안 될뿐더러 그것보다 뭔가 큰 죄를 짓는 기분이 든다"는 업체 사장의 말을 전해 들으니 응찰 않는 이유를 이해할 수 있을 것 같다.

하여간 4대강 보 설치로 홍수 가뭄을 방지하는 큰 효과뿐 아니라, 수려한 경관과 교통, 레저 등 많은 이점에도 불구하고 터무니없는 '전 정권 적폐' 타령으로, 문제를 확대하여 분란을 일으켜 혼란을 부추기는 이 정권의 속셈이 무엇인지 누구를 위한 것인지 궁금하다.

7. 왜곡된 과거 사건들과 밝혀지는 진실

1) 황당한 광란(狂亂)의 '광우병 촛불시위'

　2007년 12월의 대선을 통해서 당선된 이명박 대통령은 2008년 4월 19일 캠프 데이비드의 한·미정상회담을 하루 앞두고 한·미 쇠고기 2차 협상이 타결, 미국산 쇠고기를 전면 개방하기로 하였다. 미국산 쇠고기 수입은 2003년 12월 미국에서 광우병이 발생한 후 전면 중단됐다가 2006~2007년에는 수입 재개와 중단이 반복되었다. 그런데 정부가 30개월 미만의 것과 특정위험물질 부위를 제외한 30개월 이상의 미국산 쇠고기를 다시 수입하기로 결정한 것이다.

　세계적으로 인간 광우병이 발생한 것은 1996년이었고, 소에게 동물성 사료를 먹인 것이 원인이라고 판명되어 광우병을 유발시키는 동물성 사료 생산을 금지시켰기 때문에 광우병의 위험성이 아주 낮아졌다. 미국에서는 광우병이 거의 사라져 광우병에 대한 기사는 거의 눈에 띄지 않을 정도로 미국인들은 광우병이란 말을 잊고 있을 정도였다.

　그런데 2008년 4월 29일 문화방송 PD수첩에서 미국산 소의 위험성을 다룬 1차 방송 '긴급취재, 미국산 쇠고기, 과연 광우병에서 안전한가?' 라는 선동적인 비판 방송을 하는데 '주저앉는 미국소가 광우병에 걸린 소'로 보여주고, 딸이 광우병으로 죽었다는 흑인 어머니의 눈물을 보여주어 시청자들을 자극했으며, 영어문장을 엉터리 과장하여 번역하는 등 온통 거짓말을 그대로 방영하였다. 이 가짜뉴스가 전파를 타고 온 나라로 퍼져 나갔고, 이 보도 사흘 후부터 소위 '촛불시위'가 시작되어 온 나라가 큰 소용돌이에 빠지기 시작하였다.

이후 '주저앉은 소는 광우병소'가 아니고, '눈물을 흘린 흑인 여인의 딸도 광우병으로 죽은 것'이 아니었고, '영어 번역자에 의해 왜곡되었고 거짓이란 것'도 드러났을 뿐 아니라, 이제까지 미국은 물론 '미국 소고기를 수입해 먹은 97개국의 어느 나라에서도 광우병에 걸렸다는 사람은 나타나지 않았다'는 사실도 알려졌지만, MBC의 어정쩡한 변명과 좌파들의 교묘한 선동에 고학력의 국민들과 천진한 어린 학생까지 어처구니없이 속아 넘어갔다.

이렇게 미국산 쇠고기 수입재개 결정에 반대하는 '촛불시위'가 광화문 일대에서 열려 두 달 넘게 거리를 메웠고, 시위는 점차 폭력화하고 '이명박 OUT'을 주장하는 '광란의 야간 촛불 시위'로까지 변해 갔다. 시위 참가자들은 미국산 쇠고기의 광우병 발생 위험을 과장해 '미친소, 너나 처먹어라!!', '뇌송송 구멍 탁!'이라는 선동구호가 잘 먹혀들어 학생들이 겁에 질려 뛰쳐나왔고, 어린 10대들조차 TV에 등장시켜 "저 아직 열다섯 살밖에 안 됐는데 죽기 싫어요"라는 호소도 하였으며, 심지어 영화배우인지 좌파선동꾼인지 모를 김규리라는 여자는 "미국산 소고기를 먹느니 청산칼리를 먹겠다. 미국산 소고기를 먹으면 뇌가 송송 뚫린다"는 거짓말로 극단적인 선동까지 했다.

또 어떻게 된 것인지 방송인 김구라, 가수 세븐, 이하늘, 김희철, 송백경, 프라임 등과 배우 이준기, 김부선, 박미선, 김가연, 문소리, 권해효, 하리수 등등 연예인들도 거품을 물고 한마디씩 거들었다. 이런 자들은 지금까지 미국산 쇠고기 안 먹고 살았는지 모르겠다.

이런 선동은 실제 광우병의 위험성보다 정치적인 의도를 가진 좌파 시민단체가 주동이 되어 선동을 과격화시켰고, 무식한 연예인들로 인한 한국적 민주주의가 결국 국민을 분열시켰다. 지금 이들은 그때 일을 뻔뻔하게 변명할지 부끄러워할지 궁금하다.

공영 방송의 거짓 선동은 선진국에서는 엄격한 감사기능과 가혹한 처벌 때문에 절대 있을 수 없고, 시민들도 고발정신이 강해서 '불량상품 불매운동'처럼 '시청 거부운동'이 일어나고, 따라서 광고수입이 없게 되어 이런 방송은 문을 닫을 수밖에 없는 것이다.

그러나 MBC PD수첩의 거짓 선동은 나라를 뒤흔든 큰 범죄였음이 밝혀졌지만, 좌파 정권의 비호를 받아 법보다 위에 있는 '치외법권(治外法權 : 법 밖의 권력)'의 존재가 되어 있고, 10년이 지난 이때까지 거짓 선동에 대한 검찰 수사도 제대로 하지 않고 있으며, MBC의 PD수첩 관계자들도 처벌 받은 사람이 없다. 그리고 사람들은 아직 '박근혜 탄핵 촛불시위'는 기억해도 '광우병 탄핵'은 까맣게 잊고 있으며, MBC의 범죄행위에 대해서도, 그 처벌에 대해서도 관심을 가지지 않고 잊어버리는 이상한 국민성을 가지고 있다. 그런 광우병 소동 원인이 촛불시위인데 '촛불혁명'이라는 말을 자랑스럽게 쓰고 있는 것이다.

거짓이 판명된 '미선이 효순이 사건', '광우병 소동', '세월호 사건', '박근혜 7시간에 대해 굿판, 성형수술 등 말도 안 되는 악질 모함'과 같이 반복되는 역사에서도 배우지 못하고, 경험을 통해서도 배우지 못하고, 거짓 선동에 반복해서 속고 속는 우리 사회의 '집단적 무지'와 국민들의 지적 수준의 이 참담한 현실을 언제나 벗어날까?

국기가 흔들릴 정도의 불법 소동인 '광우병 촛불시위'에 대한 처벌이 아직도 안 되고 있지만, "10년이 지난 2019년 3월에 정운천 전 장관과 미국산 쇠고기 수입업체들이 정식으로 고소장을 다시 제출하면서 수사가 재개되었다"는 소식을 듣고 어리석게도(?) 다시 이 사건의 진실이 밝혀지고 범법자들의 처벌을 기대해 보면서 울분을 삼켜본다.

결국, 네거티브로 인한 무책임한 정치 혼란으로 국민들이 그대로 속아 그 결과 엄청난 피해가 돌아온다는 것을 실감했던 생생한 증거였는데 역사학자들이 훗날 이들 주모자들과 연예계 김구라 같은 참여자들을 뭐라고 기술할까 궁금하다.

2) 역사상 가장 위대한 박정희의 공(功)과 과(過)

좌파들이 박정희 대통령을 독재자, 친일파로 비하하고 더 나아가 아예 역사에서 지우려고 할 정도로 매도하는 현 시점에서, 그분의 공로(功勞)와 과오(過誤)를 알아보고 박정희 대통령에 대한 잘못된 인식을 바로잡아 보고자 한다.

사람들은 박정희 대통령의 공을 무시하고 과만 따지는 잘못을 저지르며, 민주질서를 파괴한 독재자라고 악평을 하는 사람들이 더러 있다. 영웅이란 그 시대에 필요하여 갈망하는 것을 파악하고 이를 실현하는 인물을 말한다. 박정희는 가장 절실하고 꼭 필요한 정책은, 말도 되지 않는 악성 루머와 반대를 위한 반대뿐 아니라 격한 저항을 무릅쓰고 목표달성을 위해 매진한다. 이 과정에서 많은 사람이 다치기도 하고 고초를 겪으며 때로는 목숨을 잃기도 했다.

그는 독한 성질에 야심과 명예욕도 있지만 청렴결백하고 부정과 타협하지 않으며, 한마디로 '유아독존'의 자존심도 강하므로 성인군자와는 거리가 멀고, 장자가 말하는 '하늘로부터 버림받은 자'이다. 그의 죽음이 비명에 횡사한 이유도 그 때문인지도 모른다.

그러나 영웅의 개인적 야심과 인간적 약점을 들어 그의 과오를 과장하여 그의 업적을 깎아내리는 것은 역사를 보는 올바른 태도가 아니다. 과연 '박정희' 무덤에 누가 침을 뱉을 자 있으면 떳떳이 앞에 나와 보라! 그의 독재 밑에서 고초를 겪은 수많은 민주인사와 의인이 아직도 상처의 아픔을 회복하지 못한 분

도 있지만, 영웅이 많지 않은 우리 역사에서 박정희는 풍운아
요 위대한 영웅이었다.

돼지고기 국에 흰쌀밥을 실컷 먹어보는 게 소원인 위대한 수
령의 나라 북한을 보라! 수백만 명의 주민을 굶겨 죽인 위대한
원수, 김일성동지가 만든 지상낙원 북한을 보란 말이다.

한국은 1961년 국가예산의 52%를 미국의 원조에 의존하고
있었으나 2018년의 한국은 북한에 비하면 진짜 지상천국이 되
었다고 해도 과언이 아니다. 누가 그렇게 만들었나? 서구식 민
주주의 좋아하는 사람, 예수 믿는 사람, 좌파이론에 중독되어
무아경에 빠져 있는 사람들을 모두 철저히 무시하고, 그는 오
로지 마키아벨리의 군주처럼 철두철미 권력의 논리만을 따라
통치권을 극대화하여 경제 개발을 박력 있게 이끌어갔다. 이것
이 바로 그의 위대함이다.

박정희는 절대빈곤과 빈사상태에 놓여 있는 국가라도 강력한
지도자가 있으면, 어느 나라에서나 온 국민이 뭉치고 노력하여
적어도 사람답게 살 수 있는 세상을 만들 수 있다는 확신을 심
어준 위인이었으며, 한국은 세계 속의 희망의 나라가 되었고
박정희는 이 신화의 주인공이 된 것이다.

최성열씨는 이렇게 말하였다.

처음에는 나 자신도 박정희를 독재자로 불렀지만 지금은 아
니다. 아니, 만일 그분이 없었다면 이 나라도 없을 뻔했던 역량
있는 지도자였다고 하겠다. 그는 군인이면서 선비요, 선지자

요, 철학자로서 나라의 5천년 빈곤에서 번영으로 개조(改造)시킨 영웅이기도 하다. 그런데 그가 지금도 대통령 선거 때만 되면 나라의 역적이 된다. 이 나라의 인식이 그렇다면 그런 말을 하고 다니는 자들이야말로 분명히 언젠가는 반드시 천벌(天罰)을 받을 일이다. 하늘이 무섭지도 않은가? 은혜를 원수로 갚는 민족에게 축복이 있을 리 만무하다. 그것은 하늘의 엄연한 법칙이다. 빛은 아무리 골고루 비추어도 그늘이 있게 마련이다.

그 나라를 위해 목숨을 잃은 6·25전몰장병 유족에게 주는 연금은 고작 10여만 원인데 여행가다 해난사고로 죽은 사람에겐 몇 억 원씩을 주었다. 이게 오늘의 정의로 통하는 대한민국 세상이 되었다.

여기서 대한민국에 '재벌이 탄생하게 된 동기와 배경'에 대하여 알아보기로 한다. 1973년은 1차 오일쇼크로 전 세계의 경제 성장이 멈췄던 해로서, 승승장구하던 미국, 일본, 북유럽 국가들도 1973년을 기점으로 성장률이 하락하기 시작했다.

하지만 이상하게 한국의 재벌기업들은 1972년 8월 3일 박정희 대통령이 발표한 '사채동결조치' 때문에 계열사가 늘어나기 시작한 것이다. 믿기진 않겠지만, 지금 대한민국을 이끄는 대기업 현대와 삼성과 LG 같은 기업도 그 당시엔 모두 사채 빚에 시달리며 밤마다 부도가 날까 걱정하면서 회사를 어렵게 운영해야 했다. 또 국민들은 저축할 여유가 없으니 은행엔 돈이 바닥나고, 대부분의 돈은 일제 강점기부터 사채업자들이 부정한 방법으로 돈을 끌어모아 대한민국의 돈을 좌지우시하고 있었기에 기업을 경영하려면 이들에게 돈을 빌리지 않고는 사업을 할 수 없었다.

당시 야당과 일부 언론은 독재자 박정희 대통령이라고 비난했고, 사채업자들의 저항도 극심했다. 그들과 연결된 정치인, 조직폭력배도 같이 합세하여 대한민국은 표현할 수 없을 만큼 혼란에 빠졌으며, 이 혼란을 극복하기 위해 탄생한 것이 1972년 10월 '유신'이다.

박정희 대통령은 사채업자들에게 은행에 돈을 갖다 넣고 기업에 투자하면 돈의 출처를 묻지 않을 것이며 세금도 감면해줄 것이라고 했고, 기업들에는 최대한 더 많은 자회사를 만들고 일자리를 창출하면 세금 혜택을 주는 방법으로 경제 활성화를 이끌었다.

그때 구성된 것이 대한민국의 성장을 이끈 30대 그룹이다. 대한민국 재벌은 이렇게 비정상적인 방법으로 탄생하게 되었고, 정상적인 성장을 이루게 된다. 그리하여 대한민국의 꽃은 이렇게 하여 피어나게 되었다.

사람들은 박정희 대통령을 이야기할 때 "경제는 발전시켰지만, 독재는 잘못했다"라고 이야기하지만 이는 그 시대 상황을 모르는 이야기다. 독재가 아니었다면 사채업자들을 막을 수도 없었고, 비정상적이지만 경제발전도 할 수 없었기 때문이다. 독재를 통해 사회를 뒤집고, 그로 인해 피를 흘렸고 차츰 안정되면서 국가는 발전했다. 그 당시의 정치행위를 단순하게 잘한 것과 못한 것으로 구분할 수 있는 것이 아니다. 정말 모순인 것 같지만 그때 당시에는 독재가 아니면 국가발전을 하지 못했던 것이다.

박정희 대통령은 말했다. "내 무덤에 침을 뱉어라." 그는 사채동결과 유신독재, 나라의 백년 대계를 위해 모든 비판을 감수하고 독단적으로 나라의 정책을 추진했다.
바로 "한국적 민주주의"를 한다고, 미국 대통령이 묻는 앞에서 당당히 말했다. 그리고 현재 부국강병을 이룬 대한민국을 탄생시켰다. 역사에는 만약이라는 것은 없고 결과만 있을 뿐이다. 혼란의 시대를 겪었고, 우린 찬란하게 성장했다.

인류를 발전시키는 것은 다수의 군중들이 아니라 소수의 천재들이 한다. 한국이 이루어낸 경제발전은 '한강의 기적'이 아니며 한국 국민들이 뛰어나서도 아니다. 소수의 천재들이 있었고, 그들을 지휘한 지도자 박정희가 있었기 때문이다. 이런 위대한 지도자가 있었기에 기적 같은 부국강병을 끌어낼 수 있었다.

남이 독재자라고 욕을 한다고 나도 따라 욕을 하면, 진정 천벌 받을 것이다. 먼 훗날 누가 뭐래도 역사는 박정희의 개발독재를 정당하게 평가할 것이고, 박정희는 찬연히 빛나는 큰 별이 되어 계속 추앙을 받아야 하고 받을 것이다.

고 박정희 대통령에 대한 세계 학자와 지도자들의 평가

(1) 미국 '에즈라 보겔' 하버드대학 사회학자 명예교수(노무현 대통령과의 만남에서)

박정희가 없었다면 오늘의 한국이 없다. 박정희는 헌신적이었고, 개인적으로 착복하지 않았으며 열심히 일했다. 그는 일신을 바친 리더였다.

(2) '브루스 커밍스' (미국 시카코대학, 워싱턴대학 사회학 석좌교수 및 정치학 교수)

그는 진정으로 국력을 키웠다. 다른 후진국 지도자와 달리 부패하지 않았다. 1970~80년 중화학공업정책으로 국가산업을 성공적으로 일으켰다.

(3) 독일 국정 교과서 고교 상급반 지리 92쪽과 중학교 지리 109쪽에 실린 내용

*고등학교 : 1960년까지도 남한은 성인 1인당 국내 총생산(GDP)이 79달러로 아프리카 가나나 수단 같은 지구상 가장 가난한 나라였다. 그 당시 세계은행 보고서는 버마와 필리핀의 앞날을 더 장밋빛으로 보았다. 그러나 남한은 오늘날 세계 11대 무역국이며 1996년부터 OECD회원국이다. (중략) 불리한 자원, 공간적 전제에도 불구하고 남한은 경제 기적을 이뤄냈다.

*중학교 : 남한은 세계경제로 통합되었다. 대통령 박정희
         (1961~79)는 강력한 손으로 남한을 농업국가에서
         산업능력을 가진 국가로 탈바꿈시켰다. 수도 서울
         은 비약적으로 성장했다.

(4) 북한 김정일 조선 국방위원장(1996년 현대 고 정주영회장
   과 대화내용 중 일부)
   요즘은 박정희 대통령이 좋게 인식되는 것 같은데, 옛날에
   는 유신이니 해서 비판이 많았지만, 초기 새마을운동을 한
   덕택에 경제발전에 기초가 되었던 점은 훌륭한 점입니다.
   나도 영화를 통해 서울을 보았는데, 서울은 일본의 도쿄보
   다 훌륭한 도시로 조선이 자랑할 만한 세계의 도시입니다.
   서울에 가면 박정희 전 대통령 묘소도 참배하고 싶습니다.
   그것이 예의라고 생각합니다. (대화의 일부분)

(5) 중국 '원자바오' 총리
   박정희의 경제개발정책은 중국 경제개발의 훌륭한 모델이
   었다. '덩샤오핑' 역시 개혁은 박정희의 모델을 모방했다.
   (시사 주간지 타임 발표)

(6) 러시아 '블라디미르 푸틴' 대통령
   박 대통령에 관한 책이 있으면 한국어든 다른 언어로 쓰였
   든 모두 구해오라. 박정희는 나의 롤 모델이다.

(7) 미 국무장관 '헨리 키신저'

민주주의와 경제발전이 동시에 이루어지기란 사실상 어려웠다. 러시아가 이 두 가지를 추구하다가 어떤 결과를 초래했는지 다 알고 있지 않는가. 당시 박 대통령의 판단이 옳았다는 것을 알 수 있다.

(8) 파키스탄 '페르베즈 무샤라프' 대통령

어렵던 시절, 한국을 이끌어 고도로 공업화한 자유민주국가로 변화시킨 역사적 역할을 담당한 박정희 전 대통령에 대해 깊은 존경심을 가지고 있다.

(9) 일본 '다나카 가쿠에이' 총리

박정희의 죽음은 한국에서 일어난 일 중 가장 비극적인 일이다. 이를테면 날개를 달고 승천하려는 호랑이의 날개가 잘린 것 같은 일이다.

(10) '제임스 캘러헌' 영국 총리

박정희로 인하여 소련의 남한 공산통일의 기틀은 좌절되었다.

* 기타 세계 100여 개국에서 박 대통령의 죽음을 애도했던 글들을 다 싣지 못한 점이 아쉽다.

필재(김상돈)가 직접 체험한 박정희대통령

저는 1961년 서울대 공과대학 섬유학과를 졸업하고 1966년 충남 아산에 있었던 한국마방(주) 모산공장의 설립과 생산부장, 공장장, 부사장등을 지냈었는데, 1974년 생산부장 시절 박정희대통령을 가까이서 지켜볼수 있는 행운을 가졌다.

당시 내가 박대통령에게 받은 가장 감명 깊었던 점은 바로 확인행정이었다. 대통령이라고 하는 그 바쁜 일정속에서도 지시만 내리는 것이 아니라 시간을 쪼개어 세 번씩이나 현장을 직접 방문하여 진행상황을 확인하는 것을 보고 놀라지 않을 수 없었다.

그런데 더 놀란 것은 제1차 경제개발5계년개획에 작은 우리 한국마방공장(당시 종업원 500명으로 충남에서 제일 큰 공장이었음)의 건설 진행 싱횡도 현충사에 올 때마다 방문하여 독려하셨고, 1967년 공장 준공식에도 참석하시어 농공병진정책(農工竝進政策)을 표방하며 치사하는 것을 들은 바 있다. 당시에 수출을 독려하면서 외국원료를 수입가공하여 수출하는 것보다 국산농산물(모시)을 가공하여 수출하면 농가소득에도 도움이 된다고 표명하셨다. 그런 박대통령의 수출의지에 감탄해 1974년 본인이 직접 개발한 아마(亞麻)가공으로 생산한 제품을 일본에 많이 수출하여 당시 충남에서 수출실적 1위를 달성한 바도 있다.

그 공로로 7월 1일 중앙청 대회의실에서 수출진흥확대회의의 때 단상에서 박대통령으로부터 '수출유공 대통령 표창장'을 받게 되었다. 단하에는 전 각료와 국내 경제관계단체와 재벌총수들이 모두 주목할 정도였고 TV 카메라 기자들의 플래쉬 세례를 받는 자리에서도 작은 공장의 원료재고량까지 챙기시던 대통령에 감탄했다. 아직도 박 대통령을 생각하면 그분의 수출에 대한 집념이나 애국심이 남다르게 감복되어 눈물이 난다.

8. 우리가 꼭 알아야 할 사실들

1) 미국의 무서운 저력을 알아야 한다

미국이 세계 최강의 나라임을 모르는 사람은 아무도 없지만, 미국은 전쟁을 무서워하지 않는 국민 정서와 군인을 최고로 존경하는 나라임도 알아야 한다. 미국은 2차 세계대전에 참가했고 일본과도 전쟁을 했지만, 가능하면 전쟁을 회피하고자 하는 나라인데, 다만 자기 나라에 위해를 입히거나 위해를 입힐 위험이 있으면 미국은 가차 없이 응징하고 전쟁도 불사하는 무서운 나라인 것은 잘 모르는 사람이 많다.

그 예를 살펴보자. 미국은 유럽의 일에 간섭하지 않는 정책으로 1차 세계대전이 발발하였지만 참여하지 않았는데, 독일의 치머만외교장관이 미국참전을 막기 위해 멕시코에 "독일이 전쟁에 승리하면 미국이 강제로 빼앗은 Texas, New Mexico,

Arizona주 등을 되찾아 주겠다"는 약속과 함께, 만일 "미국이 참전하면 멕시코가 미국을 공격해 달라"는 긴급전문을 보냈다.

이 극비의 전문을 영국 정보부가 입수하여 공개하자 불가사의하게 독일 외교장관이 사실을 인정해 버렸고, 이에 분노한 미국이 1차 대전에 참전하여 1차 세계대전은 독일이 패하고 미국을 포함한 연합국의 승리로 끝나게 된 것이다.

또 1938년 3월 히틀러의 독일군이 오스트리아를 점령하여 독일에 병합하고, 1939년 9월 1일 폴란드를 침공하면서 발발한 제2차 세계대전으로 유럽이 전쟁의 소용돌이에 휘말릴 때도 미국은 참전하지 않았다. 그 이유는 이때 독일이 미국 본토를 향하여 총 한방 쏜 일이 없었기 때문이었다. 독일이 유럽을 휩쓸고 드디어 영국이 위기에 처해있을 때 처칠이 미국의 루스벨트에게 그렇게 간절히 도움을 요청했지만, 미국은 본토 위협이 없다고 외면했다.

그러나 1941년 12월 7일 독일과 연합한 일본이 하와이 진주만을 공격하자, 미국은 다음 날 일본에 선전포고를 하면서 제2차 세계대전에 참여하기로 하고 일본에 핵폭탄을 투하하였다.

미국이 독일이 아닌 일본에 핵을 투하한 것은 본토 공격자에 대한 무자비한 징벌을 가하는 미국인의 정서 때문으로 봐야 한다.

그런데 최근 미국 본토를 위협하는 나라가 하나 등장했으니 바로 북한이다. 북한은 핵을 완성하고 미국 본토를 위협하는

대륙간 탄도미사일(ICBM)을 개발하어 시험 발사를 하면서, 김
정은이 자기 책상 위의 단추를 누를 수 있다고까지 위협하였
다. 그럼에도 불구하고 미국은 가능하면 전쟁을 피하고 외교적
수단과 경제제재 등의 압박을 통해서 해결하려고 하였고, 문재
인이 남북회담을 하고 난 다음 "김정은이 '북핵 폐기'를 약속
했다"는 거짓 정보에 속아 몇 차례 북·미회담까지 하고 있지
만 아직 어떤 결말도 나지 않고 있다.

하여간 북한이 지금은 ICBM 발사를 않고 단거리 탄도미사일
을 쏘면서 남한만 위협하고 있고, 트럼프는 내년 대선 때문인
지 이 도발을 대수롭지 않게 받아들이고 있지만, 미국의 의회
나 관료들은 미국을 공격할 수 있는 북핵과 ICBM을 가진 김정
은을 두고 벼르고 있다.

또 미국은 전쟁을 무서워하지 않고, 군인을 '나라를 지키는
영웅'으로 떠받드는 나라이다.

이 미국의 이런 정서는 미국 국가(國歌)에서 찾아볼 수 있다.
미국의 국가는 치열한 전쟁에서 흘린 피와 살아남아 펄럭이는
성조기를 찬양하는 노래이기 때문이다.

미국국가 'The Star Spangled Banner'에는 세계의 다른
나라 국가(國歌)에서는 볼 수 없는 아래와 같은 섬뜩한 가사를
가지고 있다.

[로켓의 붉은 섬광(And the Rocket's red glare)
공중에서 폭발하는 폭탄(the bombs bursting in the air)

밤새 치른 용맹한 전투의 혼란 속에서도 성조기는 아직도 휘날
리고,

(Gave proof through the night that our flag was still there)
우리들 방어진지 위에 흩어진 피는 너무도 고결하게 물줄기로
흘러내렸음을 본다.

(O' er the ramparts we watched, were so gallantly streaming)
여긴 우리의 자유가 깃든 땅, 용맹이 스민 집이다.

(O' er the Land of the free, and the home of the brave)]

　미국은 이 국가를 언제 어디서나 무슨 행사를 시작할 때는 반
드시 불러, 전 국민을 전쟁을 두려워하지 않는 국민으로 키운
다. 국가와 가정은 치열한 전쟁의 승리를 통해서만 지킬 수 있
다는 교훈을, 어릴 때부터 머리에 각인시키고 있는 나라가 바
로 미국이다.

　미국 군대는 모병제지만 젊은이들이 전쟁터에 나가는 것을
알면서도 자원하고, 이들은 전쟁을 두려워하질 않는다. 그리고
미국 국민들은 군인을 존중하고 영웅으로 대접한다. 군인은 은
행의 저율 이자와 면세 혜택도 있으며, 군인이 비행기에 탑승
하면 좋은 좌석을 배정해 주고, 스튜어디스가 전 승객에게 알
려 박수를 쳐 준다.

　미국은 이렇게 무서운 나라인데, 북한 김정은 정권은 '핵 폐

기'를 무기로 삼아 미국을 자극하고 있으며, 문재인 정권은 계속 한·미동맹을 위협하는 반미정책으로 미국의 심기를 긁는 우(愚 : 어리석음)를 범하고 있으며, 언젠가 미국이 폭발하여 뜨거운 맛을 볼 것 같아 두렵다.

우리는 미국이란 나라에 정말 감사한 마음으로 살아야 하는데, 오히려 우리를 도와준 미국을 멀리하고 중국을 가까이한다. 한국은 미국이 6·25때 5만 명의 미군 전사자와 10만 명의 부상자가 흘린 피로 나라를 지켰고 한·미 동맹으로 안보를 담보 삼아 경제 대국으로 성장할 수 있었다.

우리 국민들은 이런 미국의 은혜에 보답해야 하거늘 배은망덕 해서야 되겠는가? 자손 만대로 미국의 고마움을 전해야 할 것이다.

2) 일본(日本)은 이런 나라다

요즘 한·일 갈등으로 '친일은 역적'으로까지 모는 '반일 감정'이 팽배해 있어서 말하기 조심스러우나, '일본의 대한수출 규제를 잘못했다고만 할 것이 아니라 우리나라가 원인제공을 한 잘못도 있다'고 생각한다. 여기에 대한 얘기는 뒤로 미루고, '일본은 과연 어떤 나라이며, 한국에는 어떤 영향을 주었는가?'를 알아본다.

우선 "우리나라가 '일제 강점 35년'을 당한 것은 그나마 다행한 일이었다"라고 하면 '죽일 놈'이라고 욕할 것이다. 더구나 반일감정이 고조된 이 시점에서 이런 엉뚱한 주장을 하니 너무 '친일적'이라 생각하겠지만, 그 이유를 필자 나름대로 깊이 있게 아래와 같이 밝혀본다.

역사를 통해 우리 조선은 당파싸움, 매관매직과 수탈 등 여러 원인으로 망했다고 배웠다. 그런데, 1910년 한일합병 16년 전인 1894년 여름에 독일의 세계적 여행가 헤세 바르텍이란 사람이 조선을 돌아보고 기록한 '조선, 1894년 여름'이란 객관적인 자료를 보면, 한글과 금속활자를 발명한 위대한 나라이지만 왕은 허수아비이고 백성들은 매관매직한 관리들의 가렴주구(苛斂誅求 : 세금을 혹독하게 거두고 재물을 강제로 빼앗음)로 죽지 못해 연명하고, 국가의 체계나 산업발전을 바랄 수 없는 희망이 없는 미개국이었음을 알 수 있을 것이다.

"조선은 일제에 의해 망한 것이 아니라 이미 내부로부터 쇠약해져 언제 숨이 끊어져도 이상하지 않을 정도의 중환자"로 망할 수밖에 없었다.

하여간 조선은 일단 망했고, '일제 35년' 동안 식민 지배로 백성들은 고초를 많이 겪었지만, 조선시대의 착취보다는 견디기가 나았고, 이 시기를 고비로 현대화가 상당히 이루어지고 국가 형태가 정비되었다. 35년이 좀 길긴 했지만 정말 다행히 미국의 도움으로 해방을 맞았고 부패한 왕조가 아니라 자유민주주의의 대한민국으로 탄생하였으니 얼마나 다행인가. 역사엔 만일이란 없다지만 '일제강점기 35년'이 없이 조선이 계속 이어졌거나, 조선 말기 아관파천(俄館播遷 : 고종이 일본을 피해 러시아공관으로 피신)이 성공하여 러시아가 우리나라를 식민 지배했다면 우리나라는 과연 어떻게 되었을까?

그러나 이렇게 역사는 흘러, 지금 우리가 자유 대한민국에 나름대로 잘살고 있으니까 결과적으로 '다행이고 축복'이라는 말이다.

일본은 1853년에 미·일수호통상조약을 맺음으로써 일찍 개국을 시작하고, 1858년에는 영국과 프랑스 등 여러 나라와도 통상 조약을 맺어 문호를 일찍 개방하였다. 이렇게 일본은 200여 년이나 계속되어 온 쇄국 정치를 끝내고 나라의 모습을 세계에 드러냈지만 조선은 흥선대원군의 쇄국정책으로 문을 닫아걸고 있었다.

1867년에, 일본은 에도 막부체제를 '천황' 중심의 근대 국가로 바꾸는 메이지(明治) 유신 정권을 수립하여 일본의 정치, 경제, 사회를 완전히 뒤바꿔 놓는 대변혁이 일어났다. 조선 개화파의 김옥균이 '신선 같은 인물'이라며 스승으로 모셨던 철학자 후쿠자와 유키치가 유신에 사상적 기초를 제공하였고, '천황'을 중심으로 일군만민제(一君萬民制) 수립을 주장한 일본 근대 사상가이고 메이지 유신의 선구자인 요시다 쇼인 같은 선각자들이 활동한 결과다. 이 유신 정권은 봉건체제의 해체, 징병제도, 통일적인 조세, 화폐 정책 등을 개혁하는 목표의 헌법을 1889년에 공포하였고, 선거로 양원제 의회가 설립되었다.

이렇게 일본은 근대 산업국가로 순조롭게 나아갔고, 이후 막강한 국력으로 조선을 굴복시켜 한일합병까지 이끌어 낸 나라다.

일본은 지금 우리가 결코 이길 수 없는 나라라며, SNS에 떠다니는 말들을 모아본다.

(1) 일본은 세계 3위의 경제대국으로서 한국에 비해 GDP는 3배, 총 국력은 9배의 강국이다.

(2) 일본인은 국제사회에서 1등 국민의 대접을 받고, 책임감이 강한 국민성을 가지고 있다.

(3) 일본은 외국에 빌려준 순채권(純債權)이 3조 2000억 달러로 세계 1위의 부자나라다.

(4) 일본은 노벨상 24개(물리11, 화학7, 의학3, 문학2, 평화1)로 동양 1위. 한국은 평화1개.

(5) 남을 위하는 배려성이 가장 높은 1위의 국민성을 가진 나라로 세계에 알려져 있다.

(6) 일본인들은 의리가 강하여 단결을 잘하고 몸담았던 조직을 절대로 배반하지 않는다.

(7) 일본은 국익을 위해서는 적과도 손을 잡는다. 원폭을 가한 미국과도 긴밀한 우호국이다.

(8) 일본제품의 품질향상을 위해 데밍 박사를 초빙하여 세계 제1의 품질강국이 되었다.

(9) 일본은 차고지 증명이 없으면 차를 구입할 수 없고, 길거리에 불법 주차하는 차가 없다.

⑽ 개통된 지 50여년이 된 신칸센은 정시운행과 운행 중 사고 사망자가 한 명도 없었다.

일본에 대한 호불호(好不好 : 좋고 나쁨)를 떠나 우리가 본받아야 할 덕목은 알아보고 배워야 할 것이므로 일본의 좋고 본받아야 할 점들을 알아보겠다. 물론 일본을 잠시 둘러본 여행객들의 주관적 느낌으로 잘못 알고 있는 항목도 있을 것이나, 필자는 1970~1990년경까지 무역업으로 비즈니스 차 일본을 수십 차례를 왕래하여 좀 아는 편이다.

⑴ 사람들이 예의가 발라 차량과 사람은 서로 양보하여 길에서 경보음을 들을 수 없다.

⑵ 사람들이 전철에서도 휴대폰 대신 책을 많이 읽고 있어 국민 수준이 높아 보인다.

⑶ 남에게 폐를 끼치지 않도록 교육받아 식당에서 아이들이 떠들면서 뛰지 않고 조용하다.

⑷ 길거리에서 담배꽁초나 휴지 등 쓰레기를 구경할 수 없고 거리가 깨끗하고 정돈되어 있다.

⑸ 불법 주차나 차도나 인도를 불법으로 점거하여 장사를 하는 것을 볼 수 없다.

⑹ 사람들이 검소하여 평상복으로 외출하고, 등산 때도 비싼 등산복을 입지 않는다.

⑺ 자동차도 소형 일본차를 선호하며, 외국산 고급차는 극소수이고 한국차는 보이지 않는다.

⑻ 일본인은 기록을 중시하여 업무에 적당주의가 없고 철저한 기록과 데이터를 중시한다.

⑼ 일본 노조는 흑자가 나도 회사의 앞날을 생각하여 임금동결을 자청하고 파업을 않는다.

⑽ 일본은 개인은 가난하고 검소하지만, 국가는 세계 제3위의 강국으로 대접받는 나라다.

3) 한일협정과 한·일 갈등

한국과 일본은 '일제강점'으로 인한 과거사와 영토문제 등의 갈등과 불안 요소는 남아 있었지만, 6·25전쟁 이후 한·미·일동맹의 틀 안에서 일본과는 가까운 우방이고 경제와 안보의 동반자로 그런대로 서로 협력하면서 잘 지내오고 있었다.

그러다 문재인 정부가 들어서면서 반일감정을 부추겨 틈새가 벌어지기 시작하더니, 2019년 3·1절 100주년 기념식에서 "친일잔재 청산은 너무나 오래 미뤄둔 숙제"라며 '반일의 깃발'을 휘둘렀다. 북핵 폐기의 평화가 거짓임이 들통나고, 민생경제가 파탄 나는 등 악재들로 정권의 지지율 하락이 이어지자 반전을 위해 내민 반일카드로 보인다.

그러자 추종자들이 거들었다. 각 도의회는 '일본 전범 기업이 생산한 제품'이란 스티커 부착, '전범 기업 제품의 불매' 촉구 조례안 제정, 전교조의 학교 내 '친일 인사 동상 철거', 심지어 10개 시·도 교육청은 '친일시인 시비 철거', '친일 교가 바꾸기'라는 해괴한 행태를 보이고, 민노총은 '강제징용 노동자상

(像)' 까지 만들어 세우는 등 일본을 자극하는 선동을 이어갔다. 또 얼마나 많은 추종자들이 무슨 해괴한 발상의 반일운동을 일으킬지 모르겠다.

2018년 10월 30일 한국 대법원에서 '일본의 조선인 위안부 및 강제징용자 배상문제는 해결되지 않았다' 는 '강제징용 피해자 배상' 판결이 나왔고, 곧이어 11월 21일 박근혜 정부시절인 2015년 12월에 한·일 정부 간에 껄끄럽던 위안부 문제를 해결하기로 한 '한·일 간의 합의'를 일방적으로 파기하고, 일본이 108억 원을 출연해 만든 '화해·치유재단'도 해산해 버렸다. 이에 더해 2019년 1월 8일에는 잇달아 일본기업 자산 4억 원을 압류하라는 판결을 하기에 이르렀다. 그러자 일본은 1965년에 있었던 '한·일청구권협정'으로 일단락된 사안이라며 이 문제 해결을 위해 상호, 또는 외부 중재 등의 협상을 세 번이나 요구하였으나 문재인은 사법부 판단이라면서 거절하였다. 압류하겠다는 금액이 불과 4억 원이니 당시 우리 정부에서 충분히 해결할 수 있었던 사실을 '문재인의 반일 프레임' 때문에 사건을 이 지경으로 더 키운 엄청난 결과라고 여겨진다.

한국이 협상도 결국 거절하자 참고 있던 일본은, 2019년 7월 1일 불화수소 등 반도체 관련 3가지 품목을 규제하겠다고 발표하였다. 명분은 '이 품목들 중 일부를 외부(북한)에 반출한 혐의가 있기 때문이라는 것' 이고 절대 경제보복은 아니라고 하였다(알려지기로는 보통 산업용으로 수출하는 불화수소의 양은 거의 일정한데, 문재인 정부 들어 그 양이 눈에 띄게 늘었고, 한 번에 3년 치 고순도 불화수소 주문이 들어왔기 때문에 규제한다고 들었음).

이때 한국에서는 수입 물량을 어떻게 사용했다는 명세서를 작성하여 해명하였으면 해결될 수도 있었을 것을, G20회담까지 해명해 준다고 하고는 G20회담 때 해명하지 않았다. 정말 북에 빼돌려 준 것이 아닌가 의심을 받으면서도 해명을 않다가, 3가지 품목 규제 발표가 나오자 문재인 대통령은 해명 대신 "일본의 경제 침략이고 우리도 강력 대항할 것이고, 일본이 피해가 더 클 것"이라는 말로 반일감정만 부추겼다. 이에 호응하는 말들로 '이순신 배 12척'이니 '죽창가'니 죽기 살기로 싸우자고 나섰다. 참으로 이해가 안 되는 부분이다.

아베의 자유통상을 역행하는 경제 제재 보복을 잘했다고 옹호할 생각은 조금도 없다.

그러나 역지사지(易地思之 : 처지를 바꾸어서 생각함)로 일본 입장에서 생각해 보면, 보상은 자국 외환보유고 절반까지 털어주며 끝냈었고, 식민지 지배에 대한 사과는 수십 번을 했고, 오늘날 한국의 산업화와 선진화를 위하여 일본 기업의 초기 기술 이전과 설비공급으로 전 산업분야에 도움을 주었고, 가까운 이웃으로 우대를 하여 왔는데, 이렇게 외교 조약도 일방적으로 파기하고 자국 정치를 위해 억지를 쓰는 한국에 대하여 더 이상 참을 이유가 없다고 생각했을 것이라 여겨진다. 즉, 아베의 규제 보복은 잘못이지만, 문재인 정부에서 조용히 해결될 일을 먼저 빌미를 제공한 책임이 더 크다고 보는 것이다.

2019년 8월 2일 드디어 일본 정부는 한국을 백색국가에서 제외한다는 결정을 발표했다. 즉, 일본이 수출을 효율적으로 하기 위해 세계 27개국을 '수출심사 우대국명단(White List)'에 동양에서 유일하게 가까운 동맹국이라고 한국을 포함시켜 왔는데, 더 이상 한국에 우대국 혜택을 주지 않고 다른 나라처럼 개별품목 허가를 받도록 하겠다고 한 것이다. 이에 대해 문재인은 "무모한 결정"이라며 강력히 반발하더니, 곧 '남북경협의 평화경제'로 일본경제를 단숨에 뛰어넘겠다"는 소가 웃을 주장까지 하여 국민들을 허탈하게 하고 있다.

처음으로 돌아가 '65년 한일협정'부터 살펴보기로 하자.

일본은 이 협상에서 식민지 국가에 대한 경제적 보상을 세계에서 유일하게 제공하기로 합의하여 당시 일본 외환보유고의 절반에 가까운 무상 3억 달러, 유상 2억 달러, 상업차관 1억 달러 합계 6억 달러의 거액을 제공하였다. 이때 일본은 한국과의 국교 정상화와 관계개선을 바라는 미국의 압박 때문에 일본 국민과 기업들이 한반도에 투자한 21억 달러 자산의 청구권도 포기하였다. 한국인들이 중국에 투자했다가 몰수당한 것처럼, 당시 일본 국가나 개인이 한반도에서 일군 모든 재산을 빼앗기고 몸만 돌아간 일본인들은 일본 사회의 하층민으로 살아갈 수밖에 없었다. 이 협상의 결과가 한·일 중 어느 쪽이 유리하였다고 보는가?

더 황당한 것은 2005년 노무현 정권 때, 이 65년 한일협정의 진상규명을 조사하기 위하여 '민관공동위원회'를 만들고 7개월간 조사한 결론이 위안부 문제, 사할린 한인 문제, 조선인 원폭피해자 문제 등 세 가지를 제외하고, 한일청구권협정으로 받은 3억 달러에 강제징용피해자에 대한 배상금이 포함되었음을 인정하였다. 이 위원회의 위원장은 지금 더불어 민주당 대표인 '이해찬'이었고 지금 대통령인 문재인이 위원이었다. 이 위원회의 결정을 노무현 대통령도 승인하여, 2007년에 '징용자 강제동원 피해 특별법'을 만들고 사망 유족에게는 2000만 원씩, 부상자에게는 1000만 원씩 피해자 7만 2631명에게 6184억 원을 지급하였다.

이 위원회의 결정에 함께한 문재인과 이해찬은 지금 와서 철면피가 되어 강제징용자 문제를 다시 들고나온 것이다. 다시 말해 그들이 이런 내용을 잘 알고 있으면서 과거사는 다 덮어버리고, 온 국민들을 선동하여 '일본여행 취소'니 '일본제품 불매운동' 등의 반일운동으로 나라를 쑥대밭으로 만들고 있다. 그 저의가 무엇이며 누구를 위한 억지인가?

소탐대실(小貪大失)을 자초하는 치졸한 반일정책을 국익을 위해 빨리 철회해야 한다!

더구나 그것이 만일 차기선거를 위한 반일운동이라면 당장 중단하는 것이 당연하다.

일본이란 나라, 해방 후 지금까지 필자를 포함한 우리 국민들이 절대 좋은 감정을 가질 수 없는 원수 같은 나라임에는 틀림없지만, 이제 70년이 지났으니 "용서를 하되 잊지는 말자"는 이스라엘처럼 우리도 이제 그만 용서할 때가 되었다고 생각한다.

여기에서 필자는 작금의 한·일 사태를 바라보면서 과연 일본은 우리의 적인가? 라는 질문에 "적이 아니고 잘 지내야 할 자유민주국가인 이웃"이라고 답하고 싶다. 그 이유는 제14대 대통령인 YS가 "위안부 실태조사와 생계대책을 마련하고 일본정부가 이 문제의 진상을 스스로 밝혀 역사와 세계 앞에 사죄하라"는 입장을 밝히면서 "나는 일본을 원수라고 생각하며 자랐다. 그러나 내가 정치인이 되고 나서야, 일본이 자유와 민주주의라는 공동의 가치를 추구해나가야 할 이웃이라는 것을 진정으로 깨달았다"고 했으며 "더구나 나는 2002년 한·일월드컵 공동유치로 한국과 일본의 2천년 역사에서 성공으로 이룩한 최초의 협력이었다. 그러므로 한국과 일본은 기꺼이 손잡고 미래로, 세계로 나갈 수 있을 것"이라고 했던 말을 기억한다.

이처럼 우리도 뒤만 돌아볼 것이 아니라 국가의 이익과 장래를 위해 내일을 내다보고, 가까이 지내야 할 이웃이고 자유민주 우방으로 안보와 특히 경제적으로 일본과의 유대가 무엇보다 중요하다고 생각을 바꾸어야 한다. 그러기 위해 반일정책을 접고, 심각한 한·일 갈등이 원만히 잘 해결되기를 빌 따름이다.

일본과는 뗄 수 없는 이웃 나라이다

일본의 가장 오래된 '속일본기'에 보면 일본은 우리나라 한민족의 영향을 받아 고대국가의 틀을 확립했고, 그들이 자랑하는 '아스카문화'와 '나라문화'가 우리나라 삼국시대 때 백제와 신라왕실의 영향으로 꽃이 피었다고 되어있다. 이렇듯 고대 일본사는 우리나라의 각종 문물 전래와 '나라(奈良)'라는 지명처럼 지명이나 사적지 등 한민족과의 관계를 빼놓고는 논할 수 없을 정도로 밀접하였다.

2001년 12월 아키히토 '천황'의 생일날 '천황'으로는 처음으로 고대 한민족과의 관계에 대하여 말하기를 "고대 야마토 조정의 황태자인 백벽왕과 결혼한 '다카노 나이카사'가 백제 무령왕의 피를 이어받은 여성이며, 770년 남편인 백벽왕은 고닌 천황으로 즉위하였고, 그 아들은 훗날 '쓰네타케 간무 천황'으로 즉위하였다"고 밝혔다. 쓰네타케 간무 '천황'의 생모가 백제 무령왕의 자손이라고 되어 있으므로 조선은 분명 일본의 형님 같은 나라라는 사실을 아키히토 '천황'의 입으로 밝힌 것이다.

따라서 백제의 25대 무령왕은 일본 가카라 섬에서 출생하였고, 그 후 40여 년간의 행적이 베일에 가려져 있다가 백제로 건너가 왕이 되었으며, 일본에서 결혼하여 순타 태자를 낳은 것으로 되어있고, 백제인의 후손인 15대 '천황' 오우진 '천황'과 닌도쿠 '천황' 부자가 백제인의 후손이라고 기록된 사실로도 한국과 일본이 혈연관계임이 충분히 밝혀진 것이다.

이후 662년 백제가 멸망 후 수많은 백제인들이 일본으로 망명하여 큰 환영을 받고, 벼슬과 토지를 받았으며 당시의 인구조사로 일본 귀족의 약 3분의 1이 백제인 성씨였다고 한다. 이상에서 나타나 있듯 이웃인 일본과는 뗄 수 없는 이웃 관계의 형제나라이다.

※ 참조 (2014년 4월, 필자가 저술한 책 〈세월은 쉬어가지 않는다〉 289쪽에 수록)

100년 기업을 가진 일본을 보라

〈힘 길러 되갚아 주는 것이 복수다〉

* 다음은 중국경제금융연구소 전병서씨가 작성한 글이다.

한국은 대일관계에서 고차원의 복수 단계로 가야 한다. 상황 오판으로 민초들을 일본의 식민지로 몰아넣었고 치욕적인 대접을 받게 했던 못난 선조들의 오류를 뼈에 새기고 잊지 말아야 한다. '절치부심' 하고 '와신상담' 해야 한다.

그러나 최고의 복수는 일본보다 더 잘살고 더 강해지는 것이다. 자존심 상하게 선거철마다 일본에 배상하라고 사과하라고 징징거리다 터지고 대접도 못 받는 하수의 짓을 정말 더는 하지 말았으면 좋겠다. 한·일의 정치인들, 자신들의 정치적 잇속으로 선거철이면 꺼내든 별 실효성도 없는 역사문제, 영토문제, 배상문제 이젠 그만 우려먹을 때가 되었다. 역사는 손바닥으로 가릴 수 없고, 독도는 우리가 점유한 우리 땅이고 일본이 무슨 소리를 해도 점유가 바뀔 수 없다.

10조엔도 아니고 꼴랑 10억엔으로 위안부 보상받고, 10조 원도 아니고 10억 원 일본기업 자산 압류매각해 봤자 일본과 일본기업이 반성하지도 않을뿐더러 일본에 푼돈 보상받아도 손상될 대로 손상된 우리 자존감 회복 안 된다.

최고의 복수는 잊지 않는 것이고 언젠가는 힘을 길러 되돌려 주는 것이다. 일본에 징징거리는 것 이젠 끝내고 일본을 이기는 전략을 내놓고 실행해야 한다. 일본에 당한 아픈 기억을 가진 연로하신 어르신들이 노구를 이끌고 일본 바닥을 시위하고 헤메게 하지 말고 한국의 젊은이들과 아이들에게 일본에 당한 우리의 치욕과 실수를 잊지 않게 가르치고 기억하게 하는 것은 어떤가? 그리고 그 힘드신 노고에 대한 고마움과 가르쳐주신 대가로 일본이 준다는 것보다 더 크게 국가가 보상하고 지원하면 안 되나? 세계 12위의 경제력을 가진 한국, 우리가 그 정도 할 능력이 없는가? 치사하고 아니꼽게 푼돈으로 한국인에 준 고통을 퉁치려는 일본과 더는 이런 식으로 엮이지 말았으면 한다.

정치인들의 헛발질과 선동이 온 국민을 혼란스럽게 만들고 기업을 힘들게 하지만, 정작 정치인들의 형태를 보면 극일(克日)하는 전략은 없고 일본이 세게 나오면 기업과 국민 뒤로 숨는다. 대일 외교에 헛발질해 국민의 자존심을 또 상하게 하고 기업을 힘들게 만든 당국자와 비겁한 정치인들은 반드시 심판받아야 한다.

치욕적인 궁형을 당하고 살아남아 역사적 대작을 남긴 사마

친의 사기〈화식열진(貨殖列傳)〉에 이런 말이 나온다.

"대개 서민들은 상대방의 부(富)가 자기 것의 10배가 되면 친구에게 욕을 하지만, 100배가 되면 그를 두려워하고 1000배가 되면 그의 밑에서 일을 하게 되고 만 배가 되면 그의 노예가 되는데 이것은 만물의 이치다."

4) 한계점에 도달한 중국경제

중국은 지난 30년간 빠른 속도로 경제가 성장했지만, 앞으로도 성장이 지속되리라고 볼 수 없으며, 오히려 최근의 미·중 무역전쟁으로 급격한 성장속도 하향이 불가피하다. 따라서 경제 성장률이 낮아지면서 정치적 사회적으로 큰 문제가 발생할 가능성이 클 뿐 아니라 멀지 않은 장래에 흔히 말하는 G2란 용어는 사라질 것이고 현재와 같은 통일국가를 유지하기도 어려울 것이라고 전망하는 경제학자들이 많다.

지난 2019년 1월 21일 지방정부 고위간부들을 모아놓고 행한 학습회의에서 시진핑 주석은 "우리나라의 경제정세는 종합적으로 볼 때 양호하다. 그러나 중국은 '검은 백조' 만이 아니라 '회색 꼬뿔소' 도 방지해야 한다"고 연설했다(코뿔소는 덩치가 크고 평소에는 얌전하나 화가 나면 걷잡을 수 없는 것을 비유한 말임).

그가 말한 회색 코뿔소는 세계의 어느 곳이든 존재하는 리스크로서, 현재는 문제가 되지 않지만, 언제든지 시장에서 큰 폭발을 일으킬 수 있는 부동산 버블, 채무팽창, 인플레이션, 고령화 등의 문제를 말한 것 같다.

또, '검은 백조'란 돌연변이로 태어나는 흑색백조처럼 가능성이 적지만, 한국에서 있었던 1998년의 IMF사태처럼 혹시 발생하면 엄청난 타격을 입을 수 있는 리스크를 말한다. 중국이 두려워하는 '회색 코뿔소'와 '검은 백조'는 중국 경제에 계속 존재해 왔다. 다만 최근의 미·중 무역전쟁으로 여러 가지 경제적인 위기가 심화되었다고 진단하고 있는 것이다.

중국 위기를 초래할 많은 원인 중에 큰 것 몇 가지만 열거해 본다.

(1) 끝없이 치솟는 부채

과도한 가계부채와 기업부채로 인한 부동산 비율은 중국경제의 '회색 꼬뿔소'로서 이를 해소하기 위해서는 경제침체를 가져올 구조조정밖에 없다. 가계부채 비율 증가 상위국 1위가 중국(2위는 한국)이다.

1998년 IMF 시절 우리나라(한국)의 가계부채는 180조 원이었는데, 현재 중국의 가계부채는 무려 6500조 원으로 인구 차이를 감안하더라도 어마어마한 금액이고 급증 추세이다.

또, 현재 중국의 기업부채는 GDP 대비 160%로 이미 우리나라의 IMF 때 기업부채 150%를 넘긴 상태로서, 수많은 경제학자들이 빚을 갚으려고 건전한 자산마저 팔아치워야만 하는 때를 말하는 민스키 모멘트(Minsky moment)의 진입을 예측하고 있을 정도다.

더구나 중국이 결국 망하게 될 이유 중에는 중국의 GDP의 80%가 일수 찍는 사람으로 눈에 보이지 않는 국민적 암 덩어리가 돼 가고 있다는 사실이다.

(2)외국 기업들의 중국 탈출과 실업자 증가

인건비의 급격한 상승으로 중국의 저임금 매력이 없어지고, 중국 정부의 각종 규제가 너무 심하여 기업 활동이 위축되고, 미국과의 무역전쟁으로 인한 관세폭탄으로 중국 내 생산 제품들의 관세증가로 인한 상품 이익률이 감소하여 사업에 어려움을 겪고 있는 것 등의 원인으로 외국 기업의 탈출이 속출하고 있다.

구글의 유튜브도 2010년 중국시장에서 철수를 하였고, 한국의 삼성전자도 중국 톈진에서 철수하고 있고, 현대차도 베이징에서 공장을 철수하고 있으며, 여타 글로벌 기업들 중 아마존, 맥도널드, 퀄컴, 소니, 샤프 등이 중국 내에서 지분을 매각하거나 철수하고 유럽의 수많은 기업들도 동남아 쪽으로 공장을 옮기는 추세이다.

따라서 실업자가 많이 늘어나는 원인이 되고 있으며, 중국기업도 작년 상반기에 504만 개가 도산하였고, 작년 11월에 중국 농업농촌부의 "농민공 740만 명이 귀향하여 창업했다"는 소식은 곧 중국의 실업문제가 날로 심각해진다는 것을 말해준다.

(3) 소비 위축과 물가 급등

외국기업과 중국기업들도 다른 동남아국가로 탈출하고 미국의 화웨이 봉쇄정책 등 미·중 무역전쟁까지 겹치면서 실업자가 늘어날 뿐 아니라, 미래에 대한 불안으로 지갑을 닫아버려 전반적인 소비 축소 풍조가 형성되고 있는 상황이다. 또, 아프리카돼지열병이 만연하고 농산물 흉작 등에다가, 인민폐 절하와 수입 관세율 인상에 따른 수입식품 등으로 물가가 상승해, 정부에서 정기적으로 공표하는 소비자 물가지수(CPI)는 안정된 수치를 보이는 듯하지만, 돼지고기 가격은 작년 동기 대비 14% 급등했고, 소비자 식품가격은 6.1% 상승했다. 또, 중국 정부에서는 아프리카돼지열병이 전국으로 퍼지면서 돼지고기 공급이 급감하여 돼지고기 가격이 70%까지 상승할 가능성이 있다고 경고의 메시지까지 발표했다.

(4) 식품부족

미·중 무역전쟁에 따라 정부가 미국산 대두의 수입을 줄이고, 관세율 인상과 인민폐 절하 등 요인으로 농산물 가격이 오르고 있어, 금년 하반기의 양식공급에 불안이 예상되고 있다. 이 밖에 병충해, 돼지콜레라, 이상 기후, 미·중 무역전쟁이라는 다수의 요인이 겹치면서, 중국의 식량 공급에 위협이 증가하고 있으며, 설상가상으로 아프리카돼지열병이 전국으로 퍼지면서 돼지고기 공급이 급감했다. 또한, 농작물을 집중적으로 먹어치우는 외국에서 유입된 벌레가 금년 1월부터 남방 농경지

의 옥수수, 쌀, 대두 등을 먹어치우고 있으며, 남부의 내륙지대
에 만연한 병충해의 재난은 지속적으로 화북, 동북 등 북방으
로까지 확산 중이어서 식량의 부족이 큰 문제로 떠오르고 있
다. 이런 뉴스는 중국 내에서는 들을 수조차 없다.

(5)계속되는 미·중 무역전쟁

중국은 8월 23일 5078개 품목 약 750억 달러 규모의 미국산
제품과 미국산 자동차에 대해 5~25% 관세를 부과한다고 하자
미국도 5000억 달러의 중국산 제품에 대한 관세도 10~30%로
올리기로 결정하는 등 미국이 먼저 추가 관세를 부과하기 시작
하면 중국이 반발하고, 미국이 재차 공격에 나서는 패턴이 반
복되고 있으며, 미국은 확전도 불사한다는 방침이다.

트럼프 미국 대통령은 트위터로 "우리는 중국이 필요 없고,
그들이 없으면 우리는 더 부강했을 것"이라는 격한 말도 하였
다. 이렇게 미국과 중국의 두 경제대국은 끝을 모르는 격돌을
계속하고 있어서 이 전쟁이 원만히 타결되지 않으면 세계경제
에도 나쁜 영향이 클 것이고, 악화하면 중국도 일본처럼 처참
한 결과를 가져올 수도 있는 것이다.

* 결론적으로 그동안 미국의 GDP에 40% 정도 따라오면 세계
  어느 나라와도 무역전쟁을 일으키는 미국은 무서운 나라이다.
* 소련이 1980년 초반에 미국의 GDP 40%에 도달하자 미국은
  소련과의 전쟁을 선포하고 1980년 모스크바 올림픽에 불참

했다. 소련을 포함한 동구권은 1984년 LA올림픽에 불참하는 등 전쟁을 시작했으나 1991년 소련이 붕괴되어 소련과의 전쟁은 끝이 났다.

* 일본이 1980년경 미국의 GDP 40%에 육박하자 1985년 달러 강세를 해결하자며 열린 G5(프랑스, 독일, 영국, 미국, 일본) 재무장관회의(플라자회의)에서 각국 정부개입으로 환율을 정하기로 하자, 일본은 부동산 버블이 꺼지면서 잃어버린 20년을 맞은 것이다.

* 중국은 2008년에 미국의 GDP 40%가 되었는데, 그때 미국은 금융위기 중이라 돈을 풀고 기업을 살리는 데 여념이 없었기 때문에 중국에 손을 대지 못하였다가 이제야 전쟁을 시작한 것이다. 앞으로 어떻게 전개될지 모르지만, 아무래도 중국은 미국과 맞붙어 이길 수 없을 것이고, 상당한 피해를 볼 것이며 일본처럼 치명타를 입을 수도 있을 것이다.

냉혹한 세계 전쟁이나 무역에서 줄을 잘 서야 살아남을 수 있으며, 처세를 잘해야 나라를 제대로 이끌 수 있을 텐데, 현재의 문제인 대통령은 이 점에서 한마디로 낙제점을 받아 마땅하다고 생각한다. 물론 '사드배치' 때문에 중국에 혼쭐났지만, 이 문제도 박 대통령이 추진한 것을 못 이기는 척하고 계속 진행했으면 문제 없었을 것을, 반미사상을 기조로 북한에 대한 충성과 친중 정책 및 전 정권의 정책을 '적폐'로 몰아 긁어 부스럼을 만든 것이다.

그보다 더 큰 잘못은 일본의 아베처럼 미국에 달라붙어 '한 · 미동맹'만 굳건히 했으면 중국이 겁나서도 '사드'에 시비를 걸지 못했을 것이다.

이제 문재인은 노골적으로 반일을 넘어 반미정책을 감행하는 듯하며, 생색도 실익도 없는, 아니 오히려 조롱만 받는 친북, 친중 정책을 고집하고 있으니 참으로 답답하고 안타까울 뿐이다.

5) 조국 법무장관 임명과 퇴출을 되돌아본다

지난 2019년 9월 9일 문재인 대통령이 조국 전 민정수석을 법무부 장관에 임명하였으나 전국민의 국론분열등 숱한 문제와 화제를 뿌린뒤 35일만에 사임했다.

우선 오랜 기간 동안 조국 일가의 비리가 폭로되고 부인이 범법 피의자로 기소까지 된 시점에 법무부장관에 임명했던 것이 정당했는지부터 알아보기로 한다.

과거에 사노맹 활동을 하였고 청문회에서 '전향'을 했는지 물었지만 확답을 주지 않았으며, 한국에는 사회주의 정책이 필요하다고 주장하였으므로 공산주의자와 별로 다를 바 없는 사회주의자임을 숨기지 않았다. 이런 인물을 국가 고위직에 앉힌다면 이 나라는 사회주의 국가로 가고 있는 것인지, 이미 사회주의 국가가 된 것인지 묻지 않을수 없다.

또 기고문이나 SNS에 올렸던 수많은 글들과 행위를 볼 때 고위공직자로서의 품위와 자격이 있다고 보기 어렵고, 법무부 장관에 아주 부적합한 인간이라고 할 수 밖에 없다. 보수와 진보의 진영논리를 떠나서 양심적으로 생각하여 떳떳하고 정당하다고 할 수 있겠는가?

부인과 가족이 수사를 받고 있고 11시간 넘는 셀프청문회와 국회청문회에서 드러난 사모펀드를 비롯한 갖가지 의혹상황에서 법을 수호하고 준법정신을 부르짖을 자리인 법무부 장관으로써 직무를 제대로 수행할 수 없을 것 같은데도, 한달이 넘도록 법무부장관 행세를 하는 조국의 뻔뻔함에 혀를 내 두를 수 밖에 없었다. 장관직에는 물러났다 해도 검찰 수사가 진행되고 있으니 사실이 다 밝혀질 것이고 잘 마무리 될 것으로 믿는다.

한편 칼럼리스트 조갑제씨는 "지금 검찰은 좌익과 싸우고 있다. 국군은 구경만 할 것인가?" 라는 칼럼을 통해 "사회주의, 공산주의, 계급투쟁론으로 불리는 좌익은 역사의 쓰레기"라고까지 강조했다.

그는 " 역사는 개인의 자유를 확대하는 방향으로 흐르는데 좌익은 집단주의를 강화하면서 종국에 가서는 1인 절대주의로 변한다. 개인의 자유를 말살하므로 세계사를 거스르는 반동이고 쓰레기통으로 들어가야 할 이념"이라고 주장했다. 조국법무장관은 사노맹 가입 활동으로 재판을 받았으며 당시 논문에서 자신이 레닌주의자임을 고백한 적이 있는데, 그후 한 번도 반성하거나 공개적으로 수정한 적이 없으며 최근에도 자신의 과거 좌익활동에 대해 후회하지 않는다고 했다.

이같은 레닌주의자를 청와대의 요직에 앉히고 법무장관까지 임명한 것은 도대체 이 나라를 어디로 끌고 가겠다는 것인가.

사회주의 공산주의자들은 권력 쟁탈을 위해서는 살인 거짓말 위선 부패로 욕을 먹어도 개의치 않는다. 그들의 지상목표인 공산주의를 달성하기 위해서는 어떤 수단 방법도 합리화 하는 것이다. 뿐만아니라 협상이라는 것도 자신들이 불리할 때 시간을 벌기 위한 방법에 불과하다. 한반도 비핵화를 위한 협상이 진행되는 것도 트럼프대통령이 금방이라도 북한을 섬멸할 것 같은 기세로 나오자 미국이 함부로 덤벼들기 어려울 정도로 핵을 완성시킬 시간을 벌기 위한 것일뿐 아무 것도 아니다. 미국은 지금 북한에게 핵완성의 시간을 벌어주고 있을 뿐이다. 이를 도와주고 있는 것이 문재인대통령이다.

아마도 북한은 자기들의 장거리 미사일과 핵무기가 미국의 몇몇 도시를 파괴할 수 있을 때 미국과의 핵협상을 파기하든지, 핵보유국가임을 인정받는 협상을 시도할지도 모른다. 하지만 사회주의 공산주의를 표방한 나라들은 하나의 예외도 없이 모두 망했다. 여러분도 알다시피 현재 지구상에는 북한 말고는 종래의 공산국가가 하나도 없다. 중국과 베트남 쿠바등이 아직도 정치적으로는 사회주의를 표방하지만 경제적으로는 그들의 기본인 계획경제를 버리고 시장경제를 채택하고 있으며 사유재산과 사적 기업경영도 인정하고 있다.

그럼에도 불구하고 우리나라 좌익들은 왜 공산주의 사상을 완전 포기하지 못하고 있는가. 조국장관도 소련이 무너지기 전에 가진 사상을 모든 공산권이 망한 현재에도 버리지 못하고 있는 것일까. 이에 대해 어떤 학자는 공산주의 사회주의가 다 망한 것은 사실이지만 그것은 그 이념이 옳지 못해서가 아니라 그 이념대로 제대로 실천하지 못한 때문이라고 믿기 때문에 그 이념을 버리지 못하고 있다고 한다.

정말 어처구니 없는 일이다. 지구상의 모든 이념을 다 수용하고 있는 일본의 경우 공산주의는 이미 거의 사라졌다. 다만 사회주의만 어느 정도 남아있는데 , 여기서 말하는 사회주의는 공산주의와는 전혀 다른 유럽의 사회민주주의를 말하는 것이다. 사회민주주의는 공산주의자들이 금과옥조처럼 여기는 프롤레타리아 독재을 포기 했다. 공산당 유일지배도 포기해서 다당제를 채택하고 사유재산도 인정하고 시장경제도 인정한다. 따라서 자유민주주의와 다를 바 없지만 다만 요람에서 무덤까지 사회복지제도를 도입하고 있을 뿐이다.

하지만 유럽의 일부 사회민주주의는 경제수준이 톱클라스에 올라야만 가능하다. 남미나 남유럽의 그리스, 이탈리아등 일부 국가들이 사회민주주의를 흉내내려다 실패한 것은 경제수준이 낮았던 때문으로 보인다.

벌을 쫓아가면 꽃과 꿀이 있지만 똥파리를 쫓아가면 결국엔 썩은 오물만이 기다리고 있을 뿐이다.

6) 어려웠던 지난날을 기억하라

(* 전 육사 교장으로 예비역 장성이 호소한 글)

우리 대한민국의 장래를 짊어질 개혁과 신진의 주체, 젊은이들이여!

여러분들은 60, 70대 이상 아버지, 할아버지 분들이 겪은 아픔을 얼마나 알고 있는가?

그대들은 조국을 위하여 과연 얼마만큼 땀과 눈물을 흘렸는가? 지금 여러분들이 누리는 풍요로움 뒤에는 지난날 그 어르신들의 피와 땀과 눈물이 있었다는 것을 결코 잊어서는 안 된다. 5,16혁명 직후 미국은 혁명 세력을 인정하지 않았다. 심지어 그때 주던 원조도 중단까지 했다. 당시 미국 대통령은 '존 에프 케네디' 였다.

가난한 한국에 돈 빌려줄 나라는 지구상 어디에도 없었다. 지푸라기라도 잡고 싶은 마음에 우리와 같이 분단된 공산국 동독과 대치한 서독에 돈을 빌리려 대사를 파견해서 미국의 방해를 무릅쓰고 1억 4000만 마르크를 빌리는데 성공했다. 대신 우리는 서독이 필요로 한 간호사와 광부를 보내주고 그들의 봉급을 잡혔다. 그들 중에는 정규대학을 나온 학자출신도 수두룩했다. 서독 항공기가 그들을 태우기 위해 온 김포공항에서는 가족 친척들이 흘리는 눈물로 바다가 되었다.

이런 어린 간호사들은 독일에 건너가 울면서 거즈에 알코올을 묻혀 딱딱하게 굳어져버린 시신을 이리저리 굴리며 닦았다. 그리고 남자광부들은 지하 1000미터 이상의 땅속에서 그 뜨거운 지혈을 받으며 하루 8시간 일하는 서독사람들에 비해 열 시간 이상을 그 깊은 지하에서 석탄 캐는 광부 일을 열심히 했다. 서독 방송신문들은 대단한 민족이라며 가난한 한국에서 온 여자간호사와 남자광부들에게 찬사를 보냈다.

세상에 어쩌면 저렇게 억척스럽게도 일할 수 있을까? 해서 붙여진 별명이 '코리안 엔젤'이었다. 몇 년 뒤 서독 '뤼브케' 대통령의 초청으로 박 대통령이 방문하게 되었다.

우리나라에 전용기도 없던 때라 서독 정부는 친절하게도 국빈전용기를 우리나라에 보내주었다. 어렵게 서독에 도착한 박 대통령 일행은 '뤼브케' 대통령과 함께 광부들을 위로, 격려하기 위해 탄광에 갔다. 고국의 대통령이 온다는 사실에 500여명이 들어갈 수 있는 강당에 모여들었으나 광부들의 얼굴은 시커멓게 그을려 있었다.

애국가가 흘러나왔을 땐 모두가 목이 메어 애국가를 제대로 부를 수조차 없었다. 대통령이 연설을 했다. 단지 가난하다는 이유 하나로 이역만리 타국에 와서 땅속 1000미터도 더 되는 곳에서 얼굴이 시커멓게 그을려가며 힘든 일을 하고 있는 광부들을 보니 목이 메어 말이 잘 나오지 않았다.

"우리 열심히 일합시다. 후손들을 위해서 열심히 일합시다."

눈물에 잠긴 목소리로 대통령은 계속 일하자는 이 말만을 반복했다. 고국에서 배곯고 있는 가난한 내나라 국민들이 생각나서 더 이상 참지 못해 대통령이 눈물을 흘리며 대통령이란 귀한 신분도 잊은 채…… 이때 함께 자리하고 있던 광부와 간호사 모두 울면서 영부인 육 여사 앞으로 몰려나갔다. 어머니! 어머니! 하며…… 육 여사의 옷을 잡고 울었고, 그분의 옷이 찢어질 정도로 잡고 늘어졌다. 다 함께 울면서 내 자식같이 한 명 한 명 껴안아주면서 "고맙습니다. 고맙습니다. 한국을 도와주세요. 우리 대통령을 도와주세요. 우리 모두 열심히 일하겠습니다"를 수없이 반복했다. 그곳에 있던 '뤼브케' 대통령도 손수건을 직접 주며 "우리가 도와 주겠습니다"라고 힘주어 말했다.

서독 국회에서 연설하는 자리에서 박 대통령은 "돈 좀 빌려주세요. 여러분들의 나라처럼 한국은 공산주의와 싸우고 있습니다. 한국이 공산주의자들과 대결하여 이기려면 분명 경제를 일켜야 합니다. 그 돈은 꼭 갚겠습니다. 저는 거짓말 할 줄을 모릅니다. 우리 대한민국 국민들은 절대로 거짓말을 하지 않습니다. 공산주의자들을 이길 수 있도록 돈 좀 빌려 주세요"를 반복해서 말했다.

당시 한국은 자원도 돈도 없는 세계에서 가장 못사는 나라였다. 유엔에 등록된 나라 수는 120여 개국, 당시 필리핀 국민소득 170달러, 태국 220달러 등……이때 한국은 76달러이었다. 우리 밑에는 달랑 인도만 있었다. 세계 120개국에서 인도 다음으로 못사는 나라가 바로 우리 대한민국이었다. 1964년 국민소득 100달러! 이 100달러를 달성하는데 단군할아버지로부터 무려 4600년이라는 긴 세월이 걸렸다.

이후 그대들이 말하는 우리 보수 수구세력 꼴통들은 머리카락을 잘라 가발을 만들어 외국에 내다팔고 동네마다 엿장수를 동원하여 "머리카락 파세요. 삽니다" 하며 길게 땋아 늘인 아낙네들에게 다가가 사서 모았다. 그래서 한국의 가발 산업은 영등포 구로공단에서부터 시작해 전국적으로 발전하게 되었던 것이다.

또한, 싸구려 플라스틱으로 예쁜 꽃을 만들어 외국에다 팔았고, 곰 인형도 만들어 팔았다. 그리고 전국적으로 쥐잡기운동을 벌여 그 쥐 털로 일명 '코리언 밍크'를 만들어 외국에 많이 팔기도 했다. 이렇게 저렇게 해서 1965년 수출 1억 달러를 달성했다. 세계가 놀랐다.

"저 거지나라가 1억 달러를 수출해?" 하며 한강의 기적이라고 전 세계가 경이적인 눈빛으로 우리를 바라보았다. 조국 근대화의 점화는 서독에 파견된 간호사들과 탄광광부들이었다.

그러면서 새마을운동이 시작되면서 국민들의 정신이 노력하면 된다는 새마을 정신의 노래까지 나왔다. 그 노래 가운데 "새 아침이 열렸네. 너도나도 일어나 열심히 일하자"는 구호를 박 대통령이 직접 가사를 작곡 작사하여 우리나라국민들이 한마음으로 똘똘 뭉쳤다.

여기에 월남전 파병은 우리경제 회생의 기폭제가 되었다. 참전용사들의 전후 수당 일부로 경부고속도로가 건설되었고, 이를 바탕으로 우리 한반도에 동맥이 힘차게 흐르기 시작했다.

우리가 올림픽을 개최하고, 월드컵을 개최하고, 세계가 우리 대한민국을 무시하지 못하도록 국력을 키울 수 있었던 것은 그대들의 수구꼴통세력 아버지 할아버지 세대들의 피와 땀과 눈물이 뒤섞인 속에서 이룩되었다는 사실을 반드시 깊이 명심해야 한다.

우리 그대들 젊은 세대들이 명심할 가장 중요한 사실 하나는 그때의 어르신들이 북한 공산당에 많은 생명을 잃었기에 이젠 더 이상 공산주의 감언이설에 제발 속지 말고 살기 좋은 자유 대한민국이 너무 좋았고, 감사했으며 목숨을 담보로 월남 이국 전선에서 피 흘린 우리 국군장병들이 있었기 때문이란 사실을 절대로 잊지 말아야 한다는 사실이다.

그리고 작열하던 사우디 사막의 중동 건설현장에서 일한 60,70,80,90대가 흘린 땀과 눈물이 있었기에 그대들 알량한 젊은 세대들이 오늘의 풍요를 누릴 수 있다는 사실을 결코 잊어서는 절대 안 된다는 말을 깊이 명심해주길 바라는 바이다.

반미의 평화데모를 외치며 거리로 몰려나와 교통질서를 마비시키는 그대들이 과연 아버지와 할아버지를 수구꼴통들이라고 당당히 폄훼할 자격이 과연 있는가? 그런 자가 있다면 당당히 나와 세상에 자신 있게 밝혀봐라.

진실로 묻고 싶다. 그리고 그대들이 그때 땀 흘리며 일한 이들을 수구세력으로 폄훼하기에 앞서 오늘의 사실을 직시하라. 그대들은 부모님들의 사랑의 온실 속에서만 자라온 세대들인 탓으로 하여 세상을 너무 쉽고 단순하게만 보고 판단하는 소치가 크다. 국가경영을 세계와 미래라는 큰 틀 전체로 볼 때 반미와 반공을 용인하는 세력이 그런 혜안을 가지고 있다고 보는가? 보다 나은 내일의 삶을 위해 오늘의 고통을 즐겨 참고 견뎌 국민소득 4만 달러대의 달성 때까지 우리들 신·구세대는 한 덩어리가 되어야 한다. 이제 우리가 갈라져 반목하고 갈등하기엔 갈 길이 아직도 너무 멀다. 이제부터서라도 우리 모두 한번쯤 자신을 돌아보고 나라의 장래를 깊이 걱정해 보면서 같은 뿌리에 난 상생의 관계임을 확인하고 다시 한번 뭉쳐야 할 절실한 때이다.

우리 모두 오늘의 현실을 깊이 직시하고 선배를, 원로를, 지도자를 존경하고 따르며 우리 모두 후배님들을 격려하고, 이해해주면서 함께 살아들 보자. 그러면 우리 대한민국의 앞날에 더욱 밝은 빛이 비추어질 것이다.

육군 사관학교의 현 실태를 알고 깜짝 놀랐다.

대한민국은 육군의 최정예 장교를 육성하는 육군사관학교가 정치군인 학교장 중장 '김완태' 가 부임한 후 친 좌파적인 놀라운 일이 벌어지고 있다고 한다.

육군사관학교는 4년 동안 일반 민간대학교처럼 일반적인 모든 학문과 장교로서 갖춰야 할 전투기술을 가르치면서 국민들의 세금으로 의식주 해결은 물론 월급도 줘가면서 가르치고 있는데, 작년에 부임한 김완태 교장은 전형적인 정치군인으로서 취임하자마자 이명박 전 대통령 기념비석을 뽑아 야산에 내버려 버렸고, 박근혜대통령 기념비는 이름까지 파버렸으며, 박근혜 재직 시에 박근혜대통령을 향해 '그년'이라고 했던 이종걸, 송영길, 이순덕을 불러들여 강연하게 하고, 육사 선배 분들을 적폐로 규정하고 육사 근간이 되는 교육(?)을 갑자기 조선의용군 독립군으로 바꿔 교육시키고, 백선엽 장군, 기념관도 없애버리고 하루 온 종일 스피커로 독립군가를 틀어대고 있다고 한다.

얼마 전에는 졸업식에 문 대통령이 온다고 개교 시부터 사용해왔던 육사의 상징인 육사학교표지 마크를 향토예비군들의 마크 비슷한 것으로 바꿔서 달아놓자 이에 전 생도들이 반발하여 자비로 개교시 육사교표 마크를 사비로 구입하여 가슴에 달고 있는 지경에 이르렀다고 한다.

네이버 지도상에도 학교건물에 육사학교 표지마크도 지워버렸다고 한다. 또한 (문재인이 개헌에 넣으려 했던) '사람이 먼저다'란 구호 아래 정예장교를 육성하는 사관학교에 군 기강도 없애버려 하급생이 상급생 지시도 무시하는 등 군 기강이 개판이다 보니 이에 전교생들의 울분들이 하늘을 찌르고 있다고 한다.

군 기강이 빠지다 보니 외출이 금지된 1년생 15명이 무단이탈하여 저녁까지 영화관 등지로 돌아다니다 적발됐는데도 퇴교 심의는커녕 당일당직 일지에도 기록도 하지 않고 학교장 지시로 2시간 연병장 구보로 때우고 수습하다 헌병대에 적발되어 수사를 받고 있다고 한다. 3성장군이란 자가 청와대 행정관 탁현민이가 온다고 연병장 큰 전광판에다 '탁현민 국장님 방문을 진심으로 환영합니다' 란 문구를 띄우고 나이어린 탁현민의 뒤를 졸졸 따라다니는 꼴을 보자니 생도들의 마음이 어떠했겠는가? 국토방위를 지키는 국군의 정예 간성을 육성하는 육군 사관학교가 이 모양이 돼서야 되겠는가?

\# 또 다른 하나의 제보를 밝혀본다.

　'대전 백제대학교에서는 이승만 초대 대통령 동상을 철거하라는 시위가 있었다는데 대한민국이 무너지는 소리가 곳곳에서 들려옵니다' 라는 뉴스가 전해지고 있다.

　지금 주사파의 문재인 정권에서 대한민국이 빠르게 공산당사회주의로 가고 있는 것이다.

　이걸 듣고 보고 있는 애국 국민들의 가슴속은 철렁이고 썩어 문드러진다. 그러나 우리국민들은 그런 엄청난 사실조차도 전혀 아무것도 모르고 무사태평으로 살아가고 있다.

　육군사관학교여!! 그대들은　대한민국의 좌편향과 사회주의화를 막아야 한다. 또한, 해군사관학교와 공군사관학교의 간성들이여!! 조국의 앞날을　올바르게 판단하시어 국민들이 자유를 빼앗기고 북한인들과 같은 신세가 되는 길을 절대 좌시하지 말기를 바란다.

날로달로 더 깊이 썩어가는 큰 집 같은 이 나라의 운명을 우리국민들은 아무것도 모른 채 태평스럽게 노래 부르고 춤추며 놀아나면서 평화통일이 올 것이라고 꿈속을 헤매고 있다는 글 내용이 세월의 격차가 4세기를 지난 지금 444년 전인 1574년에 이율곡이 선조임금께 상소한 글 내용이다.

그 시절 조선의 역사를 반복하듯 지금 이 시대 땅위에 살고 있는 백성들과 무엇이 다른가? 불법으로 대통령을 탄핵해도, 나라의 안보가 무너져도, 기업이 조국을 떠나고, 경제가 폭삭 망해가고, 안보가 무너져가고, 청년실업자가 이리도 많아 일자리 찾아 조국을 등져도 70년 공들여 이룩한 원전마저 내팽개쳐도, 세금 갈취로 좌파들이 자기들 세상 만들겠다며 별수를 다 써 나라를 주물럭거려도, 조작과 거짓말 언론들에 놀아나서 진실을 부정하는데도, 그저 사육되는 개돼지같이 배부르게 먹고 살아가는 것이 마냥 즐겁고 신난다는 현실, 배웠다고 자부하는 우리 국민들이 이다지도 무지몽매(無知蒙昧)하단 말인가!! 탄식할 노릇이다.

역겹다. 조국의 안위를 위해 분투하다 전사한 국군장병들을 모욕하는 저 정치꾼들에 대해 침묵하는 자들은 과연 양심이 있는가 싶다.

이런 중차대한 시기에 꼰대보수들은 침묵하라나요? 마치 그 자들과 공범이 되었구나? 얼마나 더 망해봐야 행동할 건지? 이런 과정에서 발뻗고 밤에 잠이 제대로 오는가? 안보가 무너져 내리는 소리가 매일같이 들려오는데, 차라리 문재인처럼 종북 좌파를 지지해 여적죄질이나 저질러 버려야 하는가? 이거 정말 큰일 났다.

김일성을 유일한 희망이라는 아이들 교과서! 전 국민이 다 알아야 한다.

7) 해사구국동지회 성명서

※지금까지 기술한 책의 결론에 가까운 성명서이기에 그대로 옮겨 싣습니다. 구구절절 옳은 말로 이 나라를 구하고자 하는 이 성명서를 온 국민이 읽기를 바랍니다.(필자 주)

○ 해군사관학교 출신 예비역 장교 구국동지회는 8월 15일 광복 74주년, 건국 71주년을 맞이하여 망국으로 향하고 있는 대한민국을 구하기 위해 태극기와 성조기, 그리고 해사 구국동지회 깃발을 들고 구국의 전선에 분연히 뛰어들었습니다.

○ 조선왕조가 쇄국정책으로 변화하는 세계정세를 읽지 못하고 내부 권력 다툼으로 허송세월을 보내면서 국력을 키우는데 소홀히 하다가 36년간 일본에 나라를 빼앗기는 수모를 겪었습니다.

○ 불행하게도 100년이 지난 오늘날 무능과 외교 참사로 나라

를 빼앗긴 고종을 연상케 하는 지도자가 나타나 우리나라의 지정학적 위치와 국제관계에 대한 무지로 친중·반미 정책을 추구하여 국가를 위기로 몰아넣음으로써 국민들을 불안에 떨게 하고 있습니다.

○ 되돌아 볼 때 1945년 우리나라의 독립은 우리 스스로의 힘으로 쟁취하지 못하고, 미국이 주도하는 태평양 지역 연합국의 승리로 얻게 된 것입니다. 광복 이후 우리는 독립운동가였던 이승만 박사를 건국 대통령으로 선출했으며, 그분은 자유민주주의와 시장경제체제를 선택하였고 6·25전쟁을 치른 후에는 미국을 어렵게 설득하여 한·미상호 방위조약을 체결하였습니다.

○ 이후 박정희 대통령은 단군 이래 처음으로 국민들이 가난과 굶주림으로부터 탈피하는 한강의 기적을 일구어 전 세계를 놀라게 했습니다. 산업화를 일군 후 우리 대한민국은 시장경제를 중시하는 자유우파 정권들에 의해 선진국의 문턱까지 이르게 되었습니다.

이러한 경제 기적의 역사는 한·미동맹이라는 굳건한 벨트가 우리의 안보를 뒷받침해 주었기 때문에 가능하였으며, 이는 미국이 세계질서를 유지하기 위해 추구하는 자유민주주의와 시장경제라는 핵심가치에 부합하였기에 미국은 우리를 적극적으로 도와주었습니다.

○ 현재 문재인 주사파 정권은 6 · 25 남침으로부터 최근까지 천안함 폭침, 연평도 포격, 목함지뢰 설치, 미사일 발사 등 무력 도발을 감행하고 있는 북한 집단을 주적에서 배제 시켰습니다.

○ 또한 문재인 대통령은 김정은이 "1년 내 핵무기를 폐기한다" 는 가짜뉴스로 국민들을 현혹시키면서, 국회의 비준도 받지 않고 통치행위라는 미명하에 9 · 19 군사분야 남북합의서를 체결하여 방위태세를 스스로 무력화하는 망동을 저질렀습니다. 한편 북한집단은 9 · 19 군사분야 합의서 체결 이후 핵무기 개발을 지속하고, 신형 잠수함 건조, 신형 미사일 및 장사정포 시험발사 등 무력증강을 지속하고 있습니다.

○ 9 · 19 군사분야 합의서는 헌법에 배치됨은 물론 국민의 동의를 구하지 않은 권력집단의 사문서 수준이기에 즉각 폐기해야 하며, 문재인 대통령은 헌법을 위반한 여적죄에 해당하기에 그 죗값을 반드시 치르게 해야 합니다.

○ 문재인 주사파 정권은 권력을 쟁취하자마자 헌법조항에서 자유를 삭제하려는 개헌 시도를 하였으며, 역사에서 몰락한 사회주의 경제체제를 추구함으로써 지난 70년 동안 우리국

민들이 피땀 흘려 이룩한 세계 12위권의 경제강국의 위상을 단 2년 만에 망가뜨렸습니다.

○ 또한 소위 적폐 청산이라는 미명하에 110여 명의 전 정부 인사들을 구속하는 등 공포정치를 자행하고 있으며 입법, 사법, 행정의 주요 포스트에 종북전체주의자들을 대거 포진시켰고, 민노총의 지배하에 있는 다수의 언론은 정권에 부화뇌동하여 정권의 나팔수 역할만 하고 있기에 정권에 대한 비판과 견제를 기대할 수 없는 현실이 되었습니다.

○ 지금 우리사회의 분위기는 헌법만 개정하면 사회주의와 고려연방제가 달성된다는 우려와 불안이 증대되고 있습니다. 문재인 정권은 정권 초기에 시도하려던 개헌을 다시 추진하기 위해 총선에서 개헌선 확보를 위한 연동형 비례대표제 등 수단과 방법을 가리지 않고 있으며, 최근에는 반일감정을 부추겨 선거에 유리한 국면을 만들려고 반일선동까지 시도하고 있습니다.

○ 현재 우리사회를 뜨겁게 달구고 있는 한 · 일 간 경제전쟁 건을 상고해 볼 때, 문재인 대통령은 2018년 9월 트럼프, 아베와 함께 한 · 미 · 일 삼각동맹을 과시하는 뉴욕 정상오찬에서 "일본은 동맹이 아니다"라는 직설화법으로 정상간 대화에서 상상을 초월한 결례를 저질렀습니다.

또한, 2005년 노무현 정권시 문재인 본인도 참석한 위원회에서 이미 정리되었던 강제징용건을 다시 들추어내어 국가 간에 체결한 협약을 파기함으로써 일본과의 경제전쟁의 빌미를 제공하였습니다.

근자에 와서 한·일 간 경제전쟁 진행 중에 문재인 대통령은 상유 12척을 언급하고, 그 주구라는 자는 서해맹산(誓海盟山)이란 어귀의 깊은 뜻을 폄훼하는 가벼운 입놀림을 하고 있습니다. 언감생심 성웅 이순신 장군을 이들이 회자하는 건 도저히 있을 수 없는 일입니다.

장군의 어록과 그분의 충정 어린 시구를 더럽히지 말기를 경고하는 바입니다.

○ 존경하는 국민 여러분 그리고 해외 동포 여러분, 우리 모두 궐기하여 반드시 자유 대한민국을 지켜냅시다. 그 어느 누구도, 어떤 우방도 우리 내부의 문제를 해결해 줄 수는 없습니다.

우리 스스로 소중한 우리 삶의 가치와 자유민주주의를 지켜야 하겠습니다.이를 위해서는 문 정권을 하루빨리 퇴출시켜야만 우리 대한민국이 존립하고 지속적인 번영을 이어 갈 수 있으며, 우리 후대에게 이처럼 자랑스런 자유 대한민국을 물려줄 수 있습니다.

존경하고 사랑하는 국민 여러분!

우리 모두 뭉쳐서 싸우고 이겨서 자유 대한민국을 지켜냅시다!

2019. 8. 15. 해군사관학교 구국동지회 일동

마감하는 글

    필자(김상돈)는 2년여의 산고 끝에 드디어 '벼랑길 굴러가는 대한민국'이란 작품을 마감하면서, 대한민국의 현 상황을 '쫄망' 직전이라는 많은 인사들의 글과 의견을 듣고 이제야말로 우리 온 국민이 정신 차려야 할 절박한 때임을 깊이 느꼈다.

    물론 전적으로 동의하는 분들도 있고, 동의하지 않는 분들도 있으리라 생각하지만, '문재인 정권의 일방적인 주장'에 그저 맹종하는 사람들에게, 잘못 배우고 잘못 알고 있는 많은 역사적 사실을 제대로 올바르게 깨우쳐 드리고자 이 책을 저술하였다.

    어떤 이메일 자료에서 이런 내용의 글을 읽고 동감하여 여기 일부 인용한다. 역사상 싸구려 감성을 자극하는 허위 선전선동에 도매금으로 넘어간 무지한 바보 국민들 때문에 망해버린 나라들을 하나하나 열거해 보면 이렇다.

* 레닌이 공산당이야말로 구세주인 줄로만 여겼던 러시아
* 히틀러의 선전선동에 미쳤던 백성들 때문에 망한 나치독일
* 무솔리니 파시즘 선동에 속았던 백성들 때문에 망한 이탈리아
* 살인마 김일성과 세습 3대 괴수들을 수령으로 모셔 쫄망한 북한
* 체게바라와 카스트로의 선동에 열광했던 백성들 때문에 망한 쿠바
* 에바 페론의 포퓰리즘에 빠졌던 백성들 때문에 망한 아르헨티나
* 차베스의 포퓰리즘에 빠져 이를 국부로 여긴 백성들 때문에 쫄망한 베네수엘라
* 자국민 40%를 죽인 폴포트의 선전선동에 넘어간 백성들 때문에 망한 캄보디아
* 반미정책과 무상복지로 거지나라가 된 아르헨티나와 베네수엘라 등 남미 국가들
* 여타 독재유지를 위한 좌파의 선전선동에 속아 쫄딱 망한 아프리카 미개국들

　　이런 나라들의 국민들은 아직도 그런 독재 지도자들의 달콤한 꼬임에 넘어가 믿고 따르고 있으며 많은 사람들이 죽고, 기아와 빈곤, 압제에 시달리고 있다. 결국, 전쟁에 패망한 뒤에야 거짓 선동에 속은 것을 비로소 깨달은 나라가 겨우 '독일' 과 '이탈리아' 정도이다.

지금 좌파의 허위선전선동에 넘어가고 있는 바보 국민들의 나라가 또 하나 생기고 있으니, 그게 바로 현재의 대한민국이란 나라이다.

문재인 정권이 추구하는 반 기업, 친 노동, 혈세를 마구 뿌리는 '포퓰리즘'은 경제적 몰락을 몰고 온 유럽의 이탈리아와 그리스 및 남미 좌파국가 아르헨티나나 베네수엘라의 전철을 그대로 밟고 있음을, 왜 우리 국민들은 아직도 깜깜하게 모르고 살아가는 것인가?

이런 상태로 앞으로 또 3년이 더 흘러가면, 좌파 정권과 종북 좌파들 때문에 국가부도나 공산화 위험이 심각하게 진행되어 되돌리기 어려운 지경에까지 도달할 것이고, 지금 대한민국이 심각한 쫄망의 위기에 놓여 있다고 전 세계의 전문가들이 진단하고 있다.

필자는 다음의 성경말씀을 기억한다. "내가 사망의 음침한 골짜기로 다닐지라도 해를 두려워하지 않을 것은 주께서 나와 함께하심이라. 주의 지팡이와 막대기가 나를 안위하시나이다." (시편 23장4절) 주님이 우리나라의 위기를 바르게 인도하시리라 믿기 때문이다.

어떻게 이 나라를 건국하고 일으켜 놓은 나라인가를 우리 국민은 깊이 통찰해야 한다. 오직 국민들 저마다가 지금의 위기를 깨닫고 뭉친다면 절대로 늦지 않고 기회는 있다. 내년 총선,

그다음 2년 후의 대선에 나라의 운명이 걸려 있다.

우린 지금 나라가 위태로운 이정표 앞에서 당신이 심판해야할 중차대한 기로에 서 있다.

이 기회를 놓치면 대한민국의 운명은 되돌릴 수 없는 망국으로 치달을 것이다.

좌파들의 반자유주의, 친북좌파 정책을 이젠 반드시 저지해야 한다!

반일 · 반미 선동을 중지하고 한 · 미 · 일 동맹을 반드시 되돌려놔야 한다!

친 노동 · 반 기업의 모든 정책을 뒤집어 이 나라를 바로잡아야 한다!

국민들이여, 젊은이들이여!

정신을 차려 기울어져가는 이 나라를 바로 세우자!

미래의 대한민국은 우리 늙은이들의 것이 아니라,

자네들 젊은이들의 것이다.

젊은이들이여!

이 나라를 구하는 데 너나없다.

나부터 먼저 앞장을 서라!

[편집 후기]

이날이 오기까지 필자(이형문)가 살아온 80평생의 자부심과 회한을 전해 보고자 한다. 필자는 본인이 생각해봐도 좀 색다른 삶의 기인(畸人)이 아닐까 하는 행보를 해 왔다. 6·25전쟁 이후 어려웠던 시절 동국대 국문학과를 졸업했으면 문학에 매진해야 할 사람이 잠시 교직생활을 한 것은 외도가 아니라고 할 수 있지만, 전공과 다른 대한석유공사 윤활유직매소에 취업해 봤고 적성에 맞지 않는 것 같아, 무역업에 뛰어들어 공단 기자재 납품업으로 돈도 좀 벌어 봤다. 이때 내 앞가림도 잘하지 못하는 주제에 어려운 사람을 돕는다고 못살던 서울 산동네 판자촌(금호동, 홍제동, 봉천동)의 어려운 집들 쌀독도 채워줘 보고, 한강에 투신자살하려던 젊은이를 구하기 위해 지방에 송금하려던 거금을 탈탈 털어주고 온 일도 있었고, 나라사랑실천운동본부 조직운영 임원으로 근무 시에는 불량청소년들의 선도를 위해 통금이 있던 시절 남모르게 밤낮을 가리지 않고 활동해 보기도 했다.

또 도금회사의 전무 시절에는 열심히 일해 봤지만 믿었던 사람 보증을 잘못 서 거리에 나앉거나 사기를 수차 당해 결과가 신통치 않았고, 1980년대 한국에 컴퓨터 붐이 일고 있을 때 다시 무역업으로 기반을 잡게 되었다. 당시 컴퓨터 핵심부품인 IC칩을 일본에서 수입해 와야 했는데, 본인이 우연한 기회에 일본에서 한국인 야쿠자 부두목 야마구치(山口) 회장(정건영)과 (한일부관페리호 선주) 회사 쓰무라 전무(한국 거류민단)를 통해 아주 귀중한 IC칩을 구해 당시 동경 유라쿠초 빌딩에 있던 현대와 삼성에 납품해 줌으로써 나라에 일조했으며, 돈도 벌고 한국 컴퓨터 발전에 다소 기여한 일도 있었다고 자부해 본다.

이후 멀리 남태평양 피지섬에서 13년간의 이민생활도 해 보고, 지금은 이곳 강진 땅에 정착하여 일찍이 가깝게 지내던 백영종 과장님과 박희곤 아우님의 도움으로 컴퓨터를 배워 책도 저술하고, 강진고을신문에도 9년 이상 인생교양칼럼을 써왔고, 신문기사나 TV, 친구들, 특히 미국의 중학교 동창 마이애미의 김현철(영랑시인 자제)과 인터넷 등을 통해 우정을 나누며 온갖 뉴스를 접하고 있어서 세상 돌아가는 형편을 좀 아는 편이라 생각이 든다.

지금은 비록 가진 것 없이 나라님이 주는 생활비에 의존하여 어렵게 살아가지만, 덤으로 살아가는 늙은이로 눈을 감는 날까지 정의롭게 살다가 가려고 할 따름이다.

특히, 강진에 머무르는 동안 인생교양 산문수필집 5권을 집필했고, 여행을 즐기다 보니 전국적으로 많은 분들과 친분을 쌓고 있다. 서울의 조각가 바둑맞수 남정 김상길 아우님과 춘천의 옥석광산주 김준한 회장, 상주 참외농장 도인석 아우님, 경기도 양주의 제용수 상무, 여산재의 국중하 우신산업회장, 피지 한인회장 전정묵 후배, 죽마고우 법화경의 대가 혜경 큰스님, 기(氣)의 세계 권위자 이현도 회장, 전주 김경철 아우님, 안경순 교장, 종친 이상귀 아우님과 서울의 이태희 문학박사 분들과 유대를 지금껏 이어가고 있다.

　2019년 기해년 황금 돼지의 해가 짙어가는 어느 날에.........

벼랑길 굴러가는 대한민국

지 은 이	이형문 · 김상돈 공저
초판인쇄	2019년 10월 21일
초판발행	2019년 10월 25일

펴 낸 이	최두삼
펴 낸 곳	도서출판 유나미디어
주 소	(04550) 서울특별시 중구 을지로 14길 8
전 화	(02)2276-0592
F A X	(02)2276-0598
E-mail	younamedia@hanmail.net
출판등록	1999년 4월 6일 제2-27902

I S B N   978-89-90146-20-5 /03330

값 15,000원

이 도서의 국립중앙도서관 출판예정도서목록(CIP)은 서지정보유통지원시스템
홈페이지(http://seoji.nl.go.kr)와 국가자료종합목록 구축시스템(http://kolis-net.nl.go.kr)에서
이용하실 수 있습니다. (CIP제어번호 : CIP2019040141)